日本的管理会計の深層

吉田栄介【編著】

福島一矩　妹尾剛好　徐 智銘【著】

中央経済社

序

　管理会計で少しでも世の中を明るくできないだろうか。多くの会社・組織に訪問させていただき，とても優秀で懸命に働く人々と出会うたびに，いつも思うことである。組織の目的を果たすためのPDCA（Plan-Do-Check-Action）サイクルの設計・運用，みんなの働き・努力が無駄にならないような業務プロセスの統合・調整，個人・チームの働き方や成果の見える化，公平感・納得感が得られるような業績・人事評価制度など，管理会計にできることはたくさんある。

　それでもうまくいかないときに，ふと思うことがある。他社の実践からもっと学ぶことはできないのだろうか。生え抜きの社員の方が多く，社内事情に精通している一方，他社の管理会計実践から学び，それを活かして自社のマネジメント環境を見直そうとする取り組みは十分ではなく，もっと積極的に取り組むことで大きな成果が得られるのではないだろうか。こうした日本企業の特質は，管理会計に限らず多くの経営管理の仕組みが自前で構築されることや，社外取締役があまり機能しないことと無縁ではないのかもしれない。

　海外の企業であれば，途中入社の人も多く，社内地図がわからなくても仕事ができるように，ルールやマニュアルが整備されていることが多い。そのため，経営学大学院（MBAプログラム）で学べる経営や管理会計の普遍的な知識・言語を駆使した組織マネジメントが機能しやすい土壌が整っているともいえる。もちろん海外企業でも，歴史，文化，社内地図などを理解する必要はあるが，日本企業のように，明文化されず，長年にわたる慣習により構築されてきた社内独自のルーティンが支配的であることは少ない。

　他にも，管理会計を取り巻く日本企業固有の状況がある。会社のトップマネジメント層も社内事情に精通した生え抜きトップが多く，経営のプロフェッショナルとして社外から招かれることの多い欧米企業とは異なる。管理会計を担う部門も，欧米企業のようなコントローラー部門は存在せず，経営企画，経理，監査部門などが管理会計機能を分担している。そのことが日本企業の管理会計の全体像を見えにくくしており，管理会計の総合力が発揮されにくいこと

とも無縁ではない。

　誤解のないようにお願いしたい。MBAで学ぶような先端的管理会計手法をどんどん導入しようと薦めているわけではない。組織の大本は人であり，現場にこそ競争力の源泉があると考えている。組織の歴史から学び，人々と十分に話し合い，一丸となって，愚直に取り組むことが日本企業の特徴であり，良さであろう。それゆえ，非効率を生むマネジメントをあらため，厳しい競争がもたらす組織内のひずみを局所的にため込むのではなく，現場力が最大限に発揮されるようなマネジメント体制を構築・運用することが必要である。

　本書は，そうした日本企業の管理会計について，利用実態の把握，その深層にある日本企業の管理会計像の探究を意図した研究書である。管理会計手法の多くは英米から輸入されてきたが，日本企業では欧米と異なる独自の利用形態があることも長らく指摘されてきた。一方で，日本企業での十分な利用実態を把握しないままに，手法の利用方法について教科書的な説明がされてきた部分もある。そこで，規範的な説明ではなく，実務との対話を通じた理論化を目指そうとするのが，われわれの基本的な姿勢である。

　本書の読者は，管理会計や原価計算を学ぶ大学学部や大学院の学生だけでなく，企業に代表される一定規模の組織（NGO/NPO（非政府・非営利組織），地方公共団体，病院など）にお勤めの多くの管理職の方々を想定している。

　なお，本書の研究のために実施した郵送質問票調査およびその後のフィールド調査にご協力いただいた実務家の方々には深く感謝申し上げたい。また，末筆ながら，本書の出版をご快諾いただいた株式会社中央経済社代表取締役社長　山本　継氏ならびに編集担当の取締役専務　小坂井和重氏にも深く感謝申し上げたい。

　2017年5月

吉田　栄介

【初出一覧】

本書の多くの部分は，以下の公表論文に加筆修正を加えたものである。

第1章
  吉田栄介・福島一矩・妹尾剛好・徐智銘「わが国管理会計の実態調査(1)～(3)」『企業会計』第67巻第1～3号，166-171頁，122-127頁，117-127頁，2015年。

第2章
  吉田栄介・福島一矩・妹尾剛好「わが国管理会計の実態調査(4)～(6)」『企業会計』第67巻第4～6号，120-125頁，107-111頁，119-127頁，2015年。

第3章
  吉田栄介・徐智銘・桝谷奎太「わが国大企業における業績管理の実態調査」『産業経理』第75巻第2号，68-78頁，2015年。

第4章
  吉田栄介・徐智銘「日本の製造大企業における高品質と低コストの両立：原価企画を中心とした探索的分析」『三田商学研究』第59巻第4号，13-26頁，2016年。

第5章
  吉田栄介・妹尾剛好・福島一矩「探索と深化が管理会計行動に与える影響：予備的研究」『メルコ管理会計研究』第8巻第1号，53-64頁，2015年。

第6章
  妹尾剛好「日本企業の予算管理の類型と探索・深化との関連の分析：探索的研究」『原価計算研究』第41巻第1号，38-50頁，2017年。

第7章
  吉田栄介・徐智銘「管理会計成熟度と組織業績との関係性」『三田商学研究』第59巻第6号，73-89頁，2017年。

第8章
  福島一矩「組織ライフサイクルと管理会計の利用の関係性：組織ライフサイクルに応じた管理会計の利用モデル」『産業経理』第75巻第2号，90-99頁，2015年。

目　次

序　*i*

序　章　日本的管理会計の深層解明に向けて ──── *1*

1. 問題の所在……*1*
2. 日本的管理会計とは……*2*
3. 前著『日本的管理会計の探究』の要約……*3*
4. 本書の研究課題と特徴……*7*
   - 4.1　本書の研究課題…*7*
   - 4.2　本書の構成…*8*

■ 第1部　実態調査編 ■

第1章　わが国大企業における管理会計の実態調査 ── *13*
：製造業と非製造業，第1回調査との比較

1. 調査の目的と方法……*13*
   - 1.1　調査の目的…*13*
   - 1.2　調査の方法…*14*
2. サンプルの特徴……*14*
3. 本社と事業部門の会計業務分担……*16*
4. 原価計算……*18*
   - 4.1　標準原価計算…*18*
   - 4.2　直接原価計算…*19*

4.3　本社費・共通費・製造間接費の配賦計算…21
　5　原価管理……22
　　　5.1　原価・物量情報の活用…22
　　　5.2　原価企画…23
　　　5.3　品質コストマネジメント…27
　　　5.4　ミニ・プロフィットセンター…28
　6　利益計画の策定……31
　7　CVP分析……33
　8　業績管理……34
　　　8.1　業績管理システム…34
　　　8.2　業績と報酬の関連性…37
　9　予算管理……38
　10　設備投資予算（設備投資案件の経済性評価）……41
　11　小　　括……44
　　　◆調査協力会社一覧…47

第2章　わが国管理会計の実態調査 ―――――― 49
　　　：東証一部とその他上場企業との比較

　1　調査の目的と方法……49
　　　1.1　調査の目的…49
　　　1.2　調査の方法…49
　2　サンプルの特徴……50
　3　本社と事業部門の会計業務分担……52
　4　原価計算……54
　　　4.1　標準原価計算…54
　　　4.2　直接原価計算…56
　　　4.3　本社費・共通費・製造間接費の配賦計算…57
　5　原価管理……58

- 5.1 原価・物量情報の活用…58
- 5.2 原価企画…59
- 5.3 品質コストマネジメント…62
- 5.4 ミニ・プロフィットセンター…63
6 利益計画の策定……65
7 CVP分析……67
8 業績管理……68
- 8.1 業績管理システム…68
- 8.2 業績と報酬の関連性…71
9 予算管理……71
10 設備投資予算（設備投資案件の経済性評価）……74
11 小　　括……77
◆調査協力会社一覧…80

第3章　わが国大企業における業績管理の実態調査 ── 81
：予算の厳格さ，客観・主観的業績評価，財務・非財務指標の観点から

1 調査の目的と方法……81
2 サンプルの特徴……82
3 予算目標の特徴……83
4 事業業績評価……86
- 4.1 事業部門長の業績評価への予算利用…86
- 4.2 事業部門長の業績評価への予算以外の方法の利用…89
- 4.3 事業部門の業績評価指標…90

5 小　　括……93
◆調査協力会社一覧…95

■ 第2部　実証研究編 ■

第4章　原価企画における高品質と低コストの両立 —— 99

 1　はじめに……99
 2　先行研究……100
  2.1　品質とコストの両立関係…100
  2.2　高品質と低コストの両立と関連管理・活動との関係…102
  2.3　高品質と低コストの両立と業績管理との関係…103
 3　リサーチ・デザイン……103
  3.1　調査方法…103
  3.2　変数の測定…105
  3.3　分析方法…106
 4　分析結果・考察……107
  4.1　RQ1：高品質と低コストの両立に関する偏相関分析の結果と考察…107
  4.2　RQ2：高品質と低コストの両立と関連する管理・活動に関する偏相関分析の結果と考察…108
  4.3　RQ3：高品質と低コストの両立と業績管理の偏相関分析の結果と考察…110
 5　小　括……112

第5章　探索と深化が管理会計行動に与える影響 —— 115

 1　はじめに……115
 2　先行研究……116
  2.1　探索と深化，両利きの経営の重要性…116
  2.2　日本的管理会計と探索と深化，両利きの経営…117
 3　リサーチ・デザイン……119

3.1　調査方法…*119*
　　　3.2　変数の測定と操作化…*120*
　　　3.3　分析方法…*124*
　4　**分析結果と考察**……*124*
　　　4.1　「業績・報酬リンク」を従属変数とした階層的重回帰
　　　　　分析の結果と考察…*124*
　　　4.2　「オープンブックマネジメント」を従属変数とした
　　　　　階層的重回帰分析の結果と考察…*125*
　　　4.3　「計数管理」を従属変数とした階層的重回帰分析の
　　　　　結果と考察…*127*
　　　4.4　「ゼロディフェクト志向」を従属変数とした階層的
　　　　　重回帰分析の結果と考察…*128*
　　　4.5　4つの分析結果の総合的考察…*128*
　5　**小　　括**……*129*

第6章　予算管理の類型と探索・深化との関係性 ── *131*

　1　**はじめに**……*131*
　2　**先行研究**……*132*
　　　2.1　予算管理の類型…*132*
　　　2.2　「日本的」予算管理…*134*
　　　2.3　探索・深化との関連…*135*
　3　**リサーチ・デザイン**……*136*
　　　3.1　調査方法…*136*
　　　3.2　変数の測定と操作化…*138*
　　　3.3　分析方法…*141*
　4　**分析結果と考察**……*142*
　　　4.1　日本企業の予算管理の類型…*142*
　　　4.2　探索・深化との関係性…*144*
　5　**小　　括**……*145*

VI 目　次

第7章　管理会計成熟度と組織業績との関係性 ——— 147

- 1　はじめに……147
- 2　先行研究と仮説の提示……149
  - 2.1　プランニング・コントロールの成熟度と組織業績との関係性…149
  - 2.2　コストマネジメントの成熟度と組織業績との関係性…151
- 3　リサーチ・デザイン……152
  - 3.1　調査方法…152
  - 3.2　変数の測定と操作化…153
  - 3.3　分析方法…159
- 4　分析結果と考察……160
  - 4.1　プランニング・コントロールの成熟度と組織業績との関係性…160
  - 4.2　コストマネジメントの成熟度と組織業績との関係性…162
- 5　小　括……164

第8章　組織ライフサイクルと管理会計の利用との関係性 ——— 167

- 1　はじめに……167
- 2　先行研究……168
  - 2.1　既存研究レビュー…168
  - 2.2　研究フレームワーク…171
- 3　リサーチ・デザイン……172
  - 3.1　調査方法…173
  - 3.2　変数の測定と操作化…174
- 4　分析結果と考察……175
- 5　小括：組織ライフサイクルに応じた管理会計の利用に関する発展モデル……179

終 章　結論と実務家へのメッセージ ─── 181

　　1　本書の要約と結論……181
　　2　実務的インプリケーション……186

付　録　わが国製造業における管理会計実態調査・質問項目・191

参考文献・205

《索　引》・221

序　章

日本的管理会計の深層解明に向けて

1 ■ 問題の所在

　日本企業で実践される管理会計の特徴とはどのようなものであろうか。まずは歴史的に管理会計手法の導入について概観してみよう。戦後復興期から高度経済成長期に、欧米から標準原価管理やCVP（Cost-Volume-Profit）分析が導入され、日本発の取り組みとして、原価企画、JIT（Just-in-Time）生産や原価改善（Kaizen Costing）、MPC（Micro Profit Center：ミニ・プロフィットセンター）などが開発されてきた。1980年代後半以降には、再び、米国で開発されたABC/M（Activity-Based Costing/Management：活動基準原価計算・管理）、ABB（Activity-Based Budgeting：活動基準予算管理）、BSC（Balanced Scorecard：バランスト・スコアカード）などの革新的管理会計手法が導入されるようになってきた。

　日本企業の管理会計実践を取り巻く環境にも、近年では大きな変化が起こっている。海外進出および海外企業に対するM&A（合併・買収）の増加は、かつてのような国内優先・単体重視の管理会計からグローバル管理会計への脱皮を要請する。欧米企業に比べた低収益構造に対する株主資本主義の要請から、ROE（Return on Equity：自己資本利益率）目標を掲げる企業も増加してきた。雇用・労働環境に関しても、非正規従業員の増大、過重労働問題への社会的注目の高まりに対して、業績評価・報酬、就労管理のあり方の構造改革は急務である。

　そうした中、製造業での実践への注目が先行してきた管理会計においても、業績管理についてはサービス業でも製造業と変わらぬ実践が行われ、費用管理においても製造業に劣らぬ優れた実践も観察されるようになってきた。加えて、

IFRS（International Financial Reporting Standards）導入機運も原価計算・管理を中心にグローバル・グループ管理会計の統合的運用を加速する。

では、われわれは日本企業の管理会計実態について十分な知見を得られているのだろうか。こうした問題意識のもと、慶應義塾大学商学部吉田栄介研究室では2008年より日本企業の管理会計実践の特徴を探る研究・調査を始めた。2009年に東証一部上場企業を対象に郵送質問票による実態調査（第1回調査）を実施し、調査に先立つ文献調査、郵送質問票調査後のインタビュー調査や実証分析の結果を前著『日本的管理会計の探究』として刊行した。

本書は前著『日本的管理会計の探究』に続く第2弾である。第1回調査（2009年）の5年後の第2回調査（2014年）結果を中心に、調査データの集計・比較分析、実証分析、追加的な郵送質問票実態調査、インタビュー調査などを踏まえた研究成果である。

本章では、日本的管理会計の深層の解明に向けて、日本的管理会計という用語を整理し、前著『日本的管理会計の探究』の要約を示し、本書で取り組む研究課題を提示する。

2 ■日本的管理会計とは

「日本的管理会計」とは何を意味するのか。1つには、原価企画や原価改善、JITなどに代表される日本企業の先進的実践に由来する「日本発の管理会計」の意味合いで用いられてきた。もう1つには、組織コンテクストとしての日本的経営との密接な関係における管理会計の実践である[1]。とりわけ製造段階において、JITや、業績評価とは無関連に展開される自主的・継続的改善活動であるTQC（Total Quality Control）のもとでは、会計情報の役割は相対的に低く、現場・現実・現物の三現主義が重視されてきた（壽永・野中、1995；Okano and Suzuki, 2007）。

加えて、米国的管理会計がコントローラー（本社経理）部門主導のトップダウン型計数管理だとすると、事業部門経理担当主導の日本的管理会計は様相が異

---

[1] 加登（2000）、田中（隆）（2000）など、日本会計研究学会第58回大会統一論題「日本的管理会計の特質と海外移転」（座長　牧戸孝郎教授）の議論もご参照いただきたい。

なる。たとえば(1)製品開発・設計段階での原価企画，(2)コストセンターのプロフィットセンター化であるMPC，(3)ボトムアップ・ベースの予算編成，部門間やサプライヤー企業との水平的協働，異職能部門のオーバーラップ型の製品開発活動に見られる垂直的協働，などのインターラクティブ・プランニング・コントロールである。これらの日本的特徴を理解するには，米国的計数管理よりむしろ組織的活動の側面に注目する必要がある。

さらに海外では，原価企画，原価改善，JITなどを組み合わせたトヨタ発の原価管理手法が日本企業で一般的に利用されていると受け止められている可能性もある。しかし原価企画の高い普及率が知られる一方，原価改善やJITの普及実態は十分には分かっていない。

以上のように，「日本的」特徴について多様な議論があるが，本書では，日本的管理会計を日本企業における管理会計実践の特徴という意味で用いることとする。

3 ■前著『日本的管理会計の探究』の要約

(1) 日本企業における管理会計実態と理論・実務ギャップの把握

前著の第1の目的は，現在の日本企業における管理会計実態の把握であった。文献調査の結果，国内製造業での普及率の高い原価企画は十分に実態が把握されている一方，普及が限定的な手法については，たとえばBSCの実態調査からは一貫した傾向を見出せない部分も多く，ABC/MやMPCに関する情報はさらに少なかった。標準原価管理やCVP分析などの伝統的手法では，その利用目的，普及状況についての調査すら十分とはいえず，まずは実態の把握が必要な状況であった。

第2の目的は，理論・実務ギャップの把握であった。たとえば，標準原価管理は，現代的製造環境下での意義の低下を指摘されてきたが，普及率の低下という実態データは見当たらなかった。CVP分析については先述のとおり，まずは利用・普及実態の把握が必要な状況であった。ABC/Mについても1990年代前半に不要論が論じられたが，現在の利用状況の把握は十分とはいえなかった。投

資評価手法は，理論的に劣る回収期間法の多用が一貫して確認されており，その要因を探る必要があった。以上のように，管理会計の教科書で一般的に説明されるコンベンショナル・ウィズダムについて，実証的裏づけのない情報が多く，実態データによる検証が必要であると考えた。

そこで，2009年1月23日を回収期限として，2009年1月7日に東証一部上場全製造業851社を対象（有効回答数（率）130社（15.3％））に，郵送質問票調査を実施した。

このわが国製造業における管理会計の実態調査の特徴と貢献はつぎのとおりであった。第1に，既存の実態調査との比較検討を念頭に置き，管理会計利用実態を調査した。

第2に，皆が共有すべき知見であるコンベンショナル・ウィズダムでありながら，十分な実態調査に乏しかったテーマも調査した。たとえば，本社経理部門と事業部門経理担当の業務分担の実態，利益計画段階での管理会計手法の利用実態，CVP分析の利益計画以外の局面（製品・案件ごとの企画・計画段階での損益分析，月次・週次の実績分析・評価）における利用を確認した。

第3に，逸話的に語られてきた「日本的管理会計」の利用実態を調査した。たとえば，意義の低下が指摘されてきた経営管理目的の標準原価計算（標準原価管理），高度経済成長期における製造現場での十分な活用が疑問視されてきた実際原価情報による管理が，実務ではある程度利用されていることを確認した。加えて，欠陥品ゼロ・モデルで語られることの多い品質コストマネジメントについて，コスト最小化モデルも同様に普及していることを確認した。

第4に，MPC制（疑似MPC制を含む）の多くの採用を確認した。

第5に，業績・予算管理について，診断型利用と対話型利用（Simons, 1995）が二者択一ではなく，併用されている可能性を確認した。

つづいて，2009年5月13日に東証一部上場非製造業856社を対象（有効回答数（率）117社（12.9％））に郵送質問票調査を実施した。その特徴と貢献はつぎのとおりであった。

第1に，非製造・サービス業を対象にした全体的な管理会計の実態調査であ

り，先に実施した製造業調査との比較，非製造・サービス業を対象にした先行研究との比較を行った。

第2に，製造業調査同様，皆が共有すべき知見であるコンベンショナル・ウィズダムでありながら，十分な実態調査に乏しかったテーマも調査した。

第3に，非製造業におけるコストマネジメント手法の高い普及を確認した。まずは，原価企画の高い利用率である。製造業における製品開発コストマネジメントとしての原価企画ではなく，計画段階での利益企画としての利用が多いことが推察されるものの，原価企画のある程度の普及を確認した。つぎに，MPC制（疑似MPC制を含む）の高い利用率である。フォローアップ調査からも，単にMPCを利用しているだけではなく，製造業と同様の効果を認識している可能性が示唆された。最後に，銀行におけるABCの高い利用率である。海外でも金融業でのABCの普及が示されてきたが（Innes et al., 2000），同様の傾向が日本でも確認された。

第4に，製造業調査同様に逸話的に語られてきた「日本的管理会計」の利用実態を調査した。たとえば，標準原価管理や実際原価情報による管理が，非製造業でもある程度利用されていることを確認した。加えて，欠陥品ゼロ・モデルで語られることの多い品質コストマネジメントについて，コスト最小化モデルも同様に普及していることを確認した。

第5に，業績・予算管理について，製造業と非製造業の顕著な相違は確認されなかった。非製造業においても，診断型利用と対話型利用が二者択一ではなく，併用されている可能性を確認した。

さらに，製造業対象の郵送質問票調査データを用いて，つぎの4つの分析を実施した。

第1の分析では，日本企業におけるコストマネジメントの利用（標準原価管理，物量管理，原価企画，MPC）とコンテクスト要因の関係を探究した。その結果，標準原価管理の利用度には本社経理部門の原価管理重視度が，物量管理の利用度にはカイゼン志向および本社経理部門の原価管理重視度が正の影響を与えることが確認された。また，原価企画の利用度にはイノベーション志向および事業部門経理担当の原価管理重視度が正の，MPC制の利用度には戦略的不確実性

が負の，事業部門経理担当の原価管理重視度が正の影響を与えることが確認された。

　第2の分析では，組織コンテクスト，原価企画とMPC制の利用と効果の関係を探究した。その分析結果・考察を総合すると，第1に，製品開発段階の原価企画と製造段階のMPCへの組織コンテクストの影響に違いがあった。イノベーション志向が強いほど原価企画活動は高度化（挑戦的・高度な目標原価と協働による原価の作り込み）し，MPC制についてはエンパワメント志向の組織ほど利用目的として製造現場の自発的問題発見・解決が重視されていた。つまり，製品開発段階と製造段階では，先端的利益マネジメント手法に好影響を与える組織コンテクストは異なることを示していた。第2に，管理会計情報の利用が，原価企画における非原価目標の達成や，MPC制の効果に広く貢献していた。原価目標は，創造的な製品開発活動の制約条件であり，製造活動においてはJIT生産やTQCなどの非原価目標によるマネジメントが広く知られている。しかしながら，分析結果は，製品開発・製造活動に共通して会計情報の効用を示していた。加えて，経理部門から提供される情報の利用だけでなく，設計者自身による原価見積やMPC内での原価・利益計算など，現場担当者が自ら計算の主体となるオープンブックマネジメントの効用も示された。第3に，協働による利益マネジメントの重要性が示唆された。協働による原価の作り込みが製品開発目標全般（原価＋非原価目標）の達成に有効で，チームマネジメントであるMPC制も現状として有効に機能していた（各目的の重視度と効果の正の関係）。つまり，製品開発，製造活動を問わず，協働が効果的であることを示した。

　第3の分析では，意思決定環境，組織コンテクスト，組織規模，業績・予算管理の利用と組織業績の関係を探究した。その結果，まず，意思決定環境の影響について，統計的に有意な関係はほとんど見出せなかった。つぎに，3つのタイプの組織コンテクストの影響をまとめると，第1に，組織のイノベーション志向が強ければ，業績管理は挑戦的目標を掲げ多面対応型になり，予算編成は戦略志向になった。第2に，組織のエンパワメント志向が強ければ，事業戦略がミドル層への業績目標にブレイクダウンされ，ミドル層にとっての結果指標である非財務指標を重視するBSC型の業績管理を実施するようになった。呼応するように，予算手続の明確性，予算計画の詳細性が高まり，ミドル層の予

算編成への参加度も増す傾向にあった。第3に，組織のカイゼン志向が強まると，指標によるリモートコントロールではなく，face-to-faceの対話を重視するようになり，業績目標水準は非挑戦的になった。予算管理の特徴は，エンパワメント志向組織と同様に，予算手続の明確性，予算計画の詳細性が高まり，ミドル層の予算編成への参加度も増す傾向にあった。

(2) 日本的管理会計像の探究

第4の分析は，第3の研究目的である日本的管理会計像の探究に向け，日本企業における個別の管理会計手法の利用（前項で述べた3つの分析）の背景にある管理会計行動パターンと影響要因との関係を探究した。階層的クラスター分析（Ward法）の結果，日本企業を管理会計行動パターンの違いから4つのクラスター（日本的管理会計先進企業群，ゼロ・ディフェクト志向管理会計企業群，日本的管理会計構築途上企業群（レベル1，レベル2））に分類し，意思決定環境や組織コンテクストとの関係を明らかにした。加えて，これらの行動パターンの違いが発展段階の違いによると考える発展モデルを仮説的に提示した。

4 ■本書の研究課題と特徴

4.1 本書の研究課題

(1) 日本企業における管理会計利用実態（経時的変化）の把握

本書の研究の第1の目的は，わが国大企業の管理会計利用実態の5年間の変化を調べることである。先述のとおり，第1回調査は実態調査研究の文献調査の後，2009年1月に東証一部上場製造業，5月に非製造業を対象に実施した。当時から実態調査の定期的実施の必要性を主張しており，第1回調査の5年後となる2014年，第2回調査を実施した。

本調査（第2回調査）の目的は，第1に日本企業の管理会計利用実態について，第1回調査との比較を踏まえ，その特徴を浮き彫りにすることにある。第1回の製造業企業に対する調査はリーマンショック直後に実施しており，アベノミ

クスによる景気回復基調にある今回とは経済情勢が異なることにも注目している。

第2に製造業と非製造業との管理会計利用実態の異同についても調査したい。第1回調査の結果，非製造業における先端的原価計算・管理手法の予想以上の普及実態を確認し，業績・予算管理では製造業との顕著な相違は確認できないなど，非製造業における管理会計実態を確認することができた。

(2) 日本的管理会計の深層の調査（東証一部とその他上場企業との比較）

本研究の第2の目的は，第1回調査では未実施であった東証一部以外の上場企業（東証（二部），名証（一部，二部，セントレックス），札証（本則，アンビシャス），福証（本則，Q-Board），JASDAQ，マザーズ）を対象とした実態調査結果との比較である。企業規模や企業ライフサイクルにおけるステージが異なることが想定される企業群の間で，管理会計の利用状況がどのように異なるのかを調べたい。管理会計の実態調査では，東証一部上場製造業を対象としたものが多く，同一の質問票調査による規模の異なる企業群の比較調査は非常に珍しいと考えている。

(3) さらなる日本的管理会計の深層の調査・分析

本研究の第3の目的は，日本的管理会計手法・情報の利用実態にとどまらない，より深層の調査・分析である。管理会計の2大研究領域の1つである業績管理について，日本企業の実像を探るため第2回調査とは別に専用の郵送質問票調査を実施する。もう1つの原価管理領域では，製品開発段階での高品質と低コストの両立問題について，深く分析・考察するための実証研究を展開する。加えて，さらなる深層の分析のため，企業の探索と深化，両利きの経営（探索と深化の同時追求）という志向性と日本的管理会計行動および予算管理の類型との関係性，管理会計成熟度と組織業績との関係性，組織ライフサイクルと管理会計の利用との関係性を探る。

4.2 本書の構成

本書の構成は以下のとおりである（**図表0－1**）。

序章 日本的管理会計の深層解明に向けて 9

[図表0-1] 本書の構成

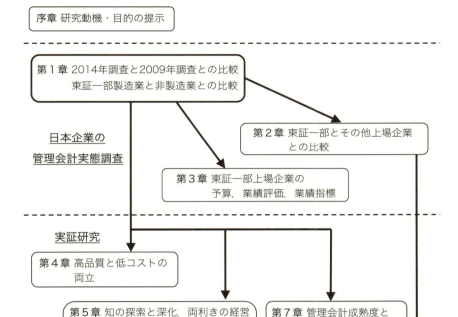

　第1章では，本研究の第1の目的の「わが国大企業の管理会計利用実態の5年間の変化を調べる」ため，2014年実施の第2回調査と2009年実施の第1回調査の結果とを比較検討する。あわせて，第1回調査同様に製造業と非製造業との比較も実施する。

　第2章では，本研究の第2の目的の「企業規模や企業ライフサイクルにおけるステージが異なることが想定される企業群の間で，管理会計の利用状況がどのように異なるのかを調べる」ため，東証一部以外の上場企業を対象にした実態調査結果との比較を実施する。

　第3章では，本研究の第3の目的の「日本企業の管理会計実践の深層を調査・

分析する」ため，日本的業績管理（予算管理・業績評価）像を析出すべく，予算の厳格さ（budget rigidity），業績評価方法の客観性と主観性，事業業績評価指標（財務と非財務）の重視度に注目した実態調査を実施する。経理部門長を対象にする第2回調査よりも調査内容を掘り下げ，経営企画部門長宛に調査する点が特徴である。

　以上，第3章までが実態調査編であり，つづく第4章から第8章までが第2回調査データを用いた実証分析編である。

　第4章では原価企画における低コストと高品質の両立の志向性や関連管理・活動，業績管理との関係，第5章では企業の探索と深化，両利きの経営（探索と深化の同時追求）と日本的管理会計行動との関係，第6章では第5章に引き続き企業の探索と深化と予算管理の類型との関係性，第7章では管理会計成熟度と組織業績との関係性，最後の第8章では，組織ライフサイクルと管理会計の利用との関係性を探る。

　以上の第3章の実態調査，第4章から第8章までの実証研究を通じて，第3の研究目的に取り組む。

第1部

実態調査編

第1章

わが国大企業における管理会計の実態調査
： 製造業と非製造業, 第1回調査との比較

　本章から第3章までは実態調査編である。まず本章では, 東証一部上場のわが国大企業における管理会計利用の実態を体系的に明らかにすべく実施した郵送質問票調査に基づき, 主要な管理会計手法の利用状況を, 製造業と非製造業, 2009年実施の第1回調査との比較を中心に報告する。

1 ■ 調査の目的と方法

1.1　調査の目的

　本調査は, わが国大企業の管理会計利用の実態を明らかにするための第2回調査である。第1回調査は, 実態調査研究の文献調査の後, 2009年1月に東証一部上場製造業, 5月に非製造業を対象に実施した。当時から実態調査の定期的実施の必要性を主張しており, 第1回調査の5年後となる2014年, 第2回調査を実施した。

　本調査の目的は, 第1に日本企業の管理会計利用実態について, 第1回調査との比較を踏まえ, その特徴を浮き彫りにすることにある。第1回の製造業企業に対する調査はリーマンショック直後に実施しており, アベノミクスによる景気回復基調にある今回とは経済情勢が異なることにも注目している。

　第2に製造業と非製造業との管理会計利用実態の異同を示すことである。第1回調査の結果, 非製造業における先端的原価計算・管理手法の予想以上の普及実態を確認し, 業績・予算管理では製造業との顕著な相違は確認できないなど, 非製造業における管理会計実態を確認することができた。

14 第1部　実態調査編

　第3に第1回調査では未実施であった東証一部以外の上場企業を対象とした実態調査結果との比較を実施し，企業規模や企業ライフサイクルにおけるステージが異なることが想定される企業群の間で，管理会計の利用状況がどのように異なるのかを調べることである（第2章）。

1.2　調査の方法

　本郵送質問票調査は，2014年1月14日に東証一部上場企業1,752社（製造業847社，非製造業905社；2013年10月末時点）を対象に，2014年1月31日を回収期限として実施した[1]。質問項目は概ね第1回調査と同様であり，非製造業用の質問票は製造業との比較可能性を担保しつつも非製造業・サービス業に馴染むように部分的に表現を変えている（巻末付録参照）。

2 ■サンプルの特徴

　回収期限後も含めた最終的な有効回答会社数は製造業130社（有効回答率15.3％），非製造業117社（同12.9％）であった。業種ごとの発送数，有効回答数（率）は**図表1-1**のとおりである。なお，回答企業の業種分布について，東証一部上場企業の業種分布と適合していることを確認した（有意水準5％，以下同様）。

　さらに，回答企業と非回答企業の企業規模（連結売上高，従業員数）[2]の差を調べたところ，製造業の従業員数のみ回答企業が非回答企業よりも多かったが（同5％），製造業の売上高，非製造業の売上高・従業員数ともに顕著な差は確認で

1　発送先は，EDINETから有価証券報告書の事務連絡者を特定し第1候補とした。その連絡者が人事やIRなど管理会計業務担当ではないと思われる場合は「経理部門長」宛とし，可能な限り個人名宛に質問票を送付した。なお，第1回調査の質問票の作成時には，プレテストの段階で慶應義塾大学管理会計研究会と神戸大学管理会計研究会の研究者，実務家など延べ30人以上からアドバイスをいただいた。その後，調査結果を踏まえた研究者や実務家からのアドバイスを受け，第2回調査の質問票に修正を加えた。またデータ入力・分析に際して，慶應義塾大学大学院商学研究科後期博士課程桝谷奎太氏にダブルチェックを担当してもらった。第3章の共著者でもあり，本書の第5の共著者ともいえる貢献に感謝し，今後の活躍を期待したい。
2　回答企業には純粋持株会社も含まれるため，連結データで分析を行った。なお，連結対象企業が存在しない回答企業については単体のデータを用いた。売上高の代わりに，銀行では経常収益，証券，商品先物取引では営業収益を用いた。

きなかった。すなわち，本調査で収集したサンプルは，母集団である東証一部上場企業の中でも製造業については企業規模が大きい企業群の実態を示す可能性がある。

以下では，本社・事業部門の会計業務分担，原価計算，原価・費用管理，利益計画，CVP分析（Cost-Volume-Profit Analysis），業績管理，予算管理，設備投資予算の利用実態を中心に集計結果を示す3。

[図表1-1] 質問票の回収結果

製造業				非製造業			
業種	発送数	有効回答数/率		業種	発送数	有効回答数/率	
食料品	69	13	18.8%	水産・農林	5	1	20.0%
繊維	41	4	9.8%	鉱	7	0	0.0%
パルプ・紙	11	2	18.2%	建設	96	17	17.7%
化学	128	18	14.1%	電気・ガス	17	1	5.9%
医薬品	38	5	13.2%	陸運	37	6	16.2%
石油・石炭	11	1	9.1%	海運	9	1	11.1%
ゴム	11	2	18.2%	空運	3	2	66.7%
ガラス・土石	33	4	12.1%	倉庫・運輸関連	21	4	19.0%
鉄鋼	32	4	12.5%	情報・通信	112	16	14.3%
非鉄金属	24	4	16.7%	卸売	146	21	14.4%
金属	37	8	21.6%	小売	160	19	11.9%
機械	120	12	10.0%	銀行	85	6	7.1%
電気機器	154	27	17.5%	証券，商品先物取引	21	2	9.5%
輸送用機器	62	16	25.8%	保険	6	1	16.7%
精密機器	28	2	7.1%	その他金融	22	4	18.2%
その他製品	48	8	16.7%	不動産	46	8	17.4%
				サービス	112	8	7.1%
合計	847	130	15.3%	合計	905	117	12.9%

3　2013年11月までに第1回調査（2009年）以降に公表されたわが国企業における管理会計の実態調査・実証研究に関する99本の論文と4冊の書籍を中心に文献調査を実施しており，必要に応じて参照する。

3 ■本社と事業部門の会計業務分担

　本社経理部門と事業部門経理担当の会計業務の分担について，まず本社経理部門における会計業務の重視度を 7 点尺度（「1　全く重視していない」から「7　極めて重視している」）で調査した（**図表 1-2**）4。その結果，財務会計業務の得点は製造業6.31，非製造業6.04，予算管理は製造業5.75，非製造業5.48，原価・費用管理5は製造業5.36，非製造業5.34であった。業務間の重視度の差異について，製造業では全ての業務間（同0.1％）で，非製造業では財務会計業務を他の 2 つの業務より重視していた（同0.1％）6。また，業種間比較では，製造業の方が財務会計業務を重視している（同 5 ％）。第 1 回調査と比較すると，非製造業における財務会計業務の重視度が低下していた（同 5 ％）。

[図表 1-2] 本社経理部門の会計業務

	製造業			業種比	非製造業		
	有効回答	平均値	前回比	標準偏差		有効回答	平均値	前回比	標準偏差
財　務　会　計	130	6.31	—	0.90	＞	117	6.04	▼	1.13
予　算　管　理	130	5.75	—	1.13	—	116	5.48	—	1.30
原価・費用管理	130	5.36	—	1.24	—	115	5.34	—	1.28

（注 1 ）　製造業と非製造業との差の検定の有意水準：＞＞＞：0.1％水準，＞＞：1 ％水準，＞：5 ％水準。「＞」の向きは製造業（左側）と非製造業（右側）の平均値の大きい方に開き，以下の図表も同様である。

（注 2 ）　第 1 回調査との平均値の差の検定の有意水準：△△△と▼▼▼：0.1％水準，△△と▼▼：1 ％水準，△と▼：5 ％水準。△は平均値や比率が第 1 回調査より上昇，▼は下降を示しており，以下の図表も同様である。

　つぎに，事業部門経理担当設置の有無を調査した（**図表 1-3**）。その結果，事業部門経理担当を設置する企業は製造業60.0％，非製造業43.1％であり，業種間

4　項目間の差の検定結果は表記していないことにご留意いただきたい。以下の図表も同様である。

5　製造業調査では「原価管理」と設問した。

6　本章では断りのない限り，平均値の差の検定は t 検定（2 変数）とBonferroni法による多重比較（3 変数以上），比率の差の検定はカイ自乗検定を実施している。

を比較すると，製造業の方が設置率は高かった（同1％）。第1回調査と比較すると，製造業では設置率に顕著な変化が確認されず，非製造業では設置率が低下した（同5％）。

[図表1-3] 事業部門経理担当の設置

		製造業		業種比	非製造業		
	有効回答	設置企業数(率)	前回比		有効回答	設置企業数(率)	前回比
あり	130	78社 (60.0%)	—	≫	116	50社 (43.1%)	▼

つづいて，事業部門経理担当の会計業務の重視度を，本社経理部門と同様の尺度を用いて調査した（**図表1-4**）。その結果，事業予算管理の得点は製造業6.09，非製造業5.54，事業原価管理は製造業5.69，非製造業5.37，本社への財務状況の報告は製造業5.23，非製造業5.58であった。業務間の重視度の差異について，製造業では事業予算管理業務が他の2つの業務（事業財務報告（同0.1％），原価管理（同5％））よりも重視される一方，非製造業では業務間の重視度の差異は確認されなかった。また，業種間比較では，製造業の方が事業予算管理業務を重視している（同5％）。第1回調査と比較すると，製造業における本社への財務状況報告業務の重視度が低下しているが（同5％），その他には顕著な変化は確認できなかった。

[図表1-4] 事業部門経理担当の会計業務

	製造業				業種比	非製造業			
	有効回答	平均値	前回比	標準偏差		有効回答	平均値	前回比	標準偏差
事業予算管理	78	6.09	—	1.00	>	50	5.54	—	1.49
事業原価管理	78	5.69	—	1.15	—	49	5.37	—	1.37
事業財務報告	78	5.23	▼	1.55	—	50	5.58	—	1.33

さらに，本社経理部門と事業部門経理担当間の各会計業務の重視度の相違を調べた。その結果，本社経理部門が事業部門経理担当よりも財務会計業務を重視する傾向が製造業（同0.1％），非製造業（同1％）ともに確認された。その一

方，製造業では本社より事業部門経理担当の方が原価管理業務を重視していた（同5％）。

4 ■原価計算

4.1 標準原価計算

標準原価計算について，まず（臨時的利用を含めた）利用率は製造業73.8％，非製造業23.9％で，両業種間の利用率の差が大きいことを確認した（同0.1％）。なお，第1回調査からの顕著な変化は確認されなかった（**図表1-5**）。

[図表1-5] 標準原価計算の利用

	製造業			業種比	非製造業		
	有効回答	利用企業数(率)	前回比		有効回答	利用企業数(率)	前回比
あり	130	96社(73.8％)	—	>>>	116	28社(24.1％)	—

つぎに，標準原価計算の利用目的を7点尺度（「1 全く利用していない」から「7 全般的に利用している」）で調査した（**図表1-6**）。その結果，原価・費用算定目的7の利用の得点は製造業5.69，非製造業5.11，経営管理目的の利用は製造業5.38，非製造業4.96であり，製造業においてのみ2つの利用目的間で差異が確認された（同5％）[8]。業種間比較では，製造業の方が原価・費用算定目的の利用が多かった（同5％）。なお，第1回調査からの顕著な変化は確認されなかった。

---

7 製造業調査では「製品原価算定目的」と設問した。
8 清水ほか（2011a, b, c）は，2010年12月から2011年1月にかけて，国内上場製造業1,283社における標準原価計算などの原価計算の全般的調査を実施している。

［図表1-6］標準原価計算の利用目的

	製造業			業種比	非製造業		
	有効回答	平均値, 前回比	標準偏差		有効回答	平均値, 前回比	標準偏差
原価・費用算定目的の利用	96	5.69 —	1.25	>	28	5.11 —	1.20
経営管理目的の利用	96	5.38 —	1.36	—	28	4.96 —	1.20

つづいて，利用程度4点以上の目的について，その効果を7点尺度（「1　全く効果がない」から「7　極めて効果がある」）で調査した（**図表1-7**）。その結果，原価・費用算定効果の得点は製造業5.43，非製造業5.04，経営管理効果は製造業5.34，非製造業5.00であり，利用目的ごとの効果や両業種間の明確な違い，第1回調査からの顕著な変化は確認されなかった。

また，目的ごとの利用程度と効果との相関分析の結果は，2つの利用目的・両業種ともに正の相関関係が確認された[9]。

［図表1-7］標準原価計算の効果

	製造業				業種比	非製造業			
	有効回答	平均値, 前回比	標準偏差	利用度との相関		有効回答	平均値, 前回比	標準偏差	利用度との相関
原価・費用算定目的の効果	91	5.43 —	1.03	0.61***	—	27	5.04 —	1.02	0.82***
経営管理目的の効果	88	5.34 —	0.98	0.56***	—	25	5.00 —	1.04	0.85***

（注）***：0.1％水準，**：1％水準，*：5％水準。以下の図表も同様である。

4.2　直接原価計算

直接原価計算について，まず（臨時的利用を含めた）利用率は製造業57.7％，非製造業41.4％で，両業種間の利用率の差が大きいことを確認した（同5％）。なお，第1回調査からの顕著な変化は確認されなかった（**図表1-8**）。

9　Pearsonの積率相関係数を表記し，以下も同様である。

[図表1-8] 直接原価計算の利用

	製造業			業種比	非製造業		
	有効回答	利用企業数(率)	前回比		有効回答	利用企業数(率)	前回比
あり	130	75社(57.7%)	—	>	116	48社(41.4%)	—

つぎに,直接原価計算の利用目的を7点尺度(「1 全く利用していない」から「7 全般的に利用している」)で調査した(**図表1-9**)。その結果,原価・費用算定目的の利用の得点は製造業5.26,非製造業5.46,経営管理目的の利用は製造業5.39,非製造業5.21であり,利用目的ごとの重視度や両業種間の明確な違い,第1回調査からの顕著な変化は確認されなかった。

[図表1-9] 直接原価計算の利用目的

	製造業				業種比	非製造業			
	有効回答	平均値	前回比	標準偏差		有効回答	平均値	前回比	標準偏差
原価・費用算定目的の利用	74	5.26	—	1.62	—	48	5.46	—	1.38
経営管理目的の利用	74	5.39	—	1.46	—	48	5.21	—	1.34

つづいて,利用程度4点以上の目的について,その効果を7点尺度(「1 全く効果がない」から「7 極めて効果がある」)で調査した(**図表1-10**)。その結果,原価・費用算定効果の得点は製造業5.47,非製造業5.27,経営管理効果は製造業5.52,非製造業5.16であり,利用目的ごとの効果や両業種間の明確な違い,第1回調査からの顕著な変化も確認されなかった。

また,目的ごとの利用程度と効果との相関分析の結果は,2つの利用目的・両業種ともに正の相関関係が確認された。

[図表1-10] 直接原価計算の効果

	製造業				業種比	非製造業			
	有効回答	平均値, 前回比	標準偏差	利用度との相関		有効回答	平均値, 前回比	標準偏差	利用度との相関
原価・費用算定目的の効果	64	5.47	—	1.15	0.75***	—	45	5.27	—	1.05	0.58***
経営管理目的の効果	67	5.52	—	1.05	0.83***	—	44	5.16	—	1.03	0.60***

4.3 本社費・共通費・製造間接費の配賦計算

本社費・共通費・製造間接費の配賦計算の実施状況を調査した（**図表1-11**）。その結果，配賦計算実施企業は製造業97.6％，非製造業90.1％にのぼり10，業種間を比較すると，製造業の方が実施率は高かった（同5％）。なお，第1回調査からの顕著な変化は確認されなかった。

配賦計算実施企業で用いる配賦基準は，本社費・共通費・製造間接費の内容により配賦基準を変更する複数配賦基準を利用する企業が多く（製造業71.8％，非製造業74.0％），ついで生産量，売上・作業時間などの操業度基準（製造業58.1％，非製造業34.0％），最後にABC（Activity-Based Costing：活動基準原価計算）（製造業7.3％，非製造業10.0％）の順であった11。これらの配賦基準の利用率の差異は統計的にも確認された（同0.1％）12。

また，業種間比較について，製造業の方が操業度基準の利用率は高かった（同0.1％）。ABCの利用率について業種間差異は確認できないが，非製造業におけるABC採用企業10社のうち7社は銀行および金融機関であることにご留意いただきたい。なお，利用される配賦基準について第1回調査からの顕著な変化は確認されなかった。

---

10 製造業調査では「製造間接費」，非製造業調査では「本社費・共通費」と設問した。
11 清水・庵谷（2010）はわが国宿泊業における本社費・共通費の配賦基準を含めた管理会計の実態調査（2010年2月末から3月末にかけて社団法人日本ホテル協会会員企業227社を対象）であり，われわれの第1回調査の質問内容を参照している。
12 McNemar検定を実施した。

[図表1-11] 本社費・共通費・製造間接費の配賦計算

		製造業（製造間接費）		業種比	非製造業（本社費・共通費）	
	有効回答	利用企業数(率), 前回比			有効回答	利用企業数(率), 前回比
配賦計算あり	127	124社(97.6%)	—	>	111	100社(90.1%)	—
配賦基準（複数回答可）							
複数配賦基準	124	89社(71.8%)	—		100	74社(74.0%)	—
操業度基準	124	72社(58.1%)	—	>>>	100	34社(34.0%)	—
Ａ Ｂ Ｃ	124	9社(7.3%)	—	—	100	10社(10.0%)	—

5 ■原価管理

5.1 原価・物量情報の活用

　実際原価・費用情報と物量情報に基づく管理の利用程度について，7点尺度（「1　全く利用していない」から「7　全般的に利用している」）で調査した（**図表1-12**）。その結果，実際原価・費用情報による管理[13]の得点は製造業5.21，非製造業4.49，物量情報による管理は製造業4.70，非製造業3.64であった。2つの情報による管理の利用程度の違いは，両業種において確認された（同0.1%）。また，実際原価・費用情報および物量情報による管理とも製造業の方が重視しており（同1%，0.1%），製造業における物量情報による管理は第1回調査よりも重視されている（同0.1%）。

13　製造業調査では「実際原価情報による管理」と設問した。

[図表1-12] 原価・物量情報の利用

	製造業				業種比	非製造業			
	有効回答	平均値	前回比	標準偏差		有効回答	平均値	前回比	標準偏差
実際原価・費用情報による管理	130	5.21	—	1.48	≫	108	4.49	—	1.94
物量情報による管理	128	4.70	△△△	1.61	≫≫	106	3.64	—	1.84

つづいて、利用程度4点以上の実際原価・費用情報と物量情報に基づく管理について、その効果を7点尺度(「1 全く効果がない」から「7 極めて効果がある」)で調査した(**図表1-13**)。その結果、実際原価・費用情報による管理効果の得点は製造業5.14、非製造業4.96、物量情報による管理効果は製造業5.08、非製造業4.72であった。2つの情報による管理効果の違いは非製造業(同5%)においてのみ確認された。業種間比較では、製造業の方が物量情報による管理効果を高く評価している(同5%)。第1回調査と比較すると製造業における物量情報による管理効果についてのみ上昇していた(同5%)。

また、利用程度と効果との相関分析の結果は、両業種において2つの情報ともに正の相関関係が確認された。

[図表1-13] 原価・物量情報利用の効果

	製造業					業種比	非製造業				
	有効回答	平均値,前回比	標準偏差	利用度との相関			有効回答	平均値,前回比	標準偏差	利用度との相関	
実際原価・費用情報による管理効果	116	5.14	—	1.10	0.72***		83	4.96	—	1.01	0.71***
物量情報による管理効果	100	5.08	△	1.00	0.79***	>	60	4.72	—	0.98	0.67***

5.2 原価企画

原価企画について、まず利用(新サービスや商品の企画・開発段階[14]において目

---

14 製造業調査では「製品の企画・開発・設計段階」と設問した。

標原価の設定・管理活動を実施する）企業は製造業82.3％，非製造業46.6％で，両業種間の利用率の差は大きいが（同0.1％），非製造業におけるある程度の普及状況を確認した15。なお，第1回調査からの顕著な変化は確認されなかった（**図表1-14**）。

[図表1-14] 原価企画の利用

	製造業			業種比	非製造業		
	有効回答	利用企業数(率)	前回比		有効回答	利用企業数(率)	前回比
あり	130	107社 (82.3％)	—	>>>	116	54社 (46.6％)	—

つぎに，原価企画活動について，7点尺度（「1 全くそうではない」から「7 全くそのとおり」）で調査した（**図表1-15**）16。目標原価の設定と達成について，「目標原価の設定に市場価格を反映する」企業は製造業90.6％，非製造業89.1％，「発生前に原価・費用が概ね予測できている」企業は製造業88.7％，非製造業81.8％にのぼる。一方，「目標原価を容易には達成できない挑戦的水準に設定する」企業は製造業48.1％，非製造業25.5％，「目標原価が常時達成される」企業は製造業47.2％，非製造業41.8％にとどまる。この結果は，市場志向，原価・費用見積り精度の高さを示す一方，目標原価の設定水準と未達状況については，企業を取り巻く競争環境や組織コンテクストの影響などを含め，さらなる検討が必要である。

また，製造業の方が目標原価設定への市場価格の反映（同5％），発生前の原価・費用予測（同1％），挑戦的な目標原価水準（同0.1％）について得点が高い傾向が確認された。なお，両業種とも第1回調査からの顕著な変化は確認されなかった。

---

15 田中（雅）ほか（2010a, b, c, d, e, f）は東証上場製造業の原価企画（2008年秋），山本ほか（2010）は東証一部上場製造業（2010年6月）に対する詳細な実態調査を実施している。
16 以下の百分率は7点尺度の4点以上の回答割合を示している。

[図表1-15] 目標原価の設定と達成

	製造業				業種比	非製造業			
	有効回答	平均値,前回比	標準偏差	4点以上の比率		有効回答	平均値,前回比	標準偏差	4点以上の比率
市場価格の反映	106	5.06	－	1.29	90.6%	＞	55	4.55	－	1.18	89.1%
発生前の原価・費用予測	106	4.99	－	1.23	88.7%	≫	55	4.45	－	1.05	81.8%
挑戦的目標原価水準	106	3.68	－	1.37	48.1%	≫≫	55	2.91	－	1.16	25.5%
目標原価の常時達成	106	3.46	－	1.05	47.2%	－	55	3.33	－	1.11	41.8%

　原価企画推進組織・担当者について，コンカレント・エンジニアリング実施企業は製造業90.6%，非製造業78.2%，企画・開発担当者が原価・費用見積りを行う企業は製造業65.1%，非製造業89.1%であった。業種間比較では，製造業の方がコンカレント・エンジニアリングを実践している（同0.1%）一方，非製造業の方が企画・開発担当者自身による原価・費用見積りを実践している（同0.1%）。なお，両業種とも第1回調査からの顕著な変化は確認されなかった（**図表1-16**）。

[図表1-16] 原価企画推進組織・担当者

	製造業				業種比	非製造業			
	有効回答	平均値,前回比	標準偏差	4点以上の比率		有効回答	平均値,前回比	標準偏差	4点以上の比率
コンカレント・エンジニアリング	106	5.17	－	1.32	90.6%	≫≫	55	4.38	－	1.25	78.2%
企画・開発担当者の原価・費用見積り	106	3.92	－	1.45	65.1%	≪≪	55	4.78	－	1.27	89.1%

　つづいて，原価企画の効果を7点尺度（「1 全く効果がない」から「7 極めて効果がある」）で調査した（**図表1-17**）。原価・費用低減効果の得点は製造業5.21，非製造業4.58，要求品質・機能の実現効果は製造業4.41，非製造業4.22，サービス・商品コンセプトの実現効果[17]は製造業4.30，非製造業4.13であった。各効果

　17　製造業調査では「製品コンセプトの実現」と設問した。

の違いを比較すると，原価・費用低減効果について，製造業では他の2つの効果との間（同0.1％），非製造業ではサービス・商品コンセプトの実現効果との間（同5％）で差異が確認された。業種間比較では，製造業の方が原価・費用低減効果を高く評価している（同1％）。なお，第1回調査からの顕著な変化は確認できなかった。

[図表1-17] 原価企画の効果

	製造業			業種比	非製造業		
	有効回答	平均値,前回比	標準偏差		有効回答	平均値,前回比	標準偏差
原価・費用低減	105	5.21 —	1.17	>>	55	4.58 —	1.07
要求品質・機能の実現	105	4.41 —	1.13	—	55	4.22 —	1.10
サービス・商品コンセプトの実現	105	4.30 —	1.19	—	55	4.13 —	1.01

さらに，原価企画の逆機能を7点尺度（「1 全く問題はない」から「7 極めて深刻である」）で調査した（**図表1-18**）。その結果，厳しい原価・費用低減要求による企画・開発担当者の疲弊の得点は製造業3.20，非製造業3.07，サプライヤーの疲弊は製造業3.16[18]，原価・費用目標優先による品質低下は製造業2.68，非製造業2.93であった。また，逆機能項目間の比較では，製造業においてのみ品質低下への問題意識が他の2項目よりも低かった（同0.1％）。なお，両業種間の明確な違いや第1回調査からの顕著な変化は確認されなかった。

[図表1-18] 原価企画の逆機能

	製造業			業種比	非製造業		
	有効回答	平均値,前回比	標準偏差		有効回答	平均値,前回比	標準偏差
企画・開発担当者の疲弊	105	3.20 —	1.05	—	55	3.07 —	1.03
サプライヤーの疲弊	105	3.16 —	0.94				
品質低下	105	2.68 —	1.13	—	55	2.93 —	0.98

---

18 非製造業調査では「サプライヤーの疲弊」は設問していない。

5.3 品質コストマネジメント

品質コストマネジメントでは，これまで理論的に2つのモデルが想定されてきた。第1は，ある程度の欠陥の発生を容認し，品質管理コストと失敗コストのバランスを取ることで品質コスト総額を最小化させる「コスト最小化モデル」である。第2は，欠陥ゼロを目指して品質管理コストを高め失敗コストを低下させる「欠陥ゼロ・モデル」である。

本調査では「コスト最小化モデル」を「品質管理の費用対効果を重視する」，「欠陥ゼロ・モデル」を「品質管理の費用は惜しまない」と設問し，設計品質と適合品質について7点尺度（「1　費用対効果を重視する」－「4　どちらともいえない」－「7　費用は惜しまない」）で調査した（図表1-19）[19]。

その結果，設計品質の得点は製造業4.00，非製造業3.64，適合品質は製造業4.02，非製造業3.73であり，どちらの品質概念についても均等にばらついていた。また，これらの2つの品質概念間の顕著な差異についても確認されなかった。

業種間比較では非製造業の方が設計品質について費用対効果を重視していた（同5％）。なお，第1回調査からの顕著な変化は確認できなかった。

[図表1-19] 品質コストマネジメント

	製造業			業種比	非製造業		
	有効回答	平均値，前回比	標準偏差		有効回答	平均値，前回比	標準偏差
設計品質	128	4.00　—	1.41	>	112	3.64　—	1.19
適合品質	128	4.02　—	1.48	—	112	3.73　—	1.27

19　製造業調査では，設計品質は開発・設計段階における顧客ニーズとの適合性，適合品質は製造段階における設計仕様との適合性を指す。一方，非製造業調査では，設計品質は企画・開発段階における顧客要求の実現，適合品質は提供段階における品質の維持・向上を指す。

5.4 ミニ・プロフィットセンター

　MPC（Micro-Profit Center：ミニ・プロフィットセンター）採用（主要事業で小集団利益マネジメントを実施する）企業は製造業32.3％，非製造業41.4％であり，両業種間の明確な違いや第1回調査からの顕著な変化は確認されなかった（**図表1-20**）。第1回調査と同様に非製造業での一定程度の普及状況を確認したことは，以前から指摘されてきた非製造業におけるMPCの有用性（Kaplan and Cooper, 1998）を利用実態として示す調査結果といえよう。また，渡辺（2010）の調査ではMPCの採用率は大企業製造業で10.3％であった[20]。そこでも指摘されているとおり，渡辺（2010）ではMPCを厳密に狭義に規定していることや，回答者の相違（本調査は経理部門長中心。渡辺（2010）は経営管理部門長）が結果に影響している可能性もある[21]。

[図表1-20] MPCの採用

		製造業		業種比		非製造業	
	有効回答	利用企業数(率)，	前回比		有効回答	利用企業数(率)，	前回比
あり	130	42社 (32.3％)	—	—	116	48社 (41.4％)	—

　つぎに，MPCにおける会計情報の計算・利用を7点尺度（「1 全くそうではない」から「7 全くそのとおり」）で調査した（**図表1-21**）。その結果，MPCが会計情報を用いた業務改善を実施している企業は製造業83.3％，非製造業75.0％，利益額や原価・費用額を各MPCが自ら計算する企業は製造業66.7％，非製造業72.9％にのぼり，疑似MPCを含むMPCの確かな普及状況を裏づけている。なお，両業種間の明確な違いや第1回調査からの顕著な変化は確認されなかった。

20　渡辺（2010）の調査は，中小企業も含む上場・非上場製造業7業種3,136社を対象（回収率10.3％）に2009年9月から10月に実施された。
21　横田・妹尾（2011）の2010年2月から3月にかけての調査（東証一部上場企業対象1,691社，回収率13.1％，回答者は経営管理・経営戦略部門長）でも，アメーバ経営を例示するなど狭義に捉えると採用率は10.9％に留まっている。

[図表1-21] MPCにおける会計情報の計算・利用

	製造業				業種比	非製造業			
	有効回答	平均値,前回比	標準偏差	4点以上の比率		有効回答	平均値,前回比	標準偏差	4点以上の比率
会計情報を用いた業務改善	42	4.48	—	1.33	83.3%	—	48	4.27	—	1.28	75.0%
利益・原価額を自ら計算	42	3.98	—	1.73	66.7%	—	48	4.21	—	1.61	72.9%

つづいて，MPCの利用目的を7点尺度（「1 全く重視していない」から「7 極めて重視している」）で調査した（**図表1-22**）。その結果，自発的問題発見・解決[22]目的の得点は製造業5.40，非製造業4.40，利益・顧客志向の徹底目的は製造業5.07，非製造業5.29，従業員のモチベーション向上目的は製造業4.83，非製造業4.50，将来のリーダーの発掘・育成目的は製造業4.60，非製造業4.44であった。利用目的間の差異については，製造業では自発的問題発見・解決目的が，将来のリーダーの発掘・育成目的（同1％）と従業員のモチベーション向上目的（同5％）よりも重視され，非製造業では利益・顧客志向の徹底目的が他の3つの目的よりも重視されていた（同0.1％）。

また，業種間比較では，製造業の方が自発的問題発見・開発目的を重視している（同0.1％）一方，残りの3つの利用目的について明確な違いは確認されなかった。なお，第1回調査からの顕著な変化は確認されなかった。

[図表1-22] MPCの利用目的

	製造業			業種比	非製造業		
	有効回答	平均値,前回比	標準偏差		有効回答	平均値,前回比	標準偏差
自発的問題発見・解決	42	5.40	—	1.15	>>>	48	4.40	—	1.27
利益・顧客志向の徹底	42	5.07	—	1.33	—	48	5.29	—	1.03
従業員のモチベーション向上	42	4.83	—	1.34	—	48	4.50	—	1.24
将来のリーダーの発掘・育成	42	4.60	—	1.45	—	48	4.44	—	1.12

---

22 製造業調査では「製造現場の自発的問題発見・解決」と設問した。

さらに，重視度が4点以上の目的について，その効果を7点尺度（「1　全く効果がない」から「7　極めて効果がある」）で調査した（**図表1-23**）。その結果，自発的問題発見・解決効果の得点は製造業5.37，非製造業4.86，利益・顧客志向の徹底効果は製造業5.18，非製造業5.15，従業員のモチベーション向上効果は製造業5.06，非製造業4.68，将来のリーダーの発掘・育成効果は製造業5.03，非製造業4.65であった。目的ごとの効果の違いは，製造業では確認されず，非製造業において利益・顧客志向の徹底効果が他の3つの効果よりも高いことを確認した（第2位から順に同5％，1％，5％）。

また，業種間比較では，製造業の方が自発的問題発見・開発効果を高く評価していた（同5％）一方，残りの3つの効果について明確な違いは確認されなかった。なお，第1回調査からの顕著な変化は確認されなかった。

さらに，利用目的（重視度）と効果との相関分析の結果，全ての利用目的と効果との間で正の相関関係が確認された。

［図表1-23］MPCの効果

	製造業				業種比	非製造業			
	有効回答	平均値, 前回比	標準偏差	重視度との相関		有効回答	平均値, 前回比	標準偏差	重視度との相関
自発的問題発見・解決効果	41	5.37　—	1.11	0.66***	＞	36	4.86　—	0.88	0.77***
利益・顧客志向の徹底効果	38	5.18　—	1.27	0.72***	—	46	5.15　—	1.05	0.73***
従業員のモチベーション向上効果	33	5.06　—	1.24	0.77***	—	38	4.68　—	0.84	0.57***
将来のリーダーの発掘・育成効果	33	5.03　—	1.21	0.77***	—	40	4.65　—	0.80	0.61***

なお，第1回質問票調査後のインタビュー調査を通じて，非製造業企業においてMPCを業績評価手法として活用している事例を発見している。今回もインタビュー調査を通じて，事業単位よりも小さな支店内の部門業務やプロジェクト（たとえばホテル業における客室管理部門や飲食部門，旅行業における国内・海外旅行部門，ソフトウエアハウスにおけるパッケージソフトウエア部門やシステム保守管理部門，不動産業における新築マンション分譲プロジェクトなど）ごとに利益目標を設定した業績管理を実践している多くの事例を確認している。

6 ■利益計画の策定

　単・複数年度の利益計画策定に利用した手法について，まずその利用程度を7点尺度（「1　全く利用していない」から「7　常に利用している」）で調査した（**図表1-24**）。その結果，見積財務諸表の得点は製造業5.63，非製造業5.43，原価企画は製造業5.15，非製造業4.91，CVP分析は製造業4.63，非製造業3.38，製品・商品ポートフォリオ[23]は製造業4.08，非製造業3.46，SWOT（Strengths, Weaknesses, Opportunities, Threats）分析は製造業3.98，非製造業3.87であった。

　また，各手法の利用程度の差異は，両業種とも上位2手法（見積財務諸表，原価企画）と下位3手法（CVP分析，製品・商品ポートフォリオ，SWOT分析）との間（同0.1％[24]），製造業では第3位のCVP分析と第4位の製品ポートフォリオおよび第5位のSWOT分析との間（同5％），非製造業では第3位のSWOT分析と第4位の商品ポートフォリオとの間（同5％）でも確認された。

　業種間比較では，製造業の方がCVP分析（同0.1％）と製品・商品ポートフォリオ（同1％）の利用程度が高かった。なお，第1回調査からの顕著な変化は確認されなかった。

[図表1-24] 利益計画策定手法の利用度

	製造業				業種比	非製造業			
	有効回答	平均値	前回比	標準偏差		有効回答	平均値	前回比	標準偏差
見積財務諸表	130	5.63	—	1.79	—	117	5.43	—	1.78
原価企画	130	5.15	—	1.60	—	117	4.91	—	1.83
CVP分析	130	4.63	—	1.78	>>>	117	3.38	—	1.83
製品・商品ポートフォリオ	130	4.08	—	1.61	>>	117	3.46	—	1.68
SWOT分析	130	3.98	—	1.63	—	117	3.87	—	1.57

23　製造業調査では「製品ポートフォリオ」，非製造業調査では「商品ポートフォリオ」と設問した。
24　例外として製造業における原価企画とCVP分析との間は同5％である。

つぎに，利用程度が4点（時に利用している）以上の利益計画策定手法について，その効果を7点尺度（「1 全く効果がない」から「7 極めて効果がある」）で調査した（**図表1-25**）。その結果，見積財務諸表効果の得点は製造業5.54，非製造業5.36，原価企画効果は製造業5.33，非製造業5.16，CVP分析効果は製造業4.95，非製造業4.56，製品・商品ポートフォリオ効果は製造業4.74，非製造業4.48，SWOT分析効果は製造業4.61，非製造業4.38であった。

これらの各手法の効果の差異は，製造業において上位2手法の効果（見積財務諸表，原価企画）と下位3手法の効果（CVP分析（同5％），製品ポートフォリオ効果，SWOT分析効果（ともに同1％））との間で確認された。一方，非製造業では上位2手法（見積財務諸表，原価企画）の効果と下位2手法（商品ポートフォリオ（同0.1％，5％），SWOT分析（同0.1％，1％））の効果との間で確認され，第3位のCVP分析効果については第1位の見積財務諸表効果（同0.1％）および第4位の商品ポートフォリオ効果（同5％）との間でも確認された。

業種間比較では，製造業の方がCVP分析の効果を高く評価していた（同5％）。第1回調査と比較すると，製造業では原価企画（同5％），非製造業では見積財務諸表と原価企画（同5％）の効果を高く評価している。

また，手法の利用程度と効果との相関分析の結果，全ての手法で利用程度と効果との正の相関関係が確認された。

［図表1-25］利益計画策定手法の効果

	製造業				業種比	非製造業			
	有効回答	平均値,前回比	標準偏差	利用度との相関		有効回答	平均値,前回比	標準偏差	利用度との相関
見積財務諸表効果	112	5.54 —	1.04	0.57***	—	96	5.36 △	1.06	0.61***
原価企画効果	106	5.33 △	1.04	0.70***	—	89	5.16 △	1.03	0.55***
CVP分析効果	100	4.95 —	1.10	0.67***	>	61	4.56 —	0.94	0.64***
製品・商品ポートフォリオ効果	84	4.74 —	0.97	0.46***	—	58	4.48 —	0.92	0.50***
SWOT分析効果	82	4.61 —	1.04	0.58***	—	72	4.38 —	1.04	0.53***

7 ■CVP分析

CVP分析について，まず利用率は臨時的利用を含めて製造業76.9%，非製造業55.2%で，両業種間の利用率の差が大きいことを確認した（同0.1%）。なお，第1回調査からの顕著な変化は確認されなかった（**図表1-26**）。

[図表1-26] CVP分析の利用

	製造業			業種比	非製造業		
	有効回答	利用企業数（率），	前回比		有効回答	利用企業数（率），	前回比
あり	130	100社(76.9%)	—	>>>	116	64社(55.2%)	—

つぎに，CVP分析の利用目的を7点尺度（「1 全く利用していない」から「7 常に利用している」）で調査した（**図表1-27**）。その結果，単・複数年度の利益計画の立案目的の得点は製造業4.93，非製造業4.62，単・複数年度の利益計画の決定目的は製造業4.68，非製造業4.30，サービス・商品，案件[25]ごとの企画・計画段階での損益分析目的は製造業4.35，非製造業4.21，月次や週次の実績分析・評価目的は製造業4.18，非製造業3.57であった。これらの利用目的間の差異は，第1位の利益計画の立案と第2位以下の3つの目的との間で概ね確認された（概

[図表1-27] CVP分析の利用目的

	製造業				業種比	非製造業		
	有効回答	平均値，前回比		標準偏差		有効回答	平均値，前回比		標準偏差
利 益 計 画 の 立 案	100	4.93	—	1.69	—	63	4.62	—	1.76
利 益 計 画 の 決 定	99	4.68	—	1.83	—	64	4.30	—	1.84
企画・計画段階の損益分析	100	4.35	—	1.74	—	63	4.21	—	1.62
月次・週次の実績分析・評価	99	4.18	—	1.97	—	63	3.57	—	2.01

---

25 製造業調査では「製品，案件」と設問した。

ね同5%[26])。なお,両業種間の明確な違いや第1回調査からの顕著な変化は確認されなかった。

つづいて,利用程度4点以上の目的について,その効果を7点尺度(「1 全く効果がない」から「7 極めて効果がある」)で調査した(**図表1-28**)。その結果,単・複数年度の利益計画の立案効果の得点は製造業5.07,非製造業4.96,単・複数年度の利益計画の決定効果は製造業5.08,非製造業5.11,サービス・商品,案件ごとの企画・計画段階での損益分析効果は製造業4.88,非製造業4.91,月次や週次の実績分析・評価効果は製造業4.99,非製造業5.19であった。これら4つの効果の間,両業種間の明確な違いや第1回調査からの顕著な変化も確認されなかった。

また,手法の利用程度と効果との相関分析の結果は,全ての利用目的について利用程度と効果との正の相関関係が確認された。

[図表1-28] CVP分析の効果

	製造業				業種比	非製造業			
	有効回答	平均値,前回比	標準偏差	利用度との相関		有効回答	平均値,前回比	標準偏差	利用度との相関
利益計画の立案効果	81	5.07 —	1.03	0.60***	—	51	4.96 —	1.26	0.75***
利益計画の決定効果	76	5.08 —	0.96	0.57***	—	44	5.11 —	1.19	0.89***
企画・計画段階の損益分析効果	75	4.88 —	1.25	0.71***	—	44	4.91 —	1.12	0.73***
月次・週次の実績分析・評価効果	67	4.99 —	1.17	0.70***	—	32	5.19 —	1.15	0.75***

8 ■業績管理

8.1 業績管理システム

業績管理システムの特徴について,7点尺度(「1 全くそうではない」から「7

---

[26] 例外として,製造業第4位の月次・週次の実績分析・評価との差異は有意水準1%で確認され,非製造業第3位の企画・計画段階の損益分析との差異は有意水準5%では確認できなかった。

第1章　わが国大企業における管理会計の実態調査　35

全くそのとおり」）で調査した。まず，業績指標の重視度について，財務指標の得点は製造業5.94，非製造業5.62，顧客関連指標は製造業4.02，非製造業4.25，業務プロセス関連指標は製造業3.66，非製造業3.34の順であり，全ての指標間の重視度の差異も確認された（概ね同0.1％[27]）。また，青木（2012）や横田・妹尾（2011）の調査でも同様の重視度の順位であった[28]。業種間比較では，製造業の方が財務指標を重視している（同5％）。なお，第1回調査からの顕著な変化は確認されなかった（**図表1-29**）。

[図表1-29] 業績指標の重視度

	製造業			業種比	非製造業		
	有効回答	平均値，前回比	標準偏差		有効回答	平均値，前回比	標準偏差
財務指標	130	5.94	—	1.21	>	116	5.62	—	1.30
顧客関連指標	130	4.02	—	1.48	—	115	4.25	—	1.57
業務プロセス関連指標	130	3.66	—	1.42	—	115	3.34	—	1.39

つぎに，戦略と業績指標の関連性について，事業戦略と業績目標の整合性の得点（製造業5.09，非製造業4.91）は比較的高い一方，財務目標と非財務目標の関連を示す戦略マップ（Kaplan and Norton，2004b）のような図の作成の得点（製造業2.66，非製造業2.36）は比較的低いことが確認された[29]。横田・妹尾（2011）の調査では，BSC（Balanced Scorecard：バランスト・スコアカード）を利用している企業（10.5％）の60.9％（14社/23社）が戦略マップを作成していると回答している。なお，両業種間の明確な違いや第1回調査からの顕著な変化は確認されなかった（**図表1-30**）。

27　例外として製造業第2位の顧客関連指標と第3位の業務プロセス関連指標間は同5％であった。

28　青木（2012）は東証上場企業2,035社（回収率10.0％）を対象に2009年9月に実施，横田・妹尾（2011）については注21を参照頂きたい。

29　関連図の作成について，7点尺度の4点以上の回答をした企業は製造業28.4％（37社），非製造業19.1％（22社）である。

[図表1-30] 戦略と業績指標の関連性

	製造業			業種比	非製造業		
	有効回答	平均値,前回比	標準偏差		有効回答	平均値,前回比	標準偏差
事業戦略と業績目標の整合性	130	5.09　—	1.33	—	115	4.91　—	1.27
財務目標と非財務目標の関連図作成	130	2.66　—	1.62	—	115	2.36　—	1.39

　つづいて，業績管理の方法について，「状況変化にかかわらず当初の業績目標は変更しない」の得点は製造業3.36，非製造業2.88，「状況変化に対応すべく実行プランを継続的に見直す」は製造業4.98，非製造業5.04であり，(一方を逆転させた) 両項目間の明確な得点差は確認されなかった。業種間比較では，製造業の方が業績目標を変更しない傾向がある (同5％)。なお，第1回調査からの顕著な変化は確認されなかった (**図表1-31**)。

　また，事業部門長とミドルマネジャーとの話し合いについては，当初の業績目標と実績が乖離した場合の臨時的な話し合いの得点は製造業5.28，非製造業5.32，定期的な話し合いは製造業5.35，非製造業5.48であり，両項目間の明確な得点差は確認されなかった。なお，両業種間の明確な違いも確認されなかった。第1回調査と比較すると，製造業における事業部門長とミドルマネジャーとの定期的話し合いのみが低下していた (同5％) (**図表1-31**)。

[図表1-31] 業績管理の方法

	製造業			業種比	非製造業		
	有効回答	平均値,前回比	標準偏差		有効回答	平均値,前回比	標準偏差
業績目標の変更なし	130	3.36　—	1.69	>	115	2.88　—	1.55
実行プランの継続的見直し	130	4.98　—	1.40	—	116	5.04　—	1.32
部門長とミドルマネジャーの臨時的話し合い	130	5.28　—	1.44	—	115	5.32　—	1.28
部門長とミドルマネジャーの定期的話し合い	130	5.35　▼	1.35	—	114	5.48　—	1.25

　さらに，業績目標の設定水準と達成度について，「業績目標は容易には達成で

きない挑戦的な水準である」の得点は製造業3.69,非製造業3.40,「期首に設定された業績目標は常に達成される」は製造業3.10,非製造業3.17であった。なお,両業種間の明確な違いや第1回調査からの顕著な変化は確認されなかった（**図表1-32**）。

[図表1-32] 業績目標の設定水準と達成度

	製造業			業種比	非製造業		
	有効回答	平均値,前回比	標準偏差		有効回答	平均値,前回比	標準偏差
挑戦的目標水準の設定	129	3.69	1.36	—	114	3.40	1.43
期首目標の常時達成	130	3.10	1.10	—	115	3.17	1.20

8.2 業績と報酬の関連性

事業業績と金銭的報酬の関連性について,7点尺度（「1 全く関係がない」から「7 完全に連動している」）で調査した（**図表1-33**）。その結果,事業部門長の得点は製造業4.75,非製造業4.59,ミドルマネジャーは製造業4.26,非製造業4.18,ロワーマネジャーは製造業3.57,非製造業3.76,一般従業員は製造業3.36,非製造業3.46の順であり,これらの4つの職位間の差異は統計的にも確認された（同0.1%）。なお,両業種間の明確な違いや第1回調査からの顕著な変化は確認されなかった。

[図表1-33] 事業業績と金銭的報酬の関連性

	製造業			業種比	非製造業		
	有効回答	平均値,前回比	標準偏差		有効回答	平均値,前回比	標準偏差
事業部門長	129	4.75	1.31	—	117	4.59	1.37
ミドルマネジャー	129	4.26	1.17	—	117	4.18	1.16
ロワーマネジャー	129	3.57	1.21	—	117	3.76	1.26
一般従業員	129	3.36	1.24	—	117	3.46	1.37

9 ■予算管理

予算管理30について、まず予算編成方針を、前年度実績に新規事業分を積み上げる方針（1点）と、経営戦略の達成に向けて戦略的見地から重点的に資源配分する方針（7点）を両極とする7点尺度で調査した。その結果、得点の平均値は製造業4.06，非製造業3.57で広くばらついていることを確認した。業種間比較では、製造業の方がより戦略的に予算編成をしていた（同1％）。なお、第1回調査からの顕著な変化は確認されなかった（**図表1-34**）。

[図表1-34] 予算編成方針

	製造業			業種比	非製造業		
	有効回答	平均値，前回比	標準偏差		有効回答	平均値，前回比	標準偏差
予算編成方針	124	4.06　—	1.34	>>	117	3.57　—	1.40

つぎに、予算・業務計画について、7点尺度（「1 全くそうではない」から「7 全くそのとおり」）で調査した（**図表1-35**）。その結果、①予算・業務に関する手順・手続の明確性の得点は、製造業5.48，非製造業5.14，②予算計画の詳細性は製造業5.52，非製造業5.17，業務計画31の詳細性は製造業4.51，非製造業4.25，③予算目標設定プロセスへのミドルマネジャーの十分な参加は製造業5.40，非製造業4.93，業務目標設定プロセスへのミドルマネジャーの十分な参加は、製造業5.38，非製造業4.96，④具体的予算目標の個人への割り当ては製造業3.95，非製造業3.75，具体的業務目標の個人への割り当ては製造業4.41，非製造業4.28であった。また、予算計画・目標と業務計画・目標との差異は、計画の詳細性と

30　予算管理に関する実態調査としては、「企業予算制度」調査研究委員会（委員長：﨑章浩明治大学教授）が1992年，2002年に続き2012年に第3回調査（東証上場470社と産業経理協会会員469社の計939社対象、回収率19.7％）を実施している。調査結果は、飯島ほか（2014），市野ほか（2013），大槻ほか（2013），﨑（2014），平井ほか（2013），吉村ほか（2014）などに公表されている。

31　製造業調査では「納期・スペック・品質など」、非製造業調査では「新商品開発・営業など」と例示した。

具体的目標の個人への割り当てについて確認された（同0.1％）。

業種間比較では，製造業の方が，予算・業務に関する手順・手続の明確性（同5％），予算計画の詳細性（同5％），目標設定プロセスへのミドルマネジャーの参加（予算（同1％），業務（同5％））について得点が高いことが確認された（同1％）。なお，第1回調査からの顕著な変化は確認されなかった。

[図表1-35] 予算・業務計画

		製造業			業種比	非製造業		
		有効回答	平均値, 前回比	標準偏差		有効回答	平均値, 前回比	標準偏差
予算・業務の手順・手続の明確性		130	5.48 ―	1.09	>	116	5.14 ―	1.31
計画の詳細性	予算計画	130	5.52 ―	1.07	>	117	5.17 ―	1.19
	業務計画	130	4.51 ―	1.27		117	4.25 ―	1.22
ミドルマネジャーの参加	予算目標	130	5.40 ―	1.22	>>	117	4.93 ―	1.35
	業務目標	130	5.38 ―	1.18	>	117	4.96 ―	1.38
具体的目標の個人への割り当て	予算目標	130	3.95 ―	1.56		117	3.75 ―	1.80
	業務目標	130	4.41 ―	1.49		117	4.28 ―	1.59

つづいて，予算管理の方法について，予算・業務計画と同様の7点尺度で調査した（**図表1-36**）。その結果，「状況変化にかかわらず当初の予算目標は変更しない」の得点は製造業3.66，非製造業3.31，「状況変化に対応すべく実行プランを継続的に見直す」は製造業4.96，非製造業4.89であった。前節の業績管理において「目標の変更なし」と「実行プランの維持（継続的見直しの得点を逆転）」間の相違は確認されなかったが，予算管理では製造業において差異が確認された（同1％）。つまり，製造業では実行プランは柔軟に修正を加える一方，予算目標は比較的維持される傾向にあるといえる。なお，両業種間の明確な違いや第1回調査からの顕著な変化は確認されなかった。

また，事業部門長とミドルマネジャーとの話し合いについては，当初の予算目標と実績が乖離した場合の臨時的な話し合いの得点は製造業5.33，非製造業5.30，定期的な話し合いは製造業5.29，非製造業5.39であり，両項目間の明確な差異は確認されなかった。なお，両業種間の明確な違いや第1回調査からの顕

著な変化は確認されなかった。

[図表1-36] 予算管理の方法

	製造業			業種比	非製造業		
	有効回答	平均値,前回比	標準偏差		有効回答	平均値,前回比	標準偏差
予算目標の変更なし	130	3.66	―	1.83	―	116	3.31	―	1.71
実行プランの継続的見直し	130	4.96	―	1.38	―	117	4.89	―	1.33
部門長とミドルマネジャーの臨時的話し合い	130	5.33	―	1.31	―	116	5.30	―	1.26
部門長とミドルマネジャーの定期的話し合い	130	5.29	―	1.33	―	116	5.39	―	1.24

さらに,予算管理の問題点についても,予算・業務計画と同様の7点尺度で調査した(**図表1-37**)。その結果,「予算編成に時間がかかりすぎる」の得点は製造業4.84,非製造業4.12,「環境変化が激しく予算の予測機能が役に立たない」は製造業3.62,非製造業3.42[32],「ミドルマネジャーは達成容易な予算目標を設定しがちである」は,製造業3.67,非製造業3.38,「予算目標達成のため,ミドルマネジャーが数字合わせに走る」は製造業3.57,非製造業3.28であった。両業

[図表1-37] 予算管理の問題点

	製造業			業種比	非製造業		
	有効回答	平均値,前回比	標準偏差		有効回答	平均値,前回比	標準偏差
予算編成の時間的負担	130	4.84	―	1.32	>>>	117	4.12	―	1.35
予算の予測機能の不能	130	3.62 ▼▼	1.26	―	117	3.42	―	1.28
ミドルマネジャーによる低水準の目標設定	129	3.67	―	1.29	―	117	3.38	―	1.20
ミドルマネジャーの数字合わせ	129	3.57	―	1.22	―	117	3.28	―	1.17

---

32 平井ほか(2013)でも「環境変化予測の困難性」は73.9%の企業が指摘しており,その傾向は1992年調査から一貫している。加えて,その調査において27.7%の企業が予算編成業務への負担を感じている。

種とも第1位の予算編成の時間的負担と残りの3項目との間の差異が確認された（同0.1％）。

業種間比較では，製造業の方が予算編成の時間的負担を重く感じている（同0.1％）。なお，第1回調査と比較すると，製造業において予算の予測機能の不能を指摘する割合が下がっており（同1％），前回の調査がリーマンショック直後であったため得点が比較的高かった（4.10）ことの影響が推察される。

10 ■設備投資予算（設備投資案件の経済性評価）

設備投資予算について，まず設備投資案件の経済性評価の実施状況を調査した（**図表1-38**）。その結果，経済性評価実施企業は製造業89.9％，非製造業74.4％であり，製造業の方が利用率は高いことを確認した（同1％）。なお，第1回調査からの顕著な変化は確認されなかった。

経済性評価実施企業における回収期間法の利用率は製造業87.1％，非製造業78.2％，正味現在価値法は製造業31.9％，非製造業25.3％，会計的利益率法や投資利益率法[33]は製造業30.2％，非製造業32.2％，内部利益率法は製造業19.8％，非製造業23.0％であり，両業種とも回収期間法が他の3手法よりも多用され（同0.1％），特に製造業では第2位の正味現在価値法も第4位の内部利益率法よりも多用されていることが確認された（同5％）[34]。

業種間比較では，製造業の方が回収期間法の利用率が高かった（同0.1％）。なお，第1回調査からの顕著な変化は確認されなかった。

---

33 第1回調査では「会計的投資利益率法」と表現していたが，「会計的利益率法」と表現する清水・田村（2010a, b, c, d）の2009年調査（3月から4月にかけて，東証一部上場（建設と電力を除く）製造業853社を対象）の利用率39.2％より利用率が低い要因である可能性が指摘されたため，今回はより幅広い表現に変更した。しかしながら結果に顕著な変化は確認されなかった。その要因としては，清水・田村（2010a, b, c, d）の回答者は経営企画部門が中心であり，本調査の主たる調査回答者である財務・経理部門長との違いが影響した可能性がある。実際に質問票回収後の財務・経理部門長へのインタビュー調査から，設備投資予算について「収益性よりも財務の安定性を志向する」という声を多数聞いている。

34 McNemar検定を実施した。

[図表1-38] 設備投資案件の経済性評価手法

	製造業			業種比	非製造業		
	有効回答	利用企業数(率),	前回比		有効回答	利用企業数(率),	前回比
手法利用あり	129	116社(89.9%)	—	≫	117	87社(74.4%)	—
経済性評価手法（複数回答可）							
回 収 期 間 法	116	101社(87.1%)	—	≫≫	87	68社(78.2%)	—
正 味 現 在 価 値 法	116	37社(31.9%)	—	—	87	22社(25.3%)	—
会計的・投資利益率法	116	35社(30.2%)	—	—	87	28社(32.2%)	—
内 部 利 益 率 法	116	23社(19.8%)	—	—	87	20社(23.0%)	—

つぎに，経済性評価手法による見積数値の利用程度について7点尺度（「1　全く利用しない」―「3　少数の案件に利用する」―「5　多数の案件に利用する」―「7　全案件に利用する」）で調査した（**図表1-39**）。その結果，投資案件タイプ別では，個別投資案件の目標値の得点は製造業4.53，非製造業4.62，複数案件や一定期間の目標値は製造業3.58，非製造業3.35の順であり，両項目の利用程度の差異は統計的にも確認された（同0.1％）。なお，両業種間の明確な違いや第1回調査からの顕著な変化は確認されなかった。

[図表1-39] 経済性評価手法の見積数値の利用度

	製造業			業種比	非製造業		
	有効回答	平均値,前回比	標準偏差		有効回答	平均値,前回比	標準偏差
個別投資案件の目標値	114	4.53　—	1.66	—	86	4.62　—	1.56
複数案件・一定期間の目標値	114	3.58　—	1.70	—	85	3.35　—	1.75
立案段階の審議資料	114	5.10　—	1.26	—	86	5.06　—	1.62
承認段階の審議資料	114	5.31　—	1.18	—	87	5.25　—	1.49
事後評価の審議資料	114	3.50　—	1.45	—	85	3.73　—	1.74

第1章 わが国大企業における管理会計の実態調査 43

　さらに，マネジメント・プロセス別では，投資案件の立案段階の審議資料の得点は製造業5.10，非製造業5.06，承認段階の審議資料は製造業5.31，非製造業5.25，事後評価の審議資料は製造業3.50，非製造業3.73であった。また，これらの利用程度の差異は両業種とも立案・承認段階と事後評価との間で確認された（同0.1％）。なお，両業種間の明確な違いや第1回調査からの顕著な変化は確認されなかった。

　つづいて，利用程度が4点以上の経済性評価手法による見積数値について，その効果を7点尺度（「1　全く効果がない」から「7　極めて効果がある」）で調査した（**図表1-40**）。その結果，投資案件タイプ別では個別投資案件の目標値効果の得点は製造業4.84，非製造業4.83，複数案件や一定期間の目標値効果は製造業4.69，非製造業4.58，マネジメント・プロセス別では立案段階の審議資料効果は製造業4.87，非製造業4.96，承認段階の審議資料効果は製造業4.90，非製造業4.87，事後評価の審議資料効果は製造業4.71，非製造業4.80であった。また，これらの効果間の差異は，製造業では承認段階の審議資料と事業評価の審議資料との間（同5％）で確認されたが，非製造業では確認されなかった。なお，両業種間の明確な違いや第1回調査からの顕著な変化は確認されなかった。

　さらに，利用程度と効果との相関分析の結果は，全ての項目で正の相関関係が確認された。

[図表1-40] 経済性評価手法の見積数値利用の効果

	製造業				業種比	非製造業			
	有効回答	平均値，前回比	標準偏差	利用度との相関		有効回答	平均値，前回比	標準偏差	利用度との相関
個別投資案件の目標値効果	90	4.84　―	0.90	0.49***	―	66	4.83　―	1.10	0.50***
複数案件・一定期間の目標値効果	65	4.69　―	0.90	0.49***	―	43	4.58　―	0.93	0.37*
立案段階の審議資料効果	103	4.87　―	1.01	0.55***	―	72	4.96　―	1.14	0.43***
承認段階の審議資料効果	105	4.90　―	0.98	0.53***	―	76	4.87　―	1.19	0.33**
事後評価の審議資料効果	59	4.71　―	0.91	0.41***	―	46	4.80　―	1.20	0.35*

11 ■ 小　　括

　以上が，東証一部上場企業を対象とした，わが国管理会計の第 2 回実態調査の結果報告であり，その特徴と貢献はつぎのとおりである。

　第 1 に，日本企業の管理会計実態について第 1 回調査からの経時的変化を捉えることが調査目的の 1 つであった。製造業に対する第 1 回調査はリーマンショック直後に実施しており，アベノミクスによる景気回復基調にある今回とは経済情勢が異なることにも注目していた。リーマンショックのような経済危機は経営改革の好機となることも多いが，全体的に 5 年前からの顕著な変化は確認されなかった。ただし，予算管理の逆機能として「環境変化が激しく予算の予測機能が役に立たない」との指摘が前回より減ったこと（7 点尺度で4.10から3.62）は，前回の調査がリーマンショック直後であったことの影響だと推察される。また今後も 5 年ごとの定期調査を予定しており，日本企業の管理会計利用実態の経時的変化を追跡したい。

　第 2 に，皆が共有すべき知見であるコンベンショナル・ウィズダムでありながら，十分な実態調査に乏しかったテーマも前回に引き続き調査した。たとえば，本社経理部門と事業部門経理担当の業務分担の実態，利益計画段階での管理会計手法の利用実態，CVP分析の利益計画以外の局面（サービス・商品，案件ごとの企画・計画段階での損益分析，月次・週次の実績分析・評価）における利用を前回同様に確認した。

　第 3 に，逸話的に語られてきた「日本的管理会計」の利用実態を前回に引き続き調査した。たとえば，とりわけ製造業における意義の低下が教科書などでも指摘されてきた経営管理目的の標準原価計算（標準原価管理），高度経済成長期における製造現場での十分な活用が疑問視されてきた実際原価情報による管理35が，製造業のみならず非製造業でもある程度利用されていることを前回同

35　製造現場で，業績評価とは無関連に展開される自主的・継続的改善活動であるTQC（Total Quality Control）や，JIT（Just-In-Time）のもとでは，会計情報の役割は相対的に低く，現場・現実・現物の三現主義が重視されてきたといわれる（壽永・野中，1995；吉田，2008；Okano and Suzuki, 2007）。

様に確認した。加えて，品質コストマネジメントについて，欠陥品ゼロ・モデルと同様にコスト最小化モデルも普及していることを製造業，非製造業ともに前回同様に確認した。

第4に，非製造業における先端的原価計算・管理手法の高い普及状況を前回同様に確認した。まず，原価企画のある程度の利用率（46.6％，前回42.5％）である。製造業における製品開発コストマネジメントとしての原価企画とは異なり，計画段階での利益企画としての利用が多いことが推察されるものの，原価企画の一定の普及を確認した。つぎに，MPC（疑似MPC制を含む）のある程度の利用率（41.4％，前回51.2％）である。製造業とは異なり利益・顧客志向の徹底目的が他の目的より重視され，フォローアップ調査から業績管理手法としての利用を確認するなど，非製造業におけるMPCには製造業とは異なる機能，利用可能性が期待され，さらなるフィールド調査による実態解明が急務である。最後に，銀行におけるABCの高い利用率である。海外でも金融業でのABCの普及が示されてきたが（Innes et al., 2000），同様の傾向が日本でも確認された。

第5に，製造業においてもMPC制（疑似MPC制を含む）のある程度の普及（32.3％，前回40.4％）を確認した。小さな組織単位，短いPDCAサイクルで，たとえ疑似的であっても簡便な方法を活用するなど利益管理が普及していることが推察され，フィールド調査による実態解明が急務である。

第6に，業績・予算管理について，前回調査では見られなかった傾向として，製造業の方が非製造業に比べ，固定的な目標として財務指標を重視し（**図表1-29，1-31**），より戦略的な予算をミドルマネジャーも巻き込み編成し，明確・詳細に計画を立てる（**図表1-34，1-35**）傾向を確認した。その影響もあってか，製造業の方が予算編成における時間的負担を感じている。また，業績・予算管理の方法において，両業種とも事業部門長とミドルマネジャーとの話し合いは臨時的にも定期的にも多用されていた。つまり，前回同様，診断型利用と対話型利用（Simons, 1995）が二者択一ではなく併用されている可能性を確認した。

最後に，本調査では既存の実態調査との比較検討を念頭に置き，製造業のみならず非製造業における管理会計利用実態を調査した（**図表1-41**）。加えて，必要に応じて他の調査結果と対比させたことで，日本企業の管理会計の利用実態をより浮かび上がらせることができたと考えている。

[図表1-41] 管理会計手法の利用率と目的に関する本調査と既存調査の比較

			本調査		既存調査		調査年
			製造業	非製造業			
標準原価計算	利用		73.8%	24.1%	上場製造業(清水ほか, 2011c)	58.5%	2010-2011年
	目的	製品原価算定目的の重視度	5.69	5.11	製品原価算定目的	84.6%	
					記帳の迅速・簡略化目的	55.6%	
		経営管理目的の重視度	5.38	4.96	原価統制目的	78.6%	
					製造予算編成目的	56.4%	
直接原価計算	利用		57.7%	41.4%			
	目的	製品原価算定目的の重視度	5.26	5.46			
		経営管理目的の重視度	5.39	5.21			
間接費の配賦計算	利用	複数配賦基準	71.8%	74.0%			
		操業度基準	58.1%	34.0%			
		ABC活動基準原価計算	7.3%	10.0%			
原価管理		実際原価情報による管理	5.21	4.49			
		物量情報による管理	4.70	3.64			
原価企画	利用		82.3%	46.6%	東証一部製造業(山本ほか, 2010)	56.3%	2009年
ミニ・プロフィットセンター	利用		32.3%	41.4%	製造業7業種の大企業(渡辺, 2010a)	10.3%	2009年
					東証一部上場企業(横田・妹尾, 2011a)	10.9%含一部導入	2010年
	目的	現場の自発的問題発見・解決	5.40	4.40			
		利益・顧客志向の徹底	5.07	5.29			
		従業員のモチベーション向上	4.83	4.50			
		将来のリーダーの発掘・育成	4.60	4.44			
業績指標	利用	財務業績指標の重視度	5.94	5.62	財務業績指標 東証上場企業(青木, 2012)	6点尺度 5.08	2009年
		顧客関連指標の重視度	4.02	4.25	顧客関連指標 東証上場企業(青木, 2012)	6点尺度 4.17	
		業務プロセス関連指標の重視度	3.66	3.34	業務関連指標 東証上場企業(青木, 2012)	6点尺度 4.03	
事業業績と報酬の関連性		事業部門長	4.75	4.59			
		ミドル・マネジャー	4.26	4.18			
		ロワー・マネジャー	3.57	3.76			
		一般従業員	3.36	3.46			
設備投資予算	利用	回収期間法	87.1%	78.2%	東証一部製造業(清水・田村, 2010d) ※回答企業全体に対する割合 回収期間法	79.4%	2009年
		正味現在価値法	31.9%	25.3%	正味現在価値法	34.0%	
		会計的・投資利益率法	30.2%	32.2%	会計的利益率法	39.2%	
		内部利益率法	19.8%	23.0%	内部利益率法	24.7%	

(注) 特に断りがなく%表記もない数値は7点尺度の得点である。

第1章　わが国大企業における管理会計の実態調査　47

《調査協力会社一覧》

[あ]

アイシン精機㈱
㈱アイティフォー
アイフル㈱
㈱AOI Pro.
アコム㈱
㈱アデランス
㈱石井鐵工所
伊藤忠テクノソリューションズ㈱
NOK㈱
NTT都市開発㈱
㈱エフテック
エレマテック㈱
㈱大分銀行
沖電気工業㈱
沖電線㈱

[か]

キッコーマンビジネスサービス㈱
㈱ケーヒン
㈱ゴールドウイン
㈱小森コーポレーション

[さ]

佐世保重工業㈱
サンコール㈱
サントリー食品インターナショナル㈱
㈱シーボン
㈱ジェイアイエヌ
J.フロントリテイリング㈱
新日本空調㈱
住友電設㈱
セーレン㈱

[た]

㈱大京
㈱ダイヘン
高千穂交易㈱
㈱ツカモトコーポレーション
㈱電通国際情報サービス
デンヨー㈱
東映㈱
㈱東海理化
東京応化工業㈱
東京瓦斯㈱
東京建物不動産販売㈱
㈱東京放送ホールディングス
㈱ドウシシャ
東芝テック㈱
トーセイ㈱
トラスコ中山㈱

[な]

日本化薬㈱
日本合成化学工業㈱
日本曹達㈱
日本電気㈱
㈱日本エム・ディ・エム
日本トランスシティ㈱
日本ユニシス㈱

[は]

㈱ハウス オブ ローゼ
㈱パスコ
バンドー化学㈱
㈱ビー・エム・エル
日立化成
日立金属
日立建機
㈱日立ハイテクノロジーズ
㈱ビットアイル

㈱ファルコSDホールディングス
富士電機㈱
フタバ産業㈱
ブラザー工業㈱
フランスベッド㈱
㈱堀場製作所
本田技研工業㈱

[ま]

㈱マツモトキヨシホールディングス
丸一鋼管㈱
三菱地所㈱
三菱電機㈱
三菱マテリアル㈱
ミニストップ㈱
㈱明電舎
明和産業㈱
㈱メディパルホールディングス
㈱もしもしホットライン

[や]

有機合成薬品工業㈱
雪印メグミルク㈱
ユニーグループ・ホールディングス㈱
㈱吉野家ホールディングス
㈱四電工

[わ]

㈱ワコールホールディングス

※会社名公表にご同意いただいた調査協力会社のリストである（50音順）。

第2章

わが国管理会計の実態調査
：東証一部とその他上場企業との比較

　本章では，東証一部以外の上場企業における管理会計利用の実態を体系的に明らかにすべく実施した郵送質問票調査に基づき，主要な管理会計手法の利用状況を，製造業と非製造業，前章で示した東証一部上場企業との比較も踏まえて報告する。

1 ■ 調査の目的と方法

1.1　調査の目的

　第1章では，東証一部上場企業を対象とした郵送質問票調査結果を報告した。本章では，序章にて第2の研究目的に示した，第1回調査（2009年）では未実施の東証一部以外の上場企業を対象とした実態調査結果について報告する。東証一部上場企業との比較を通じて，企業規模や企業ライフサイクルにおけるステージが異なることが想定される企業群の間で，管理会計の利用状況がどのように異なるのかを調べたい。

1.2　調査の方法

　本郵送質問票調査は，2014年1月14日に東証一部以外の全国証券市場に上場している企業1,767社（製造業672社，非製造業1,095社。2013年10月末時点）を対象に，2014年1月31日を回収期限として実施した[1]。質問項目は，東証一部上場企業に対する質問票調査と同一である（巻末付録参照）。

2 ■ サンプルの特徴

　回収期限後も含めた最終的な有効回答会社数は製造業64社（有効回答率9.5％），非製造業111社（同10.1％）であった。業種ごとの発送数，有効回答数（率）は**図表２-１a**（製造業），**図表２-１b**（非製造業）のとおりである。なお，回答企業の業種分布について，東証一部以外の上場企業の業種分布と適合していることを確認した（有意水準５％，以下同様）。

　さらに，東証一部上場企業と同様の方法で，回答企業と非回答企業の企業規模（連結売上高，従業員数）の差を調べたところ，回答企業と非回答企業との間に統計的に有意な差異は確認できなかった[2]。すなわち，本調査で収集したサンプルは，母集団である東証一部以外の上場企業の実態を示すものと考えられる。なお，製造業，非製造業ともに東証一部上場企業と比較して企業規模（連結売上高，従業員数）が小さいことが確認された（同0.1％，非製造業の従業員数のみ同１％）[3]。

　以下では，本社・事業部門の会計業務分担，原価計算，原価・費用管理，利益計画，CVP分析（Cost-Volume-Profit Analysis），業績管理，予算管理，設備投資予算の利用実態を中心に集計結果を示す。

1　東証（二部），名証（一部，二部，セントレックス），札証（本則，アンビシャス），福証（本則，Q-Board），JASDAQ，マザーズに上場する企業を対象とした。発送先の特定方法は，東証一部対象の調査と同様である。

2　具体的には，製造業（本則市場），非製造業（本則市場），製造業（新興市場），非製造業（新興市場）の４区分について，回答企業と非回答企業の企業規模の差を調べている。

3　回答企業の連結売上高と従業員数の平均値は，東証一部上場企業（製造業：連結売上高518,497百万円，従業員数16,274人，非製造業：連結売上高415,263百万円，従業員数6,198人），東証一部以外の上場企業（製造業：連結売上高24,650百万円，従業員数1,078人，非製造業：連結売上高32,246百万円，従業員数765人）である。

[図表2-1a] 質問票の回収結果（製造業）

業　種	全体 発送数	全体 有効回答数	全体 /率	本則市場 発送数	本則市場 有効回答数	本則市場 /率	新興市場 発送数	新興市場 有効回答数	新興市場 /率
食　料　品	63	7	11.1%	37	4	10.8%	26	3	11.5%
繊　　　維	15	0	0.0%	13	0	0.0%	2	0	0.0%
パルプ・紙	15	3	20.0%	7	2	28.6%	8	1	12.5%
化　　　学	83	14	16.9%	43	8	18.6%	40	6	15.0%
医　薬　品	21	0	0.0%	2	0	0.0%	19	0	0.0%
石油・石炭	2	0	0.0%	2	0	0.0%	―	―	―
ゴ　　　ム	8	0	0.0%	6	0	0.0%	2	0	0.0%
ガラス・土石	29	2	6.9%	14	1	7.1%	15	1	6.7%
鉄　　　鋼	18	0	0.0%	13	0	0.0%	5	0	0.0%
非　鉄　金　属	13	3	23.1%	8	2	25.0%	5	1	20.0%
金　　　属	55	6	10.9%	28	3	10.7%	27	3	11.1%
機　　　械	111	8	7.2%	52	5	9.6%	59	3	5.1%
電　気　機　器	117	8	6.8%	43	2	4.7%	74	6	8.1%
輸　送　用　機　器	39	5	12.8%	24	3	12.5%	15	2	13.3%
精　密　機　器	23	2	8.7%	7	1	14.3%	16	1	6.3%
そ　の　他　製　品	60	6	10.0%	19	2	10.5%	41	4	9.8%
合　　　計	672	64	9.5%	318	33	10.4%	354	31	8.8%

（注）　本則市場には，東証（二部），名証（一部，二部），札証（本則），福証（本則）に上場する企業，新興市場には，名証（セントレックス），札証（アンビシャス），福証（Q-Board），JASDAQ，マザーズに上場する企業が含まれている。**図表2-1b**も同様である。

[図表2-1b] 質問票の回収結果（非製造業）

業　種	全体 発送数	全体 有効回答数	全体 率	本則市場 発送数	本則市場 有効回答数	本則市場 率	新興市場 発送数	新興市場 有効回答数	新興市場 率
水産・農林	6	0	0.0%	1	0	0.0%	5	0	0.0%
鉱	—	—	—	—	—	—	—	—	—
建設	77	5	6.5%	35	4	11.4%	42	1	2.4%
電気・ガス	9	0	0.0%	6	0	0.0%	3	0	0.0%
陸運	26	3	11.5%	15	3	20.0%	11	0	0.0%
海運	7	1	14.3%	4	0	0.0%	3	1	33.3%
空運	3	0	0.0%	2	0	0.0%	1	0	0.0%
倉庫・運輸関連	21	3	14.3%	16	3	18.8%	5	0	0.0%
情報・通信	226	19	8.4%	29	5	17.2%	197	14	7.1%
卸売	198	25	12.6%	64	10	15.6%	134	15	11.2%
小売	184	19	10.3%	48	3	6.3%	136	15	11.0%
銀行	7	1	14.3%	7	1	14.3%	—	—	—
証券, 商品先物取引	19	2	10.5%	5	1	20.0%	14	1	7.1%
保険	5	0	0.0%	—	—	—	5	0	0.0%
その他金融	10	0	0.0%	3	0	0.0%	7	0	0.0%
不動産	62	8	12.9%	12	1	8.3%	50	7	14.0%
サービス	235	25	10.6%	52	6	11.5%	183	19	10.4%
合計	1,095	111	10.1%	299	37	12.4%	796	73	9.2%

（注）　小売業の有効回答数について、全体と本則市場、新興市場の合計数が一致しないのは、企業名が特定できず、上場証券市場を特定できない企業を1社含むためである。

3 ■本社と事業部門の会計業務分担

　本社経理部門と事業部門経理担当の会計業務の分担について、まず本社経理部門における会計業務の重視度を7点尺度（「1　全く重視していない」から「7　極めて重視している」）で調査した。その結果、財務会計業務の得点は製造業6.05，非製造業6.15，予算管理は製造業5.45，非製造業5.54，原価・費用管理は製造業

5.11,非製造業5.45であった。東証一部上場企業との比較では,両業種ともに明確な差異は確認されなかった(**図表2-2**)。

また,業務間の重視度の差異について,両業種ともに財務会計業務を他の2つの業務よりも重視していることが確認された(製造業:予算管理(同5%),原価・費用管理(同0.1%),非製造業:予算管理,原価・費用管理(同0.1%))4。

[図表2-2] 本社経理部門の会計業務

	製造業				非製造業			
	有効回答	平均値	T1企業比	標準偏差	有効回答	平均値	T1企業比	標準偏差
財 務 会 計	64	6.05	—	1.02	111	6.15	—	1.04
予 算 管 理	64	5.45	—	1.41	111	5.54	—	1.29
原価・費用管理	64	5.11	—	1.46	110	5.45	—	1.32

(注) T1企業比:東証一部上場企業との差の検定結果を表記。—:5%水準で有意差なし。

つぎに,事業部門経理担当設置の有無を調査した。その結果,事業部門経理担当を設置する企業は製造業37.5%,非製造業26.4%であった。東証一部上場企業との比較では,両業種ともに事業部門経理担当を設置する割合が低いことが確認された(同1%)(**図表2-3**)。

[図表2-3] 事業部門経理担当の設置

	製造業				非製造業		
	有効回答	設置企業数(率)		T1企業比	有効回答	設置企業数(率)	T1企業比
あ り	64	24社	(37.5%)	▼▼	110	29社 (26.4%)	▼▼

(注) 東証一部上場企業との差の検定の有意水準:△△△と▼▼▼:0.1%水準,△△と▼▼:1%水準,△と▼:5%水準。△は平均値や比率が東証一部上場企業よりも大きいこと,▼は小さいことを示し,以下の図表も同様である。

つづいて,事業部門経理担当の会計業務の重視度を,本社経理部門と同様の尺度を用いて調査した。その結果,事業予算管理の得点は製造業5.42,非製造業

---

4 本章では断りのない限り,平均値の差の検定は t 検定(2変数)とBonferroni法による多重比較(3変数以上),比率の差の検定はカイ自乗検定を実施している。また,項目間の差の検定結果は表記していないことにご留意いただきたい。以下の図表も同様である。

5.38,事業原価管理は製造業5.17,非製造業5.41,本社への財務状況の報告は製造業5.04,非製造業5.31であった。東証一部上場企業との比較では,製造業において事業予算管理の重視度が低いことが確認された(同1%)(**図表2-4**)。

また,業務間の重視度の差異について,両業種ともに明確な差異は確認されなかった。

[図表2-4] 事業部門経理担当の会計業務

	製造業				非製造業		
	有効回答	平均値,T1企業比		標準偏差	有効回答	平均値,T1企業比	標準偏差
事業予算管理	24	5.42	▼▼	1.28	29	5.38 ―	1.64
事業原価管理	24	5.17	―	1.24	29	5.41 ―	1.62
事業財務報告	24	5.04	―	1.46	29	5.31 ―	1.65

さらに,本社経理部門と事業部門経理担当間の各会計業務の重視度の相違を調べた。その結果,本社経理部門が事業部門経理担当よりも財務会計業務を重視する傾向が製造業(同5%)でのみ確認された。

4 ■原価計算

4.1 標準原価計算

標準原価計算について,まず(臨時的利用を含めた)利用率は製造業59.4%,非製造業22.9%であった。東証一部上場企業との比較では,製造業において標準原価計算の利用率が低いことが確認された(同5%)(**図表2-5**)。

[図表2-5] 標準原価計算の利用

	製造業			非製造業		
	有効回答	利用企業数(率),T1企業比		有効回答	利用企業数(率),T1企業比	
あり	64	38社 (59.4%)	▼	109	25社 (22.9%)	―

つぎに,標準原価計算の利用目的を7点尺度(「1 全く利用していない」から「7

全般的に利用している」）で調査した。その結果，原価・費用算定目的の利用の得点は製造業5.63, 非製造業5.44, 経営管理目的の利用は製造業5.21, 非製造業5.36であった。東証一部上場企業との比較では，両業種ともに明確な差異は確認されなかった（**図表2-6**）。

また，製造業では2つの利用目的間で利用程度の差異が確認された（同5％）。

[図表2-6] 標準原価計算の利用目的

	製造業				非製造業			
	有効回答	平均値	T1企業比	標準偏差	有効回答	平均値	T1企業比	標準偏差
原価・費用算定目的の利用	38	5.63	—	1.00	25	5.44	—	1.36
経営管理目的の利用	38	5.21	—	1.38	25	5.36	—	1.25

つづいて，利用程度4点以上の目的について，その効果を7点尺度（「1 全く効果がない」から「7 極めて効果がある」）で調査した。その結果，原価・費用算定効果の得点は製造業5.03, 非製造業5.00, 経営管理効果は製造業4.79, 非製造業5.00であった。東証一部上場企業との比較では，製造業において経営管理目的の効果を低く認識していることが確認された（同5％）（**図表2-7**）。

また，製造業では2つの利用目的に関する効果間で差異が確認された（同5％）。

[図表2-7] 標準原価計算の効果

	製造業					非製造業				
	有効回答	平均値	T1企業比	標準偏差	利用度との相関	有効回答	平均値	T1企業比	標準偏差	利用度との相関
原価・費用算定目的の効果	37	5.03	—	1.09	0.54**	24	5.00	—	1.02	0.62**
経営管理目的の効果	34	4.79	▼	1.15	0.66***	24	5.00	—	1.02	0.65**

（注）　***：0.1％水準，**：1％水準，*：5％水準。以下の図表も同様である。

さらに，目的ごとの利用程度と効果との相関分析の結果，両業種ともに2つの利用目的に関して正の相関関係が確認された[5]。

4.2 直接原価計算

直接原価計算について，まず（臨時的利用を含めた）利用率は製造業56.3%，非製造業38.9%であった。東証一部上場企業との比較では，両業種ともに明確な差異は確認されなかった（**図表2-9**）。

[図表2-8] 直接原価計算の利用

		製造業			非製造業		
		有効回答	利用企業数(率)	T1企業比	有効回答	利用企業数(率)	T1企業比
あ	り	64	36社 (56.3%)	—	108	42社 (38.9%)	—

つぎに，直接原価計算の利用目的を7点尺度（「1 全く利用していない」から「7 全般的に利用している」）で調査した。その結果，原価・費用算定目的の利用の得点は製造業4.94，非製造業5.31，経営管理目的の利用は製造業5.17，非製造業5.38であった。東証一部上場企業との比較では，両業種ともに明確な差異は確認されなかった（**図表2-9**）。

また，両業種ともに2つの利用目的間で利用程度の明確な差異は確認されなかった。

[図表2-9] 直接原価計算の利用目的

	製造業				非製造業			
	有効回答	平均値	T1企業比	標準偏差	有効回答	平均値	T1企業比	標準偏差
原価・費用算定目的の利用	36	4.94	—	1.60	42	5.31	—	1.47
経営管理目的の利用	35	5.17	—	1.15	42	5.38	—	1.38

つづいて，利用程度4点以上の目的について，その効果を7点尺度（「1 全く効果がない」から「7 極めて効果がある」）で調査した。その結果，原価・費用算定効果の得点は製造業5.17，非製造業5.26，経営管理効果は製造業4.91，非製造

---

5 Pearsonの積率相関係数を表記し，以下も同様である。

業5.25であった。東証一部上場企業との比較では，製造業において経営管理目的の効果が低いことが確認された（同1％）(**図表2-10**)。

また，両業種ともに利用目的ごとの効果の差異は確認されなかった。

さらに，目的ごとの利用程度と効果との相関分析の結果，両業種ともに2つの利用目的に関して正の相関関係が確認された。

[図表2-10] 直接原価計算の効果

	製造業					非製造業				
	有効回答	平均値	T1企業比	標準偏差	利用度との相関	有効回答	平均値	T1企業比	標準偏差	利用度との相関
原価・費用算定目的の効果	30	5.17	—	1.32	0.87***	38	5.26	—	1.11	0.77***
経営管理目的の効果	33	4.91	▼▼	1.07	0.75***	40	5.25	—	1.08	0.73***

4.3 本社費・共通費・製造間接費の配賦計算

本社費・共通費・製造間接費の配賦計算の実施状況を調査した（**図表2-11**）。その結果，配賦計算実施企業は製造業96.7％，非製造業87.0％にのぼる。配賦計算実施企業で用いる配賦基準は，本社費・共通費・製造間接費の内容により配賦基準を変更する複数配賦基準を利用する企業が多く（製造業66.1％，非製造業70.2％），ついで生産量，売上・作業時間などの操業度基準（製造業57.6％，非製造業37.2％），最後にABC（Activity-Based Costing：活動基準原価計算）（製造業3.4％，非製造業2.1％）の順であった。東証一部上場企業との比較では，非製造業においてABCの利用率が低いことが確認されたが（同5％），ABC利用と回答した東証一部上場非製造業10社のうち7社は銀行・金融機関であり，その影響は無視できず，解釈には注意が必要である。

また，これらの配賦基準間の利用率の差異について，製造業ではABCが他の2つの基準よりも利用率が低いこと（同0.1％），非製造業では全ての配賦基準間で差があることが確認された（同0.1％）[6]。

---

6 McNemar検定を実施した。

[図表2-11] 本社費・共通費・製造間接費の配賦計算

	製造業（製造間接費)				非製造業（本社費・共通費)			
	有効回答	利用企業数(率)		T1企業比	有効回答	利用企業数(率)		T1企業比
配賦計算あり	61	59社	(96.7%)	—	108	94社	(87.0%)	—
配賦基準（複数回答可）								
複数配賦基準	59	39社	(66.1%)	—	94	66社	(70.2%)	—
操業度基準	59	34社	(57.6%)	—	94	35社	(37.2%)	—
Ａ　Ｂ　Ｃ	59	2社	(3.4%)	—	94	2社	(2.1%)	▼

5 ■原価管理

5.1　原価・物量情報の活用

　実際原価・費用情報と物量情報に基づく管理の利用程度について，7点尺度（「1　全く利用していない」から「7　全般的に利用している」）で調査した。その結果，実際原価・費用情報による管理の得点は製造業4.89，非製造業4.90，物量情報による管理は製造業4.21，非製造業3.97であった。東証一部上場企業との比較では，両業種ともに明確な差異は確認されなかった（**図表2-12**）。

　また，両業種ともに実際原価・費用情報に基づく管理を物量情報に基づく管理よりも重視している傾向が確認された（同0.1％）。

[図表2-12] 原価・物量情報の利用

	製造業				非製造業			
	有効回答	平均値	T1企業比	標準偏差	有効回答	平均値	T1企業比	標準偏差
実際原価・費用情報による管理	62	4.89	—	1.62	103	4.90	—	1.61
物量情報による管理	61	4.21	—	1.74	101	3.97	—	1.80

　つづいて，利用程度が4点以上の実際原価・費用情報と物量情報に基づく管理について，その効果を7点尺度（「1　全く効果がない」から「7　極めて効果があ

る」）で調査した。その結果，実際原価・費用情報による管理効果の得点は製造業4.79，非製造業4.94，物量情報による管理効果は製造業4.55，非製造業4.88であった。東証一部上場企業との比較では，製造業において物量情報に基づく管理効果を比較的低く評価する傾向（同1％）が確認された（**図表2-13**）。

また，2つの情報による管理効果について，両業種ともに実際原価・費用情報による管理効果の方が物量情報による管理効果よりも高いことが確認された（製造業：同5％，非製造業：同1％）。

さらに，利用程度と効果との相関分析の結果，両業種において2つの情報ともに正の相関関係が確認された。

[図表2-13] 原価・物量情報利用の効果

	製造業					非製造業			
	有効回答	平均値, T1企業比		標準偏差	利用度との相関	有効回答	平均値, T1企業比		標準偏差	利用度との相関
実際原価・費用情報による管理効果	53	4.79	—	0.99	0.60***	90	4.94	—	1.17	0.65***
物量情報による管理効果	44	4.55	▼▼	1.07	0.55***	67	4.88	—	1.09	0.70***

5.2　原価企画

原価企画について，まず利用（新サービスや商品の企画・開発段階において目標原価の設定・管理活動を実施する）企業は製造業67.2％，非製造業62.4％であった。東証一部上場企業との比較では，製造業において利用率が低いのに対して（同5％），非製造業においては利用率が高いことが確認された（同5％）（**図表2-14**）。

[図表2-14] 原価企画の利用

	製造業				非製造業			
	有効回答	利用企業数(率)		T1企業比	有効回答	利用企業数(率)		T1企業比
あり	64	43社	(67.2％)	▼	109	68社	(62.4％)	△

つぎに，原価企画活動について，7点尺度（「1 全くそうではない」から「7 全くそのとおり」）で調査した7。目標原価の設定と達成について，「目標原価の設定に市場価格を反映する」企業は製造業97.7％，非製造業86.8％，「発生前に原価・費用が概ね予測できている」企業は製造業92.9％，非製造業79.4％にのぼる。一方，「目標原価を容易には達成できない挑戦的水準に設定する」企業は製造業35.7％，非製造業26.5％，「目標原価が常時達成される」企業は製造業39.5％，非製造業52.9％にとどまる。この結果は市場志向，原価・費用見積り精度の高さを示す一方，目標原価の設定水準と未達状況については，企業を取り巻く競争環境や組織コンテクストの影響などを含め，さらなる検討が必要である。東証一部上場企業との比較では，両業種ともに明確な差異は確認されなかった（**図表2-15**）。

[図表2-15] 目標原価の設定と達成

	製造業					非製造業				
	有効回答	平均値	T1企業比	標準偏差	4点以上の比率	有効回答	平均値	T1企業比	標準偏差	4点以上の比率
市場価格の反映	43	5.00	—	1.11	97.7％	68	4.50	—	1.26	86.8％
発生前の原価・費用予測	42	4.79	—	1.20	92.9％	68	4.35	—	1.24	79.4％
挑戦的目標原価水準	42	3.31	—	1.44	35.7％	68	2.75	—	0.98	26.5％
目標原価の常時達成	43	3.28	—	1.10	39.5％	68	3.51	—	1.06	52.9％

原価企画推進組織・担当者について，コンカレント・エンジニアリング実施企業は製造業88.4％，非製造業63.2％，企画・開発担当者が原価・費用見積りを行う企業は製造業74.4％，非製造業91.2％であった。東証一部上場企業との比較では，両業種ともに明確な差異は確認されなかった（**図表2-16**）。

---

7 以下の百分率は7点尺度の4点以上の回答割合を示した。

[図表2-16] 原価企画推進組織・担当者

	製造業				非製造業			
	有効回答	平均値, T1企業比	標準偏差	4点以上の比率	有効回答	平均値, T1企業比	標準偏差	4点以上の比率
コンカレント・エンジニアリング	43	4.86	—	1.25	88.4%	68	3.96	—	1.41	63.2%
企画・開発担当者による原価・費用見積り	43	4.14	—	1.41	74.4%	68	4.82	—	1.29	91.2%

つづいて，原価企画の効果を7点尺度（「1 全く効果がない」から「7 極めて効果がある」）で調査した。その結果，原価・費用低減効果の得点は製造業4.88，非製造業4.49，要求品質・機能の実現効果は製造業4.30，非製造業4.21，サービス・商品コンセプトの実現効果は製造業4.14，非製造業3.91であった。東証一部上場企業との比較では，両業種ともに明確な差異は確認されなかった（**図表2-17**）。

各効果の違いを比較すると，原価・費用低減効果について，製造業では他の2つの効果よりも高く（要求品質・機能実現効果：同5％，製品コンセプトの実現効果：同1％），非製造業ではサービス・商品コンセプトの実現効果よりも高いことが確認された（同1％）。

[図表2-17] 原価企画の効果

	製造業			非製造業		
	有効回答	平均値, T1企業比	標準偏差	有効回答	平均値, T1企業比	標準偏差
原価・費用低減	43	4.88	—	1.16	68	4.49	—	1.24
要求品質・機能の実現	43	4.30	—	1.10	68	4.21	—	1.33
サービス・商品コンセプトの実現	43	4.14	—	1.13	68	3.91	—	1.27

さらに，原価企画の逆機能を7点尺度（「1 全く問題はない」から「7 極めて深刻である」）で調査した。その結果，厳しい原価・費用低減要求による企画・開発担当者の疲弊の得点は製造業3.19，非製造業3.24，サプライヤーの疲弊は製造業3.02，原価・費用目標優先による品質低下は製造業3.00，非製造業3.01であっ

た。東証一部上場企業との比較では、両業種ともに明確な差異は確認されなかった（図表2-18）。

[図表2-18] 原価企画の逆機能

	製造業				非製造業		
	有効回答	平均値, T1企業比	標準偏差		有効回答	平均値, T1企業比	標準偏差
企画・開発担当者の疲弊	43	3.19	—	1.31	67	3.24	—	1.28
サプライヤーの疲弊	43	3.02	—	1.24				
品　質　低　下	43	3.00	—	1.40	68	3.01	—	1.25

5.3　品質コストマネジメント

品質コストマネジメントについて、「コスト最小化モデル」を「品質管理の費用対効果を重視する」、「欠陥ゼロ・モデル」を「品質管理の費用は惜しまない」と設問し、設計品質と適合品質について7点尺度（「1　費用対効果を重視する」ー「4　どちらともいえない」ー「7　費用は惜しまない」）で調査した。

その結果、設計品質の得点は製造業3.73，非製造業3.58，適合品質は製造業3.60，非製造業3.92であり、どちらの品質概念についても均等にばらついていた。東証一部上場企業との比較では、両業種ともに明確な差異は確認されなかった（図表2-19）。

また、これらの品質概念を比較すると、非製造業では設計品質よりも適合品質の方が得点が高く、企画・開発段階よりも顧客との接点である提供段階の方がより費用を惜しまずに品質を追求する傾向が確認された（同0.1％）。

[図表2-19] 品質コストマネジメント

	製造業			非製造業		
	有効回答	平均値, T1企業比	標準偏差	有効回答	平均値, T1企業比	標準偏差
設計品質	60	3.73	—	1.41	108	3.58	—	1.51
適合品質	60	3.60	—	1.45	109	3.92	—	1.45

5.4 ミニ・プロフィットセンター

MPC（Micro-Profit Center：ミニ・プロフィットセンター）採用（主要事業で小集団利益マネジメントを実施する）企業は製造業31.7％，非製造業55.0％であった。非製造業での一定程度の普及状況を確認したことは，以前から指摘されてきた非製造業におけるMPCの有用性（Kaplan and Cooper, 1998）を利用実態として示す調査結果といえる。東証一部上場企業との比較では，非製造業においてMPCの利用率がより高いことが確認された（同5％）（**図表2-20**）。

[図表2-20] MPCの採用

		製造業			非製造業		
		有効回答	利用企業数(率), T1企業比		有効回答	利用企業数(率), T1企業比	
あ	り	63	20社 (31.7％)	―	109	60社 (55.0％)	△

つぎに，MPCにおける会計情報の計算・利用を7点尺度（「1 全くそうではない」から「7 全くそのとおり」）で調査した。その結果，MPCが会計情報を用いた業務改善を実施している企業は製造業65.0％，非製造業63.3％，利益額や原価・費用額を各MPCが自ら計算する企業も製造業50.0％，非製造業64.4％にのぼり，疑似MPCを含むMPCの確かな普及状況を裏づけている。東証一部上場企業との比較では，両業種ともに明確な差異は確認されなかった（**図表2-21**）。

[図表2-21] MPCにおける会計情報の計算・利用

	製造業					非製造業				
	有効回答	平均値	T1企業比	標準偏差	4点以上の比率	有効回答	平均値	T1企業比	標準偏差	4点以上の比率
会計情報を用いた業務改善	20	4.10	―	1.68	65.0％	60	3.80	―	1.63	63.3％
利益・原価額を自ら計算	20	4.00	―	1.84	50.0％	59	3.85	―	1.41	64.4％

つづいて，MPCの利用目的を7点尺度（「1 全く重視していない」から「7 極めて重視している」）で調査した。その結果，自発的問題発見・解決目的の得点は

製造業5.63,非製造業4.63,利益・顧客志向の徹底目的は製造業5.16,非製造業5.17,従業員のモチベーション向上目的は製造業5.11,非製造業4.37,将来のリーダーの発掘・育成目的は製造業4.47,非製造業4.20であった。東証一部上場企業との比較では,両業種ともに明確な差異は確認されなかった(図表2-22)。

また,利用目的間の差異について,製造業では自発的問題発見・解決目的が,将来のリーダーの発掘・育成目的(同1%)および従業員のモチベーション向上目的(同5%)よりも重視されていること,非製造業では利益・顧客志向の徹底目的が他の3つの目的よりも重視されていることが確認された(同0.1%)。

[図表2-22] MPCの利用目的

	製造業				非製造業			
	有効回答	平均値	T1企業比	標準偏差	有効回答	平均値	T1企業比	標準偏差
自発的問題発見・解決	19	5.63	—	0.90	60	4.63	—	1.31
利益・顧客志向の徹底	19	5.16	—	1.17	60	5.17	—	1.24
従業員のモチベーション向上	19	5.11	—	0.94	60	4.37	—	1.15
将来のリーダーの発掘・育成	19	4.47	—	1.22	60	4.20	—	1.26

さらに,重視度が4点以上の目的について,その効果を7点尺度(「1 全く効果がない」から「7 極めて効果がある」)で調査した。その結果,自発的問題発見・解決効果の得点は製造業5.11,非製造業4.60,利益・顧客志向の徹底効果は製造業5.18,非製造業4.95,従業員のモチベーション向上効果は製造業4.68,非製造業4.40,将来のリーダーの発掘・育成効果は製造業4.60,非製造業4.44であった。東証一部上場企業との比較では,両業種ともに明確な差異は確認されなかった(図表2-23)。

目的ごとの効果の違いは,製造業では確認されなかったが,非製造業では利益・顧客志向の徹底効果が他の3つの目的に対する効果よりも高いことが確認された(同5%,従業員のモチベーション向上効果のみ同1%)。

また,利用目的(重視度)と効果との相関分析の結果,両業種ともに全ての利

用目的と効果との間で正の相関関係が確認された。

[図表2-23] MPCの効果

	製造業				非製造業			
	有効回答	平均値, T1企業比	標準偏差	重視度との相関	有効回答	平均値, T1企業比	標準偏差	重視度との相関
自発的問題発見・解決効果	19	5.11	—	0.94	0.65**	50	4.60	—	0.78	0.50***
利益・顧客志向の徹底効果	17	5.18	—	1.02	0.71**	56	4.95	—	0.92	0.56***
従業員のモチベーション向上効果	19	4.68	—	1.06	0.60**	48	4.40	—	0.84	0.49***
将来のリーダーの発掘・育成効果	15	4.60	—	1.18	0.75**	48	4.44	—	0.82	0.66***

6 ■利益計画の策定

　単・複数年度の利益計画策定に利用した手法について，まずその利用程度を7点尺度（「1　全く利用していない」から「7　常に利用している」）で調査した。その結果，見積財務諸表の得点は製造業4.91，非製造業5.33，原価企画は製造業4.59，非製造業4.88，CVP分析は製造業3.84，非製造業4.05，SWOT（Strengths, Weaknesses, Opportunities, Threats）分析は製造業3.55，非製造業4.03，製品・商品ポートフォリオは製造業3.17，非製造業3.53であった。東証一部上場企業との比較では，製造業においてSWOT分析を除く4手法で利用率が低い（同5％，CVP分析は同1％，製品・商品ポートフォリオは同0.1％）のに対して，非製造業においてはCVP分析の利用率が高いことが確認された（同1％）（**図表2-24**）。

　また，各手法の利用程度の差異は，製造業では見積財務諸表が原価企画を除く3手法（同1％，CVP分析のみ同5％），原価企画がSWOT分析（同1％），製品ポートフォリオ（同0.1％）との間で確認された。非製造業では見積財務諸表が原価企画を除く3手法（同0.1％），原価企画が見積財務諸表を除く3手法（同0.1％，CVP分析のみ同1％），SWOT分析が商品ポートフォリオ（同1％）との間で確認された。

[図表2-24] 利益計画策定手法の利用度

	製造業				非製造業			
	有効回答	平均値, T1企業比		標準偏差	有効回答	平均値, T1企業比		標準偏差
見積財務諸表	64	4.91	▼	1.93	111	5.33	—	1.93
原価企画	64	4.59	▼	1.69	111	4.88	—	1.84
CVP分析	63	3.84	▼▼	2.04	111	4.05	△△	1.95
SWOT分析	64	3.55	—	1.63	111	4.03		1.70
製品・商品ポートフォリオ	64	3.17	▼▼▼	1.51	111	3.53		1.79

つぎに,利用程度が4点(時に利用している)以上の利益計画策定手法について,その効果を7点尺度(「1 全く効果がない」から「7 極めて効果がある」)で調査した。その結果,見積財務諸表効果の得点は製造業4.90,非製造業5.20,原価企画効果は製造業4.70,非製造業5.09,CVP分析効果は製造業4.59,非製造業4.80,SWOT分析効果は製造業4.26,非製造業4.56,製品・商品ポートフォリオ効果は製造業4.28,非製造業4.71であった。東証一部上場企業との比較では,製造業において見積財務諸表,原価企画,製品ポートフォリオの効果を低く認識していることが確認された(同1%)(**図表2-25**)。

これらの各手法の効果の差異は,製造業では確認されなかったが,非製造業では見積財務諸表効果がSWOT分析効果(同1%),商品ポートフォリオ効果(同5%)よりも高いことが確認された。

[図表2-25] 利益計画策定手法の効果

	製造業					非製造業				
	有効回答	平均値, T1企業比		標準偏差	利用度との相関	有効回答	平均値, T1企業比		標準偏差	利用度との相関
見積財務諸表効果	49	4.90	▼▼	1.10	0.64***	92	5.20	—	1.22	0.52***
原価企画効果	46	4.70	▼▼	1.17	0.46**	88	5.09	—	1.19	0.65***
CVP分析効果	37	4.59	—	1.14	0.57***	71	4.80	—	1.17	0.55***
SWOT分析効果	31	4.26	—	0.89	0.12	70	4.56	—	1.28	0.65***
製品・商品ポートフォリオ効果	29	4.28	▼▼	0.59	0.43*	59	4.71	—	1.05	0.77***

また，手法の利用程度と効果との相関分析の結果，製造業ではSWOT分析を除く4手法，非製造業では全ての手法について正の相関関係が確認された。

7 ■CVP分析

CVP分析について，まず利用率は臨時的利用を含めて製造業63.5％，非製造業67.6％であった。東証一部上場企業との比較では，両業種ともに明確な差異は確認されなかった（**図表2-26**）。

[図表2-26] CVP分析の利用

	製造業			非製造業		
	有効回答	利用企業数(率)	T1企業比	有効回答	利用企業数(率)	T1企業比
あり	63	40社 (63.5%)	―	111	75社 (67.6%)	―

つぎに，CVP分析の利用目的を7点尺度（「1 全く利用していない」から「7 常に利用している」）で調査した。その結果，単・複数年度の利益計画の立案目的の得点は製造業4.69，非製造業4.97，単・複数年度の利益計画の決定目的は製造業4.28，非製造業4.76，サービス・商品，案件ごとの企画・計画段階での損益分析目的は製造業4.05，非製造業4.56，月次や週次の実績分析・評価目的は製造業4.18，非製造業4.80であった。東証一部上場企業との比較では，両業種ともに明確な差異は確認されなかった（**図表2-27**）。

また，これらの利用目的間の明確な差異は両業種ともに確認されなかった。

[図表2-27] CVP分析の利用目的

	製造業				非製造業			
	有効回答	平均値	T1企業比	標準偏差	有効回答	平均値	T1企業比	標準偏差
利益計画の立案	39	4.69	―	1.59	75	4.97	―	1.75
利益計画の決定	39	4.28	―	1.88	74	4.76	―	1.86
企画・計画段階の損益分析	39	4.05	―	1.84	75	4.56	―	1.77
月次・週次の実績分析・評価	40	4.18	―	1.89	74	4.80	―	1.86

つづいて，利用程度4点以上の目的について，その効果を7点尺度（「1 全く効果がない」から「7 極めて効果がある」）で調査した。その結果，単・複数年度の利益計画の立案効果の得点は製造業4.90，非製造業5.03，単・複数年度の利益計画の決定効果は製造業5.08，非製造業5.05，サービス・商品，案件ごとの企画・計画段階での損益分析効果は製造業4.80，非製造業4.68，月次や週次の実績分析・評価効果は製造業4.88，非製造業4.98であった。東証一部上場企業との比較では，非製造業において月次や週次の実績分析・評価効果が高いことが確認された（同0.1%）（**図表2-28**）。

これら4つの効果の間の明確な差異は両業種ともに確認されなかった。

また，手法の利用程度と効果との相関分析の結果，両業種ともに全ての利用目的について正の相関関係が確認された。

[図表2-28] CVP分析の効果

	製造業					非製造業			
	有効回答	平均値, T1企業比	標準偏差	利用度との相関		有効回答	平均値, T1企業比	標準偏差	利用度との相関
利益計画の立案効果	29	4.90	—	0.90	0.75***	66	5.03	—	1.19	0.66***
利益計画の決定効果	25	5.08	—	0.95	0.77***	60	5.05	—	1.20	0.64***
企画・設計段階の損益分析効果	25	4.80	—	0.96	0.70***	60	4.68	—	1.20	0.61***
月次・週次の実績分析・評価効果	25	4.88	—	1.27	0.68***	57	4.98	△△△	1.08	0.59***

8 ■業績管理

8.1　業績管理システム

業績管理システムの特徴について，7点尺度（「1 全くそうではない」から「7 全くそのとおり」）で調査した。まず，業績指標の重視度について，財務指標の得点は製造業5.47，非製造業5.79，顧客関連指標は製造業3.84，非製造業4.38，業務プロセス関連指標は製造業3.44，非製造業3.70の順であった。東証一部上場企

業との比較では,製造業において財務指標の重視度が低いことが確認された(同5％)(**図表2-29**)。

また,業績指標間の重視度の差異は,製造業では財務指標を他の2指標よりも重視していること(同0.1％),非製造業では3つの指標全ての間で差があることが確認された(同0.1％)。

[図表2-29] 業績指標の重視度

		製造業			非製造業		
	有効回答	平均値	T1企業比	標準偏差	有効回答	平均値	T1企業比	標準偏差
財務指標	64	5.47	▼	1.32	111	5.79	―	1.34
顧客関連指標	63	3.84	―	1.51	111	4.38	―	1.54
業務プロセス関連指標	64	3.44	―	1.34	109	3.70	―	1.49

つぎに,戦略と業績指標の関連性について,事業戦略と業績目標の整合性の得点(製造業4.52,非製造業4.93)は比較的高い一方,財務目標と非財務目標の関連を示す戦略マップ(Kaplan and Norton, 2004b)のような図の作成の得点(製造業2.47,非製造業2.39)は比較的低いことが確認された8。東証一部上場企業との比較では,製造業において事業戦略と業績目標の整合性が低いことが確認された(同1％)(**図表2-30**)。

[図表2-30] 戦略と業績指標の関連性

		製造業			非製造業		
	有効回答	平均値	T1企業比	標準偏差	有効回答	平均値	T1企業比	標準偏差
事業戦略と業績目標の整合性	64	4.52	▼▼	1.35	110	4.93	―	1.34
財務目標と非財務目標の関連図作成	64	2.47	―	1.60	111	2.39	―	1.42

つづいて,業績管理の方法について,「状況変化にかかわらず当初の業績目標は変更しない」の得点は製造業3.00,非製造業3.10,「状況変化に対応すべく実

---
8 関連図の作成について,7点尺度の4点以上の回答をした企業は製造業20.3％(13社),非製造業19.8％(22社)であった。

行プランを継続的に見直す」は製造業4.59, 非製造業4.81であり, (一方を逆転させた) 両項目間の明確な得点差は確認されなかった。東証一部上場企業との比較では, 両業種ともに明確な差異は確認されなかった (**図表2-31**)。

また, 事業部門長とミドルマネジャーとの話し合いについては, 当初の業績目標と実績が乖離した場合の臨時的な話し合いの得点は製造業5.08, 非製造業5.61, 定期的な話し合いは製造業5.11, 非製造業5.55であり, 両項目間の明確な差異は確認されなかった。東証一部上場企業との比較では, 両業種ともに明確な差異は確認されなかった (**図表2-31**)。

[図表2-31] 業績管理の方法

	製造業			非製造業		
	有効回答	平均値, T1企業比	標準偏差	有効回答	平均値, T1企業比	標準偏差
業績目標の変更なし	64	3.00	1.60	111	3.10	1.74
実行プランの継続的見直し	64	4.59	1.32	111	4.81	1.45
部門長とミドルマネジャーの臨時的話し合い	64	5.08	1.35	111	5.61	1.27
部門長とミドルマネジャーの定期的話し合い	64	5.11	1.37	111	5.55	1.32

さらに, 業績目標の設定水準と達成度について, 「業績目標は容易には達成できない挑戦的な水準である」の得点は製造業3.36, 非製造業3.42, 「期首に設定された業績目標は常に達成される」は製造業3.05, 非製造業3.24であった。東証一部上場企業との比較では, 両業種ともに明確な差異は確認されなかった (**図表2-32**)。

[図表2-32] 業績目標の設定水準と達成度

	製造業			非製造業		
	有効回答	平均値, T1企業比	標準偏差	有効回答	平均値, T1企業比	標準偏差
挑戦的目標水準の設定	64	3.36	1.63	111	3.42	1.63
期首目標の常時達成	64	3.05	1.28	111	3.24	1.29

8.2 業績と報酬の関連性

事業業績と金銭的報酬の関連性について，7点尺度（「1　全く関係がない」から「7　完全に連動している」）で調査した。その結果，事業部門長の得点は製造業4.16，非製造業4.84，ミドルマネジャーは製造業3.92，非製造業4.41，ロワーマネジャーは製造業3.39，非製造業3.83，一般従業員は製造業3.14，非製造業3.42の順に高かった。東証一部上場企業との比較では，製造業において事業業績と事業部門長の金銭的報酬の関連性が低いことが確認された（同1％）（**図表2-33**）。

また，職位間の違いは，製造業では事業部門長とミドルマネジャー間では確認されなかったが，その他の職位間（概ね同1％，事業部門長・ミドルマネジャーと一般従業員との間は同0.1％，ミドルとロワーマネジャー間も同0.1％，ロワーマネジャーと一般従業員のみ同5％），非製造業では全ての職位間に差異があることが確認された（同0.1％）。

[図表2-33] 事業業績と金銭的報酬の関連性

	製造業				非製造業			
	有効回答	平均値	T1企業比	標準偏差	有効回答	平均値	T1企業比	標準偏差
事業部門長	64	4.16	▼▼	1.50	111	4.84	―	1.25
ミドルマネジャー	64	3.92	―	1.31	111	4.41	―	1.14
ロワーマネジャー	64	3.39	―	1.26	111	3.83	―	1.17
一般従業員	64	3.14	―	1.26	111	3.42	―	1.23

9 ■予算管理

予算管理について，まず予算編成方針を，前年度実績に新規事業分を積み上げる方針（1点）と，経営戦略の達成に向けて戦略的見地から重点的に資源配分する方針（7点）を両極とする7点尺度で調査した。その結果，得点の平均値は製造業3.52，非製造業3.37で広くばらついていることを確認した。東証一部上場企業との比較では，製造業において前年度実績に新規事業分を積み上げる方針

で予算編成が行われる傾向があることが確認された（同5%）（**図表2-34**）。

[図表2-34] 予算編成方針

	製造業				非製造業			
	有効回答	平均値	T1企業比	標準偏差	有効回答	平均値	T1企業比	標準偏差
予算編成方針	62	3.52	▼	1.46	106	3.37	―	1.40

　つぎに，予算・業務計画について7点尺度（「1　全くそうではない」から「7　全くそのとおり」）で調査した。その結果，①予算・業務に関する手順・手続の明確性の得点は，製造業5.00，非製造業5.26，②予算計画の詳細性は製造業5.03，非製造業5.25，業務計画の詳細性は製造業4.17，非製造業4.30，③予算目標設定プロセスへのミドルマネジャーの十分な参加は製造業4.80，非製造業5.13，業務目標設定プロセスへのミドルマネジャーの十分な参加は，製造業4.64，非製造業5.19，④具体的予算目標の個人への割り当ては製造業3.66，非製造業4.06，具体的業務目標の個人への割り当ては製造業4.02，非製造業4.36であった。東証一部上場企業との比較では，製造業において予算・業務に関する手順・手続の明確性（同1%），予算計画の詳細性（同5%），予算・業務目標設定プロセスへのミドルマネジャーの十分な参加（同1%）について，低い傾向が確認された（**図表2-35**）。

[図表2-35] 予算・業務計画

		製造業				非製造業		
		有効回答	平均値	T1企業比	標準偏差	有効回答	平均値	T1企業比	標準偏差
予算・業務の手順・手続の明確性		64	5.00	▼▼	1.29	111	5.26	―	1.22
計画の詳細性	予算計画	64	5.03	▼	1.36	111	5.25	―	1.46
	業務計画	64	4.17	―	1.41	111	4.30	―	1.35
ミドルマネジャーの参加	予算目標	64	4.80	▼▼	1.46	111	5.13	―	1.39
	業務目標	64	4.64	▼▼	1.47	111	5.19	―	1.34
具体的目標の個人への割り当て	予算目標	64	3.66	―	1.62	111	4.06	―	1.79
	業務目標	64	4.02	―	1.53	111	4.36	―	1.79

また，予算目標と業務目標との差異は，両業種ともに計画の詳細性（同0.1％）と具体的目標の個人への割り当て（同5％）について確認された。

つづいて，予算管理の方法について，予算・業務計画と同様の7点尺度で調査した（**図表2-36**）。その結果，「状況変化にかかわらず当初の予算目標は変更しない」の得点は製造業3.11，非製造業3.41，「状況変化に対応すべく実行プランを継続的に見直す」は製造業4.51，非製造業4.83であった。東証一部上場企業との比較では，製造業において，予算目標はより柔軟である一方，実行プランはより固定的な傾向が確認された（同5％）。

「目標の変更なし」と「実行プランの維持（継続的見直しの得点を逆転）」間の相違について，前節の業績管理と同様に，予算管理でも両業種ともに明確な差異は確認されなかった。

また，事業部門長とミドルマネジャーとの話し合いについて，当初の予算目標と実績が乖離した場合の臨時的な話し合いの得点は製造業5.24，非製造業5.26，定期的な話し合いは製造業4.86，非製造業5.50であり，製造業では両項目間の差異が確認された（同1％）。東証一部上場企業との比較では，製造業において，事業部門長とミドルマネジャーとの定期的話し合いは少ない傾向が確認された（同5％）。

図表2-36　予算管理の方法

	製造業				非製造業		
	有効回答	平均値, T1企業比		標準偏差	有効回答	平均値, T1企業比	標準偏差
予算目標の変更なし	64	3.11	▼	1.61	111	3.41　―	1.89
実行プランの継続的見直し	63	4.51	▼	1.41	111	4.83　―	1.45
部門長とミドルマネジャーの臨時的話し合い	63	5.24	―	1.24	111	5.26　―	1.46
部門長とミドルマネジャーの定期的話し合い	63	4.86	▼	1.44	111	5.50　―	1.35

さらに，予算管理の問題点についても予算・業務計画と同様の7点尺度で調査した。その結果，「ミドルマネジャーは達成容易な予算目標を設定しがちである」の得点は，製造業3.83，非製造業3.73，「予算編成に時間がかかりすぎる」

は製造業3.80,非製造業3.83,「環境変化が激しく予算の予測機能が役に立たない」は製造業3.61,非製造業3.37,「予算目標達成のため,ミドルマネジャーが数字合わせに走る」は製造業3.44,非製造業3.57であった。東証一部上場企業との比較では,製造業において予算編成にかかる時間的負担に対する問題意識は低く(同0.1%),非製造業においてミドルマネジャーによる達成容易な目標水準設定への問題意識が高い傾向が確認された(同5%)(**図表2-37**)。

4つの予算管理の問題点の間の差異について,製造業では明確な差異は確認されなかったが,非製造業では予算編成の時間的負担が予測機能の不能よりも問題視される傾向が確認された(同5%)。

[図表2-37] 予算管理の問題点

	製造業				非製造業			
	有効回答	平均値	T1企業比	標準偏差	有効回答	平均値	T1企業比	標準偏差
ミドルマネジャーによる低水準の目標設定	64	3.83	—	1.35	111	3.73	△	1.35
予算編成の時間的負担	64	3.80	▼▼▼	1.28	111	3.83	—	1.47
予算の予測機能の不能	64	3.61		1.28	111	3.37		1.33
ミドルマネジャーの数字合わせ	64	3.44	—	1.08	111	3.57		1.36

10 ■設備投資予算（設備投資案件の経済性評価）

設備投資予算について,まず設備投資案件の経済性評価の実施状況を調査した(**図表2-38**)。その結果,経済性評価実施企業は製造業71.9%,非製造業59.8%であった。東証一部上場企業との比較では,両業種ともに設備投資案件の経済性評価を実施する企業が少ないことが確認された(製造業：同1%,非製造業：同5%)。

経済性評価実施企業における回収期間法の利用率は製造業97.8%,非製造業79.7%,会計的利益率法や投資利益率法は製造業23.9%,非製造業40.6%,正味現在価値法は製造業19.6%,非製造業18.8%,内部利益率法は製造業10.9%,非

製造業4.7%であった。東証一部上場企業との比較では，製造業において回収期間法の利用率は高く（同1％），非製造業において回収期間法（同1％）と会計的利益率法，投資利益率法（同5％）の利用率は高い一方，内部利益率法の利用率は低い（同5％）ことが確認された。

また，両業種ともに回収期間法が他の3手法よりも多用されることが確認された（同0.1%）9。

[図表2-38] 設備投資案件の経済性評価手法

	製造業			非製造業		
	有効回答	利用企業数(率)	T1企業比	有効回答	利用企業数(率)	T1企業比
手法利用あり	64	46社 (71.9%)	▼▼	107	64社 (59.8%)	▼
経済性評価手法（複数回答可）						
回収期間法	46	45社 (97.8%)	△△	64	51社 (79.7%)	△△
会計的・投資利益率法	46	11社 (23.9%)	―	64	26社 (40.6%)	△
正味現在価値法	46	9社 (19.6%)	―	64	12社 (18.8%)	―
内部利益率法	46	5社 (10.9%)	―	64	3社 (4.7%)	▼

つぎに，経済性評価手法による見積数値の利用程度について7点尺度（「1　全く利用しない」－「3　少数の案件に利用する」－「5　多数の案件に利用する」－「7　全案件に利用する」）で調査した（**図表2-39**）。その結果，投資案件タイプ別では，個別投資案件の目標値の得点は製造業4.13，非製造業5.27，複数案件や一定期間の目標値は製造業3.20，非製造業4.11であり，両案件タイプ間の利用程度の差異は統計的にも確認された（同0.1%）。東証一部上場企業との比較では，非製造業において両案件タイプともに利用度が高いことが確認された（同5％）。

さらに，マネジメント・プロセス別では，投資案件の立案段階の審議資料の得点は製造業4.72，非製造業5.44，承認段階の審議資料は製造業4.87，非製造業5.63，事後評価の審議資料は製造業2.96，非製造業4.60であった。東証一部上場企業との比較では，製造業において承認段階および事後評価の審議資料としての利用度が低いのに対して（同5％），非製造業においては事業評価の審議資料

9　McNemar検定を実施した。

としての利用度が高いことが確認された(同1%)。

また、これらの利用程度の差異は両業種ともに立案・承認段階と事後評価との間で確認された(同0.1%)。

[図表2-39] 経済性評価手法の見積数値の利用度

	製造業			非製造業		
	有効回答	平均値, T1企業比	標準偏差	有効回答	平均値, T1企業比	標準偏差
個別投資案件の目標値	46	4.13	—	1.60	63	5.27	△	1.51
複数案件・一定期間の目標値	46	3.20	—	1.38	62	4.11	△	1.72
立案段階の審議資料	46	4.72	—	1.38	64	5.44	—	1.53
承認段階の審議資料	46	4.87	▼	1.34	64	5.63	—	1.54
事後評価の審議資料	46	2.96	▼	1.43	63	4.60	△△	1.64

つづいて、利用程度が4点以上の経済性評価手法による見積数値について、その効果を7点尺度(「1 全く効果がない」から「7 極めて効果がある」)で調査した(図表2-40)。その結果、投資案件タイプ別では個別投資案件の目標値効果の得点は製造業4.59、非製造業4.91、複数案件や一定期間の目標値効果は製造業4.28、非製造業4.64であり、両効果間の差異は非製造業でのみ確認された(同5%)。東証一部上場企業との比較では、両業種ともに明確な差異は確認されなかった。

マネジメント・プロセス別では立案段階の審議資料効果の得点は製造業4.74、非製造業4.96、承認段階の審議資料効果は製造業4.59、非製造業4.97、事後評価の審議資料効果は製造業4.54、非製造業4.87であり、これらの効果間の明確な差異は、両業種ともに確認されなかった。東証一部上場企業との比較では、両業種ともに明確な差異は確認されなかった。さらに、利用程度と効果との相関分析の結果、製造業における複数案件・一定期間の目標値以外の全ての項目で正の相関関係が確認された。

[図表2-40] 経済性評価手法の見積数値利用の効果

	製造業					非製造業			
	有効回答	平均値, T1企業比	標準偏差	利用度との相関		有効回答	平均値, T1企業比	標準偏差	利用度との相関
個別投資案件の目標値効果	29	4.59	—	0.91	0.40*	55	4.91	—	1.18	0.35**
複数案件・一定期間の目標値効果	18	4.28	—	0.75	0.36	44	4.64	—	1.22	0.51***
立案段階の審議資料効果	35	4.74	—	0.98	0.55**	57	4.96	—	1.15	0.41**
承認段階の審議資料効果	37	4.59	—	1.09	0.67***	59	4.97	—	1.13	0.41**
事後評価の審議資料効果	13	4.54	—	0.78	0.81**	45	4.87	—	1.04	0.42**

11 ■ 小　　括

　以上が，東証一部以外の上場企業を対象とした，わが国管理会計の実態調査（東証二部，名証，札証，福証，JASDAQ，マザーズ編）の結果報告であり，その特徴と貢献はつぎのとおりである。

　第1に，原価計算・管理に関する東証一部上場企業との相違を確認した。まず，製造業・非製造業ともに事業部門経理担当の設置（図表2-3），以下は製造業においてのみ，事業部門経理担当の事業予算管理業務の重視度（図表2-4），標準原価計算の利用（図表2-5）および経営管理目的の効果（図表2-7），直接原価計算の経営管理目的の効果（図表2-10），物量情報による管理効果（図表2-13），原価企画の利用（図表2-14）などが低い傾向である。企業規模や上場からの経過年数の影響などを踏まえた分析が必要であるが，主に製造業において東証一部上場企業の方が東証一部以外の上場企業よりも原価計算・管理手法を活用している実態が確認できた。

　その一方で非製造業における先端的原価計算・管理手法の高い普及状況を確認した。まず，原価企画の高い利用率（62.4％，東証一部上場企業46.6％）である。製造業における製品開発コストマネジメントとしての原価企画とは異なり，計

画段階での利益企画としての利用が多いことが推察されるが，原価企画の普及の拡がりを確認した。つぎに，MPC（疑似MPC制を含む）の高い利用率（55.0％，東証一部上場企業41.4％）である。製造業とは異なり利益・顧客志向の徹底目的が他の目的より重視され，フォローアップ調査から業績管理手法としての利用が確認されるなど，非製造業におけるMPCには製造業とは異なる機能，利用可能性が期待され，さらなるフィールド調査による実態解明が急務である。

さらに，製造業においてもMPC制（疑似MPC制を含む）のある程度の普及（31.7％，東証一部上場企業32.3％）を確認した。小さな組織単位，短いPDCAサイクルで，たとえ疑似的であっても簡便な方法を活用するなど利益管理が普及していることが推察され，フィールド調査による実態解明が急務である。

第2に，利益計画・評価手法に関する東証一部上場企業との相違を確認した。まず，製造業ではSWOT分析以外の手法の利用率は低く（**図表2-24**），複数の手法の効果が低く評価されている（**図表2-25**）ことを確認した。その一方で非製造業における月次・週次の実績分析・評価目的でのCVP分析の効果が高く評価されている（**図表2-28**）。他の手法に比べて知名度のあるCVP分析が，特に非製造業の日常業務の中で多用されていることが推察される。

第3に，業績管理に関する東証一部上場製造業との相違を確認した。製造業では，財務指標の重視度（**図表2-29**），事業戦略と業績目標の整合性（**図表2-30**），事業業績と事業部門長の金銭的報酬との関連性（**図表2-33**）が低く，東証一部上場製造業の方がより財務目標の達成を厳しく管理する傾向が推察される。

第4に，予算管理についても業績管理同様に東証一部上場製造業との顕著な相違を確認した。予算管理に関する多くの質問項目で東証一部上場製造業よりも得点は低く，東証一部上場製造業の方がより戦略的・厳格に予算管理を実施していることが推察される。そのためか東証一部上場製造業よりも予算編成の時間的負担感（7点尺度で3.80，東証一部上場企業4.84）も軽く，日本の製造業の予算管理のあるべき姿を考察する上でも興味深い結果といえる。

第5に，経済性評価手法に関する東証一部上場企業との相違を確認した。まず，製造業・非製造業ともに経済性評価手法の利用率が低い中，回収期間法の利用率が高い傾向である（**図表2-38**）。予算管理と同様に，東証一部上場企業よ

りもシンプルな管理を実施していることが推察される。また，経済性評価手法による見積数値の利用程度（**図表2-39**）については，製造業と非製造業では異なる傾向があることも確認された。

《調査協力会社一覧》

[あ]

アイサンテクノロジー㈱
㈱アスラポート・ダイニング
㈱アテクト
アルインコ㈱
阿波製紙㈱
㈱UEX
㈱うかい
㈱大谷工業
㈱オーナミ

[か]

㈱カーメイト
カネソウ㈱
㈱カネミツ
㈱北弘電社
キャリアバンク㈱
㈱倉元製作所
国際チャート㈱
コスモ・バイオ㈱
コマニー㈱

[さ]

サーラ住宅㈱
㈱サダマツ
㈱サンエー化研
㈱C&Gシステムズ
㈱ジェイグループホールディングス
㈱ジェイホールディングス
㈱システムリサーチ
㈱ショーエイコーポレーション

㈱スリー・ディー・マトリックス
㈱セキチュー
セメダイン㈱
㈱セレスポ
泉州電業㈱

[た]

大成㈱
大宝運輸㈱
㈱テセック
㈱テラプローブ
徳倉建設㈱
㈱富山銀行

[な]

㈱南陽
西川計測㈱
㈱ニッピ
日本テレホン㈱
ニフティ㈱
日本サード・パーティ㈱
日本システム技術㈱

[は]

㈱ハチバン
HABITA CRAFT㈱
浜井産業㈱
パンチ工業㈱
㈱ピーエスシー
㈱ビューティガレージ
ヒューマンホールディングス㈱
㈱福山コンサルタント
ボーソー油脂㈱

[ま]

㈱マイスターエンジニアリング
三重交通グループホールディングス㈱
明治電機工業㈱

[や]

㈱ヤガミ
八千代工業㈱
ヤマエ久野㈱
㈱ユーグレナ
㈱USEN
㈱陽光都市開発（当時）
　（現在，㈱ASIAN STAR）
幼児活動研究会㈱

[ら]

レカム㈱
ロックペイント㈱

[わ]

YKT㈱

※会社名公表にご同意いただいた調査協力会社のリストである（50音順）。

第3章

わが国大企業における業績管理の実態調査
：予算の厳格さ，客観・主観的業績評価，
財務・非財務指標の観点から

　本章では，わが国大企業における予算管理・業績評価の実態の深層をさらに掘り下げるため，第1章・第2章で報告した郵送質問票調査とは別に実施した郵送質問票調査の結果を報告する。

1 ■ 調査の目的と方法

　本章で報告する『わが国大企業における業績管理の実態調査』[1]の目的は，わが国大企業における予算管理・業績評価の実態を探り，日本的業績管理像を析出することにある。とりわけ，予算の厳格さ（budget rigidity），業績評価方法の客観性と主観性，事業業績評価指標（財務と非財務）の重視度に注目した。

　第1章・第2章で報告した実態調査では，主として経理部門長を対象に予算管理・業績評価関連の項目も調査したが，調査項目を掘り下げ，経営企画部門長宛に調査した点が特徴である。

　郵送質問票調査は，2014年11月4日に東証一部上場企業1,822社（製造業859社，非製造業963社；2014年10月28日時点）を対象に2014年11月28日を回収期限として実施した[2]。

---

[1] 本章の調査は，文部科学省科学研究費補助金基盤研究（B）「日本企業のマネジメントコントロールに関する研究：経験的研究に基づく理論モデルの構築」（研究代表者：京都大学経済学研究科・経営管理大学院澤邉紀生教授，課題番号24330141）の一環として，澤邉研究室（調査協力：澤邉教授，市原勇一氏（博士後期課程，当時））と慶應義塾大学商学部吉田研究室が合同で実施した。

[2] 発送先は，ダイヤモンド社D-VISTIONシリーズのデータベースサービスを利用し，東証一部上場企業を対象に，1社1名制御で経営企画部門長・部長クラスの役職上位者の個人名宛に，個人が特定できない場合には本社所在地の経営企画担当部門長宛に，質問票を送付した。

以下，質問票の回収状況，予算作成の有無，予算目標の特徴（予算の厳格さ），事業部門長の業績評価への予算利用，予算に基づく業績評価方法（客観性と主観性），予算以外の業績評価方法（客観性と主観性），事業業績評価指標（財務と非財務）の重視度について集計結果を示し[3]，これまでに蓄積された研究成果を踏まえて議論する。

2 ■サンプルの特徴

回収期限後も含めた最終的な有効回答会社数は308社（有効回答率16.9％，製造業146社（同17.0％），非製造業162社（同16.8％））であった。業種ごとの発送数，有効回答数（率）は**図表3-1**のとおりである。なお，回答企業の業種分布について，東証一部上場企業の業種分布との顕著な違いは確認されなかった[4]。

さらに，回答企業と非回答企業との企業規模（連結売上高，従業員数）[5]の差について顕著な違いは確認されなかった。すなわち，本章の調査で収集したサンプルは，母集団である東証一部上場企業の実態を示すものと考えられる。

---

[3] 近年，統計結果の表記方法について管理会計を取り巻く国際学会でも，アメリカ心理学会（American Psychological Association: APA）の発行するAPA論文作成マニュアル（APA, 2010）への依拠を指示されることも増え，社会科学領域においてその影響力は増しているように感じる。そこで本章もそれに倣い，p値を絶対値で示し，効果量と区間推定値（信頼区間（Confidencial Interval: CI））を表記する。こうした統計改革については，大久保・岡田（2012）もあわせてご参照いただきたい。

[4] カイ自乗検定を実施した。本章では，平均値差の検定はt検定（2変数）とBonferroni法（3変数以上），比率差の検定はカイ自乗検定を実施する。

[5] 回答企業には純粋持株会社も含まれるため，連結データで分析を行った。なお，連結対象企業が存在しない回答企業については単体のデータを用いた。また，売上高の代わりに，銀行では経常収益，証券，商品先物取引では営業収益を用いた。

[図表3-1] 質問票の回収状況

製造業 業種	発送数	有効回答数/率		非製造業 業種	発送数	有効回答数/率	
食　料　品	71	9	12.7%	水産・農林	5	1	20.0%
繊　　維	41	11	26.8%	鉱	7	0	0.0%
パルプ・紙	11	1	9.1%	建　　設	99	17	17.2%
化　　学	131	25	19.1%	電気・ガス	17	3	17.6%
医　薬　品	39	6	15.4%	陸　　運	39	11	28.2%
石油・石炭	9	2	22.2%	海　　運	8	2	25.0%
ゴ　　ム	13	5	38.5%	空　　運	4	0	0.0%
ガラス・土石	33	7	21.2%	倉庫・運輸関連	22	5	22.7%
鉄　　鋼	32	5	15.6%	情報・通信	130	17	13.1%
非　鉄　金　属	24	5	20.8%	卸　　売	152	28	18.4%
金　　属	35	6	17.1%	小　　売	171	36	21.1%
機　　械	123	18	14.6%	銀　　行	86	15	17.4%
電　気　機　器	157	26	16.6%	証券，商品先物取引	22	2	9.1%
輸　送　用　機　器	63	12	19.0%	保　　険	7	3	42.9%
精　密　機　器	28	2	7.1%	その他金融	22	3	13.6%
その他製品	49	6	12.2%	不　動　産	48	3	6.3%
				サービス	124	16	12.9%
合　　計	859	146	17.0%	合　　計	963	162	16.8%

3 ■予算目標の特徴

予算について，まず予算作成の有無を調査した。その結果，予算を作成する企業は99.3％であった（**図表3-2**）[6]。製造業と非製造業との比較では，顕著な違いは確認されなかった。

6　比率の95％信頼区間（以下，95％CI）は [0.98 1.00] であった。

[図表3-2] 予算作成の有無

	有効回答（307社）
あ　り	305社（99.3％）

[図表3-3] 予算目標の特徴

質　問　項　目	有効回答	平均値	標準偏差
(1) 中期経営計画と単年度予算の予算目標は一致している	302	5.07	1.55
(2) 事業部門長は，予算目標達成の必要性を絶えず意識している	304	6.13	1.06
(3) 事業部門長は，主に予算目標の達成程度に基づき評価される	304	5.23	1.30
(4) 事業部門長の昇進は，予算目標の達成能力に強く依存している	303	4.27	1.21
(5) 事業業績管理の主な手段は，予算目標の達成度合いのモニタリングである	303	5.16	1.17
(6) 予算目標の達成は，事業部門長が事業運営に成功していることを的確に表している	304	4.64	1.16
(7) 予算目標の未達は，事業部門長の評価に強い影響を与える	304	4.56	1.24
(8) 予算目標の未達は，事業業績が低いことを表している	302	4.80	1.23

つぎに，予算管理の特徴を7点尺度（「1　全くそうではない」から「7　全くそのとおり」）で調査した。その結果，「(1)　中期経営計画と単年度予算の予算目標は一致している」の得点は5.07，「(2)　事業部門長は，予算目標達成の必要性を絶えず意識している」は6.13，「(3)　事業部門長は，主に予算目標の達成程度に基づき評価される」は5.23，「(4)　事業部門長の昇進は，予算目標の達成能力に強く依存している」は4.27，「(5)　事業業績管理の主な手段は，予算目標の達成度合いのモニタリングである」は5.16，「(6)　予算目標の達成は，事業部門長が事業運営に成功していることを的確に表している」は4.64，「(7)　予算目標の未達は，事業部門長の評価に強い影響を与える」は4.56，「(8)　予算目標の未達は，事業業績が低いことを表している」は4.80であった（**図表3-3**）[7]。

製造業と非製造業との比較では，「(3)　事業部門長は，主に予算目標の達成程

度に基づき評価される」についてのみ，非製造業の得点が高い傾向が確認された[8]。

質問項目(2)から(8)の間の比較では，得点の高い順に，質問(2)が他のすべての項目[9]，つぎの質問(3)と(5)も以下の4項目すべて[10]，つづく質問(8)は質問(7)よりも高得点の傾向が確認され[11]，最後の質問(4)は他のすべての項目よりも低得点の傾向が確認された[12]。

【考　察】

本章の調査では，予算の厳格度（budget rigidity）に注目した。予算の厳格度は硬直性ともいわれ，事前に設定された予算目標のみに基づく評価は，過度な予算スラックを含む容易な目標設定や短期志向をまねくことが知られている（Otley, 1978；Van der Stede, 2000）。ただし，予算目標の水準（tightness）や予算スラック（budget slack）の多寡の観点から適切な水準を判断することは難しく，予算目標の位置づけや関連するマネジメントシステムとの関係について調査した。

---

[7] 各質問項目の得点の平均値の95％CIは，質問(1) [4.89 5.24]，(2) [6.02 6.25]，(3) [5.08 5.37]，(4) [4.13 4.41]，(5) [5.03 5.29]，(6) [4.51 4.77]，(7) [4.42 4.70]，(8) [4.66 4.94] であった。

[8] 製造業（平均値5.07，平均値の95％CI [4.85 5.29]，標準偏差1.36）＜非製造業（5.37, [5.18 5.56]，1.24），平均値差と効果量は0.30（$p=.045, g=0.23$）であった。本章では平均値差の効果量は標準化平均値差（t検定はHedgesのg，Bonferroni法はCohenのd，大久保・岡田（2012, 55-56頁, 62-64頁）および南風原（2014, 62-63頁）参照），比率差（カイ自乗検定）の効果量はCramerの関連係数（CramerのV，大久保・岡田（2012, 104頁）および南風原（2014, 76-77頁）参照）を報告する。

[9] 質問(2)と(3)～(8)との間の平均値差と効果量はそれぞれ，0.90（$p=.000, d=0.76$），1.86（$p=.000, d=1.62$），0.97（$p=.000, d=0.87$），1.49（$p=.000, d=1.34$），1.58（$p=.000, d=1.36$），1.33（$p=.000, d=1.16$）であった。なお，質問項目間の多重比較の際，表記よりも有効サンプル数が減ることがあるため，平均値（差）や標準偏差値が表記とは異なる場合がある。以下，**図表3-5**から**図表3-7**に関しても同様である。

[10] 質問(3)と(4)，(6)，(7)，(8)との間の平均値差と効果量はそれぞれ，0.95（$p=.000, d=0.75$），0.59（$p=.000, d=0.48$），0.67（$p=.000, d=0.53$），0.43（$p=.000, d=0.34$）であった。質問(5)と(4)，(6)，(7)，(8)との間の平均値差と効果量はそれぞれ，0.89（$p=.000, d=0.74$），0.52（$p=.000, d=0.45$），0.61（$p=.000, d=0.50$），0.36（$p=.000, d=0.30$）であった。

[11] 質問(8)-(7)間の平均値差と効果量は0.24（$p=.017, d=0.20$）であった。

[12] 質問(4)と(6)，(7)，(8)との間の平均値差と効果量はそれぞれ，0.37（$p=.000, d=0.30$），0.28（$p=.000, d=0.23$），0.52（$p=.000, d=0.43$）であった。

具体的な質問項目は，(1)は独自に設問し，(2)から(8)についてはVan der Stede (2000) に依拠した。つまり，(1)は中期経営計画と単年度予算目標との関係，(2)は事業部門長にとっての予算目標の意味，(3)，(4)，(7)は事業部門長の評価・昇進における予算目標達成の意味，(5)は事業業績管理の手段としての予算目標の位置づけ，(6)，(8)は予算目標の達成・未達の意味（事業運営の成否や事業業績の反映）について設問した。

調査結果を見ると，他の質問項目に比べて，事業部門長の評価・昇進における予算目標の達成の意味に関する質問(4)，(7)の得点は比較的低いながらも，全体として得点は高い傾向にある。つまり，予算目標は中期経営計画とも連動しており，事業部門長は予算目標の達成を絶えず意識し，事業部門長の評価に予算が利用され，予算目標の達成程度が事業業績をある程度的確に反映すると認識され，事業業績管理の手段として広く利用されている傾向が示されている。

これまでの研究から，厳格度の低い予算コントロールがマネジャーの長期志向を高めることも示されてきた（Van der Stede, 2000）。本章の調査結果から，妹尾・横田（2013）の調査同様に，日本企業では予算の厳格度が高い傾向が確認できたが，予算の厳格度と事業業績との関係についてはさらなる分析が必要である。

4 ■事業業績評価

4.1 事業部門長の業績評価への予算利用

事業部門長の業績評価についてさらに詳しく調査するため，まず事業部門長の業績評価への予算利用の有無を調査した。その結果，事業部門長の業績評価に予算を利用する企業は88.9％であった（**図表3-4**）[13]。

製造業と非製造業との比較では，非製造業の得点が高い傾向が確認された[14]。

13　比率の95％CIは [0.85 0.92] であった。
14　製造業84.2％（比率の95％CI [0.78 0.90]）＜非製造業92.6％（[0.89 0.97]），比率差と効果量は8.4％（$p=.013, V=0.05$）であった。

[図表3-4] 事業部門長の業績評価への予算利用

	有効回答（307社）
あ り	273社（88.9％）

　つぎに，事業部門長の業績評価にどのように予算を利用しているのかを，7点尺度（「1　全くそうではない」から「7　全くそのとおり」）で調査した。その結果，「(1)　事前に設定された予算目標と実績を比較し評価する[15]」の得点は4.23，「(2)　事業部門長がコントロール可能な予算と実績の差異に基づき評価する」は4.18，「(3)　事前に決められたルールに従い，状況変化に応じて予算目標の調整が行われる場合もある」は4.21，「(4)　状況変化や事業部門長の説明に基づき，評価者が予算目標の達成度を主観的に評価する」は3.89であった（**図表3-5**)[16]。

　製造業と非製造業との比較では，「(2)　事業部門長がコントロール可能な予算と実績の差異に基づき評価する」についてのみ，製造業の得点が高い傾向が確認された[17]。

[図表3-5] 予算に基づく業績評価方法

質　問　項　目	有効回答	平均値	標準偏差
(1) 事前に設定された予算目標と実績を比較し評価する	269	4.23	1.48
(2) 事業部門長がコントロール可能な予算と実績の差異に基づき評価する	267	4.18	1.35
(3) 事前に決められたルールに従い，状況変化に応じて予算目標の調整が行われる場合もある	271	4.21	1.39
(4) 状況変化や事業部門長の説明に基づき，評価者が予算目標の達成度を主観的に評価する	269	3.89	1.41

　質問項目間の比較では，質問(4)が他の3つの質問項目よりも低得点の傾向が示唆された[18]。

15　質問票では「…予算目標とのみ実績を比較…」と表現し，質問(3)，(4)とは排他的な設定であったが，実際には必ずしも意図した排他的回答傾向が保証されなかったため，本文と**図表3-5**において「のみ」の表現を除いていることにご留意いただきたい。

16　各質問項目の得点の平均値の95％CIは，質問(1)[4.06 4.41]，(2)[4.01 4.34]，(3)[4.05 4.38]，(4)[3.72 4.06]であった。

17　製造業（平均値4.37，均値の95％CI [4.12 4.62]，標準偏差1.38）＞非製造業（4.02, [3.81 4.23], 1.31），平均値差と効果量は0.35（$p=.037, g=0.26$）であった。

【考　　察】

　ここでは，業績評価の客観性と主観性に注目している（梶原，2005；Ittner et al., 2003；Van der Stede et al., 2006；など）。事前に設定した目標を基準にする客観的業績評価に対して，主観的業績評価は，管理不能要因や状況変化をより考慮し，短期業績に反映されにくい組織貢献を評価するなど，柔軟性のある業績評価方法であるといわれている（Merchant and Van der Stede, 2012）。伝統的に日本企業においては，方針管理や人事評価で主観的業績評価が行われ，TQM（Total Quality Management）などの品質管理活動や従業員の内発的動機付けを支援してきたとされる（梶原，2005）。

　具体的な質問項目は，予算に基づく業績評価としてLibby and Lindsay（2010）や妹尾・横田（2013）の質問項目を採用し，先行研究は択一式であったが，本章の調査では各質問項目について7点尺度でその重視度を測定した。つまり，(1)から(3)が客観的業績評価（(1)　厳格な事前目標，(2)　統制可能範囲での責任設定，(3)　事後的目標修正），(4)が主観的業績評価である。

　調査結果を見ると，予算に基づく業績評価において，客観的評価の方が多用されているが，主観的評価もある程度普及していることが示唆される。加えて，得点分布には拡がりがあり，企業ごとに多様な取り組みがあることが推察される。

　予算管理実践において，厳格度の高い予算コントロールが行われる一方で，業績評価に一定の主観性が含まれていることはすでに確認されている（妹尾・横田，2013；Libby and Lindsay, 2010）。しかしながら，予算の厳格度と業績評価方法を同時に分析した研究は見当たらない。また，そもそも主観的業績評価と組織プロセス，組織業績の関係を検証した研究は少なく，組織業績が向上する要件は十分に解明されていない。

18　質問(4)と(1)，(2)，(3)との間の平均値差と効果量はそれぞれ，0.34（$p=.051, d=0.24$），0.28（$p=.062, d=0.20$），0.30（$p=.024, d=0.22$）であった。

4.2　事業部門長の業績評価への予算以外の方法の利用

つづいて，事業部門長の業績評価に予算以外のどのような方法を利用しているのかを，7点尺度（「1　全くそうではない」から「7　全くそのとおり」）で調査した。その結果，「(1)　予算以外の定量的な非財務目標の達成度も，事前に決められたルールに従い，客観的に評価する」の得点は4.46，「(2)　予算以外の定量的な非財務目標の達成度も，状況変化や事業部門長の説明に基づき，評価者が主観的に評価する」は4.11，「(3)　予算以外の定性的な非財務目標の達成度も評価の対象とする」は4.86，「(4)　業績以外の人事評価（能力，職務評価）も評価の対象とする」は4.90であった（図表3-6）[19]。

製造業と非製造業との比較では，顕著な違いは確認されなかった。

質問項目間の比較では，質問(1)，(2)は質問(3)，(4)よりも低得点の傾向があり[20]，質問(2)が(1)よりも低得点の傾向も確認された[21]。

[図表3-6] 予算以外の業績評価方法

質問項目	有効回答	平均値	標準偏差
(1) 予算以外の定量的な非財務目標の達成度も，事前に決められたルールに従い，客観的に評価する	300	4.46	1.43
(2) 予算以外の定量的な非財務目標の達成度も，状況変化や事業部門長の説明に基づき，評価者が主観的に評価する	300	4.11	1.33
(3) 予算以外の定性的な非財務目標の達成度も評価の対象とする	301	4.86	1.28
(4) 業績以外の人事評価（能力，職務評価）も評価の対象とする	301	4.90	1.33

19　各質問項目の得点の平均値の95％CIは，質問(1)[4.29 4.62]，(2)[3.96 4.26]，(3)[4.71 5.00]，(4)[4.75 5.05]であった。

20　質問(1)と(3)，(4)との間の平均値差と効果量はそれぞれ，0.40（$p=.000, d=0.30$），0.44（$p=.000, d=0.32$），質問(2)と(3)，(4)との間は0.76（$p=.000, d=0.58$），0.79（$p=.000, d=0.60$）であった。

21　質問(1)-(2)間の平均値差と効果量は0.35（$p=.003, d=0.25$）であった。

【考　察】

　業績評価が必ずしも予算に基づいてのみ実施されるとは限らないため，予算以外の業績評価方法についても調査した。具体的な質問項目は，前節の事業部門長の業績評価への予算利用の質問項目を参考にし，(1)は定量・非財務目標の客観的（公式）アプローチ，(2)は定量・非財務目標の主観的アプローチ，(3)は定性・非財務目標の主観的アプローチ，(4)は業績ではなく人事評価の主観的アプローチの4つを独自に設問した。

　調査結果を見ると，質問(2)のタイプの主観的業績評価は比較的利用されず，質問(3)，(4)のタイプ（つまり，定性・非財務目標や人事評価による主観的評価）の方が多用されている傾向が確認された。

　予算と業績評価の関係を探求する本章の研究において，業績評価における予算以外の評価手段の役割を無視することはできない。日本企業において定量的非財務目標による客観的業績評価がある程度多用されていることを確認するとともに，方針管理や人事評価による主観的評価が広く行われていることを再確認した。

4.3　事業部門の業績評価指標

　最後に，事業業績評価において重視する指標について，7点尺度（「1　全く重視していない」から「7　極めて重視している」）で調査した。その結果，「(1)　売上高」の得点は5.53，「(2)　事業部利益」は6.13，「(3)　営業キャッシュフロー」は4.35，「(4)　利益率（対売上高，投資，資産など）」は5.55，「(5)　顧客関連（市場占有率，顧客満足度，苦情件数など）」は4.65，「(6)　内部プロセス関連（生産性，品質，在庫，開発，納期など）」は4.74，「(7)　人材育成関連（教育，訓練，モチベーションなど）」は4.55，「(8)　企業・事業ブランドの構築・保守関連」は4.26であった（図表3-7）[22]。

　製造業と非製造業との比較では，「(3)　営業キャッシュフロー」指標[23]と「(6)　内部プロセス関連」指標[24]について製造業の方が重視する傾向が確認された一

---

[22] 各質問項目の得点の平均値の95％CIは，質問(1)[5.38 5.67]，(2)[6.02 6.24]，(3)[4.18 4.52]，(4)[5.42 5.68]，(5)[4.51 4.80]，(6)[4.60 4.88]，(7)[4.42 4.68]，(8)[4.12 4.40]であった。

方,「(7) 人材育成関連」指標25については非製造業の方が重視する傾向が示唆された。

[図表3-7] 事業業績評価指標の重視度

	質問項目	重視度順位	有効回答	平均値	標準偏差
財務指標	(1) 売上高	第3位	304	5.53	1.27
	(2) 事業部利益	第1位	306	6.13	0.97
	(3) 営業キャッシュフロー	第7位	302	4.35	1.49
	(4) 利益率(対売上高,投資,資産など)	第2位	305	5.55	1.17
非財務指標	(5) 顧客関連 (市場占有率,顧客満足度,苦情件数など)	第5位	304	4.65	1.30
	(6) 内部プロセス関連 (生産性,品質,在庫,開発,納期など)	第4位	304	4.74	1.23
	(7) 人材育成関連 (教育,訓練,モチベーションなど)	第6位	305	4.55	1.18
	(8) 企業・事業ブランドの構築・保守関連	第8位	305	4.26	1.25

業績評価指標間の比較では,重視度第1位の「(2) 事業部利益」指標が他のすべての指標26,第2位「(4) 利益率」指標と第3位「(1) 売上高」指標は第4位以下の5指標27,第4位「(6) 内部プロセス関連」指標は第6位以下の3指標28,第5位「(5) 顧客関連」指標は第7位以下の2指標29,第6位「(7) 人材育成関連」指標は最下位の「(8) 企業・事業ブランドの構築・保守関連」指標30よりも重視される傾向が確認・示唆された。

---

23 製造業(平均値4.53,平均の95%CI [4.30 4.76],標準偏差1.40)>非製造業(4.18, [3.93 4.42], 1.55),平均値差と効果量は0.35 ($p=.042, g=0.24$) であった。

24 製造業 (4.94, [4.75 5.13], 1.17)>非製造業 (4.55, [4.36 4.75], 1.26),平均値差と効果量は0.38 ($p=.006, g=0.32$) であった。

25 製造業 (4.41, [4.22 4.60], 1.18)<非製造業 (4.67, [4.49 4.85], 1.16),平均値差と効果量は0.26 ($p=.058, g=0.22$) であった。

26 質問(2)と(1), (3)~(8)との間の平均値差と効果量はそれぞれ,0.62 ($p=.000, d=0.55$), 1.82 ($p=.000, d=1.45$), 0.60 ($p=.000, d=0.56$), 1.51 ($p=.000, d=1.33$), 1.42 ($p=.000, d=1.28$), 1.62 ($p=.000, d=1.51$), 1.91 ($p=.000, d=1.72$) であった。

27 質問(4)と(3), (5)~(8)の間は,1.21 ($p=.000, d=0.90$), 0.91 ($p=.000, d=0.74$), 0.82 ($p=.000, d=0.68$), 1.02 ($p=.000, d=0.87$), 1.31 ($p=.000, d=1.08$), 質問(1)と(3), (5)~(8)との間は,1.20 ($p=.000, d=0.86$), 0.89 ($p=.000, d=0.69$), 0.80 ($p=.000, d=0.64$), 1.00 ($p=.000, d=0.82$), 1.29 ($p=.000, d=1.03$) であった。

【考　察】

　管理会計の実学的取り組みの重要性を説いた古典的名著であるJohnson and Kaplan（1987）においても，財務指標に偏重した業績評価システムがトップマネジメントやマネジャーの短期的利益業績志向の意思決定を促進するため，非財務指標の利用が重要であると主張されている。一方，西欧企業を対象にしたAbernethy et al.（2013）の調査からは，利益率指標の重視は事業部門長の長期的志向性に対して，非財務指標よりも強い正の影響を及ぼすことが示されている。

　そこで，本章の調査では事業業績評価に利用される指標について財務と非財務の観点から調査した。業績評価指標について，たとえば，Govindarajan and Gupta（1985）は，売上高成長率，市場シェア，営業利益，売上高利益率，キャッシュフロー，ROI（Return on Investment），新製品開発，市場開拓，研究開発，コスト低減プログラム，人材開発，広報活動の重要性の12項目について測定している。

　本章の調査での具体的な質問項目は，前著（吉田ほか，2012）の文献調査から日本企業で多用されている業績指標を調べた結果に加え，西居（2006）も参考にしながら，財務指標4問（(1)　売上高，(2)　事業部利益，(3)　営業フリーキャッシュフロー，(4)　利益率），非財務指標4問（(5)　顧客関連，(6)　内部プロセス関連，(7)　人材育成関連，(8)　企業・事業ブランドの構築・保守関連）を設問した。

　調査結果を見ると，まず財務指標(1)から(4)について，事業部利益が最重視され，ついで利益率や売上高が重視され，営業キャッシュフローの重視度は相対的に低い傾向が示されている。この結果は近年の日本企業を対象にした実態調査結果31と比べても矛盾しない結果である。加えて，先述のとおり利益率指標の高い重視度と長期志向性との親和性を示す研究成果（Abernethy et al., 2013）も出てきており，近年日本企業でも高まりを見せるROE（Return on Equity）重視と，伝統的に日本企業の特徴といわれてきた意思決定の長期的志向性はトレードオ

28　質問(6)と(3), (7), (8)との間は，0.39（$p=.000, d=0.29$），0.20（$p=.061, d=0.17$），0.49（$p=.000, d=0.40$）であった。
29　質問(5)と(3), (8)との間は，0.30（$p=.022, d=0.22$），0.40（$p=.000, d=0.32$）であった。
30　質問(7)-(8)間は0.29（$p=.000, d=0.24$）であった。

フの関係ではないのかもしれない。

　一方，非財務指標(5)から(8)について，統計的な有意差は確認されなかったが内部プロセス関連指標の得点が顧客関連指標の得点を上回っている。しかしながら，先行研究（青木，2012；横田・妹尾，2011；ならびに第1章の調査）[32]ではいずれも顧客関連指標の重視度の得点が内部プロセス関連指標を上回っており，調査結果の解釈には注意が必要である。また他の指標と比べると重視度は低いながらも，人材育成関連や企業・事業ブランドの構築・保守関連といった長期的・非財務指標についても一定程度の得点傾向が確認できた。この結果は，日本企業に特徴的なマネジメントの長期志向性を示唆しているのかもしれない。

5 ■ 小　　括

　以上が，東証一部上場企業を対象とした『わが国大企業における業績管理の実態調査』の結果報告であり，その特徴と貢献についてはつぎのとおりである。

　第1に，調査の目的は，わが国大企業における予算管理・業績評価の実態を探り，日本的業績管理像を析出することにあった。基礎的分析の結果，わが国大企業の平均像としては，予算の厳格度はある程度高く（**図表3-3**），業績評価には一定の主観性が含まれ（**図表3-5，3-6**），業績評価指標についても財務だけでなく非財務・長期の視点も織り込まれている（**図表3-7**）傾向を確認した。

　第2に，製造業と非製造業とを比較した。多くの質問項目において業種間の有意差が確認されなかったため表記を分けなかったが，一部の質問項目についてつぎのような業種間の違いが確認された。まずは，非製造業の方が事業部門長の業績評価に予算を利用し（**図表3-3，3-4**），逆に製造業の方が事業部門長の業績評価における予算と実績の差異の取り扱いについて，統制可能範囲に限定する傾向（**図表3-5**）が確認された。加えて，重視する業績評価指標について

31　前著（吉田ほか，2012）では近年の日本企業の管理会計・原価計算を対象にした実態調査結果との比較検討を行っている。
32　青木（2012）は東証上場企業2,035社（回収率10.0％）を対象に2009年9月に実施，横田・妹尾（2011）は東証一部上場企業1,691社（回収率13.1％）を対象に2010年2月から3月に実施，第1章の調査では東証一部上場企業1,752社（有効回答率14.1％）を対象に2015年1月に実施された。

も，製造業の方が営業キャッシュフローや内部プロセス関連指標を重視する一方，非製造業の方が人材育成関連指標を重視する傾向が示唆された(**図表3-7**)。

第3に，本章の調査では既存の実態調査や先行研究の知見を踏まえて質問票を設計し，調査結果についても既存研究からの知見との比較検討を実施した。必要に応じて他の調査結果と対比させることで，日本企業の業績管理の利用実態がより浮かび上がると考えたためである。調査結果の一部(**図表3-7**)に他の実態調査とは異なる傾向が示されたが，概ね，既存の理論や先行研究結果と矛盾しない結果が得られたことは，今後のさらなる分析に向けて，データの信頼性を示しているといえる。

第4に，本章では予算の厳格度と主観的業績評価との関係性を考察するに至っていない。本章では主に記述統計に基づく基礎的分析結果を示したに過ぎないが，追加的分析として，予算の厳格度(高／低)と業績評価の特性(客観性／主観性)との組み合わせがどのように事業業績と関係するのかを探求したいと考えている。これまでの研究成果からの知見として，予算の厳格度や主観的業績評価それぞれと組織成果との線型的な関係を見出すことは容易ではないが，これらを組み合わせることで何らかの関係性を見出したいと考えている。

第3章　わが国大企業における業績管理の実態調査　95

《調査協力会社一覧》

[あ]
アイカ工業㈱
愛知製鋼㈱
旭硝子㈱
㈱足利ホールディングス
アルプス電気㈱
㈱石井鐵工所
㈱井筒屋
出光興産㈱
㈱イマジカ・ロボット ホールディングス
㈱エイチーム
エコートレーディング㈱
エスペック㈱
㈱enish
NSユナイテッド海運㈱
㈱遠藤照明
㈱岡三証券グループ
オプテックス㈱

[か]
河西工業㈱
片倉チッカリン㈱
キッコーマン㈱
㈱キトー
鬼怒川ゴム工業㈱
京セラ㈱
㈱共立メンテナンス
㈱近鉄エクスプレス
クミアイ化学工業㈱
㈱クリエイト・レストランツ・ホールディングス
㈱クリエイトSDホールディングス
㈱クレディセゾン
㈱クレハ
ケネディクス㈱
㈱建設技術研究所
㈱コア
㈱コメリ

[さ]
㈱サイゼリヤ
㈱サガミチェーン
サッポロホールディングス㈱

沢井製薬㈱
三洋化成工業㈱
㈱三陽商会
㈱サンヨーハウジング名古屋
㈱GSIクレオス
㈱J－オイルミルズ
ジャパンパイル㈱
松竹㈱
㈱常陽銀行
住友ゴム工業㈱
西部電気工業㈱
センコー㈱
㈱千趣会

[た]
大日本塗料㈱
㈱ダイユーエイト
大和ハウス工業㈱
㈱髙島屋
宝印刷㈱
㈱タムラ製作所
㈱中央倉庫
テイ・エス テック㈱
帝人㈱
㈱東海理化電機製作所
東京急行電鉄㈱
東京製綱㈱
東宝㈱
トッパン・フォームズ㈱
トピー工業㈱
トラスコ中山㈱

[な]
㈱西日本シティ銀行
㈱日新
㈱ニッセンホールディングス
日本碍子㈱
日本化学工業㈱
日本コロムビア㈱
日本信号㈱
日本精工㈱
日本フエルト㈱
日本エアーテック㈱
日本空調サービス㈱
日本写真印刷㈱

[は]
㈱はせがわ
バリューコマース㈱
バンドー化学㈱
日立金属㈱
富士機工㈱
藤久㈱
藤倉ゴム工業㈱
富士電機㈱
藤森工業㈱
プリマハム㈱
古河電気工業㈱
㈱プレステージ・インターナショナル
㈱平和堂
ペガサスミシン製造㈱
㈱ベルーナ
北越工業㈱
ホソカワミクロン㈱

[ま]
前田建設工業㈱
丸三証券㈱
㈱ミスミグループ本社
三井倉庫ホールディングス㈱
三井造船㈱
㈱ミライト・ホールディングス

[や]
㈱ヤマト
ユニチカ㈱
㈱ヨコオ
㈱吉野家ホールディングス

[ら]
㈱ライフコーポレーション
レンゴー㈱

※会社名公表にご同意いただいた調査協力会社のリストである（50音順）。

第 2 部

実証研究編

第4章

原価企画における
高品質と低コストの両立

　本章から第8章までは実証研究編である。まず本章では，日本の大規模製造業の原価管理活動の深層を掘り下げるため，原価企画における高品質と低コストの両立を志向する管理・活動実態を探る。

1 ■はじめに

　高品質と低コストの両立問題は学際的研究領域の重要課題として古くから注目されてきた。1980年代の品質管理研究では，欠陥ゼロとコスト低減を同時的に志向してきたと逸話的に語られる日本の製造業における品質管理活動が注目を浴びた。品質管理へのトップ経営層の強い関わり（Garvin, 1988），製品開発段階での品質保証（石川，1984），QCサークル（Quality Control Circle）における継続的改善活動（Schonberger, 1982）などが日本的品質管理の特徴とされた（宇田川ほか，1995）。

　1990年代以降，管理会計研究領域でも日本的品質管理への注目は高まり，日本企業における高品質と低コストの両立の困難性も指摘されるようになる。たとえば，費用対効果の重視（吉田ほか，2012；Daniel et al., 1995, 2009；Reitsperger and Daniel, 1990, 1991），品質検査への依存（梶原，2008），設計問題による製造不良（吉田，2007a）など1980年代のイメージとは異なる実態が浮かび上がってくる。

　そうした中，本章の研究の目的は，原価企画における高品質と低コストの両立を志向する日本の大規模製造業の管理・活動実態の探求にある。高品質と低コストの両立問題を検討する上で原価企画が有望と考える理由は以下のとおりである。第1に，原価企画の定義[1]から，対象となる設計目標の範囲は原価にと

どまらず，品質，価格，信頼性，納期などの諸目標の達成までを志向する点である。つまり，優れた原価企画活動は高品質と低コストの両立を志向しており，本章の研究の問題意識と合致する。

第2に，原価企画は源流管理の思想，管理会計的側面，組織的側面により構成される点である（谷，1997a）。製品企画，開発，設計段階において品質とコストなどの諸目標を作り込む思想（源流管理）に加え，原価企画は利益管理の一環として目標原価の設定と割付，達成のためのモニタリング（管理会計的側面），異なる職能部門間の協働（組織的側面）などの特徴を有する（加登，1993；谷，1997a；吉田，2003）。そのため，関連する管理・活動や業績管理と成果との関係を調べるのに適している。

そこで3つのリサーチ・クエスチョン（以下RQ）を提示し，東証一部上場製造業を対象とした郵送質問票調査データを用いて探索的な分析・考察を行う。なお，RQにおける鍵概念として，品質は適合品質と設計品質2，コストは開発設計費，製造原価3を指す。

2 ■先行研究

2.1 品質とコストの両立関係

1980年代頃，米国経営学研究領域を中心に高品質と低コストの両立可能性について研究が進められた。たとえば，Crosby（1979）は品質管理の多様な実務的取り組みを紹介し，Fine（1986）の数理モデル分析やPhillips et al.（1983）の実証分析を通じて，高品質と低コストの両立可能性が理論的，経験的に検討されて

1　本章では原価企画を「製品の企画・開発にあたって，顧客ニーズに適合する品質・価格・信頼性・納期等の目標を設定し，上流から下流に及ぶすべてのプロセスでそれらの目標の同時的な達成を図る，総合的利益管理活動」（日本会計研究学会，1996，109頁）と定義する。
2　適合品質とは，製品やサービスの状態と製造指図書や開発・設計段階の設計図との一致の程度であり，設計品質とは，製品やサービスの機能と顧客の要望との一致の程度である。
3　1990年代後半以降，原価企画における目標原価の設定範囲は，直接費からライフサイクルコスト全体の管理を志向する方向に発展してきているものの（吉田，2003），日本の製造業において開発費や製造原価を重視していることが実態調査で確認されている（田中（雅），1995；田中（雅）ほか，2010b）。

きた。一方，当時の米国品質管理とは異なる特徴的な品質管理実践として，日本企業の欠陥ゼロとコスト低減の同時的志向も広く知られるようになる（石川，1984；Flynn, 1992；Garvin, 1986；Kaplan, 1983）[4]。

1990年代以降には，製造戦略の観点から品質とコストの優先性[5]が注目されるようになり，品質とコストのトレードオフ関係を主張する研究が多く発表されるようになる（Boyer et al., 2005）。たとえば，品質とコストの優先順位にトレードオフがあることが実証的に示され（Boyer and Lewis, 2002），コスト低減目的の品質管理活動の業績向上への貢献も確認できなかった（Rust et al., 2002）。実態調査からは，そうしたトレードオフ関係を認識する日本の製造業の経営管理者は米国より多い傾向も示されている（Reitsperger and Daniel, 1990, 1991）。管理会計研究でも，日本企業における品質とコストのトレードオフ関係が実態調査で確認されてきた（梶原，2008；吉田ほか，2012；Daniel et al., 2009）。

そうした中，製造段階での高品質と低コストの両立は困難であっても，源流に遡り製品企画・開発・設計段階での両立を目指す原価企画活動が注目を集めてきた（近藤，1989；Monden and Sakurai, 1989）。つまり，細かい仕様が決定する前に，異なる職能部門間の協働により品質やコストのトレードオフ問題を解消することが期待されてきたのである。

それでもなお原価企画における高品質と低コストの両立の困難性を指摘する研究も多い。たとえば，行き過ぎた原価低減圧力が品質管理レベルの低下を招くことが理論的，経験的に示されている（吉田，2003，2007a）。また開発設計段階において性能・品質規格の許容範囲と厳格な目標原価とのトレードオフが存在することも理論的に指摘され（田中（雅），1995；Anderson and Sedatole, 1998），

---

[4] 当時の米国企業における品質とコストの志向性の特徴は，ある程度の欠陥の発生を容認し，品質管理コストと品質失敗のコスト・損失のバランスをとることで最適品質水準（AQL: Acceptable Quality Level）を追求することであると指摘されてきた。

[5] Miller and Roth（1994）は萌芽的研究として米国製造業の3つの生産戦略（保守者，市場優先者，革新者）の観点から，企業群を適合品質重視と低価格重視に分類した。追試研究では，地域要因により同分類を再現することは困難であったが，品質重視と販売価格重視の企業群も抽出された（Frohlich and Dixon, 2001）。一方，高品質と低コストの両立に至るまでの「品質重視からコスト重視へ」の優先順位を提唱する研究群は理論考察（Corbett and Van Wassenhove, 1993）および実態調査（Ferdows and De Meyer, 1990）が展開され，経験的研究（Rosenzweig and Roth, 2004）も蓄積されている。

実態調査（田中（雅）ほか，2010a）でも確認されている。加えて，日本企業での目標原価未達の実態も確認されている（田中（雅）ほか，2010c；Koga and Davila, 1999）。

以上のとおり，高品質と低コストの両立問題についての学際的関心は高く，この問題における原価企画に関する経験的証拠は十分とはいえないながらも，その貢献は期待される。そこでRQ1を提示する。

> RQ1：日本の大規模製造業の原価企画は高品質と低コストを両立しているのか。

2.2 高品質と低コストの両立と関連管理・活動との関係

原価企画における高品質と低コストの両立には関連する管理・活動の役割が重要である。まずは，コンカレント・エンジニアリングである。Carter and Baker (1995)は製品開発におけるコンカレント・エンジニアリングの機能を提唱し，日本の製造業を対象とした事例分析（山本，1995；Imai et al., 1985）や実証分析（Koga and Davila, 1999）を通じ，コンカレント・エンジニアリングが高品質と低コストの両立を促進することが示されてきた。一方，品質重視度が高まるほど，製品開発段階における参加部署の情報共有が製品品質の向上に及ぼす正の影響が弱まる経験的証拠も提示されている（Sethi, 2000）。

つぎに，実際原価情報の活用である。かつては製造現場での会計管理の有用性を疑問視する意見（Johnson, 1992；Kaplan, 1990）も聞かれたが，日本の製造業では実際原価情報による原価管理が実践されている（吉田ほか，2012）。

つづいて，物量情報の活用や継続的改善活動である。日本の製造業においてJIT（Just-In-Time）や継続的改善活動であるTQC（Total Quality Control）のもとでは，現場・現実・現物の三現主義が重視されてきた（岡野，1995；吉田，2008；Okano and Suzuki, 2007）。また，前著（吉田ほか，2012）の実証研究でもカイゼン志向の日本の大規模製造業における高い欠陥ゼロ志向が確認されている。

以上のとおり，原価企画における高品質と低コストの両立と関連する管理・活動との関係について，研究の蓄積はあるものの経験的証拠は十分とはいえない。そこでRQ2を提示する。

RQ2：日本の大規模製造業の原価企画における高品質と低コストの両立と関連する管理・活動はどのような関係にあるのか。

2.3 高品質と低コストの両立と業績管理との関係

　高品質と低コストの両立と業績管理の関係については，品質目標と組織業績との関係が注目されてきた。たとえば，TQM（Total Quality Management）とBSC（Balanced Scorecard：バランスト・スコアカード）の高い整合性による従業員満足度の高さが組織業績を向上させること（Hoque, 2003），財務・品質業績の向上には業務プロセス指標の利用が重要であること（Kaplan and Norton, 2004a）が主張されてきた。実証的にも，品質目標の重視が品質・組織業績を向上させることが確認されている（Maiga and Jacobs, 2005, 2006）。

　日本企業においては，品質戦略とコントロールシステムの関連性が乏しいことも経験的研究で確認されている（Daniel and Reitsperger, 1991；Ittner and Larcker, 1997）。事業戦略と品質管理活動との関連が低く，品質管理活動が財務業績の向上に結びついていないとも指摘される（梶原，2008）。

　一方，原価企画は利益管理の一環として期待されているにもかかわらず，原価企画における高品質と低コストの両立と業績管理の関係を実証的に分析した研究は少ない。

　以上のとおり，この点に関しても十分な経験的証拠が得られていない。そこでRQ3を提示する。

RQ3：日本の大規模製造業の原価企画における高品質と低コストの両立と業績管理はどのような関係にあるのか。

3 ■リサーチ・デザイン

3.1　調査方法

　前節で掲げた3つのRQを探索的に分析するため，第1章で報告した郵送質問

票調査データを利用した。調査は，2014年1月14日に東証一部上場製造業847社（2013年10月末時点）を対象に，2014年1月31日を回収期限とした。回収期限後も含めた最終的な有効回答会社数は130社（有効回答率15.3％）であった。

なお，非回答バイアスの検討のため，有意水準5％を基準につぎの2つの検定を行った。第1に，回答・非回答企業の業種分布を比較するため，適合度検定を行った結果，回答企業の業種分布は東証一部上場製造業の業種分布と適合していることを確認した（$\chi 2=11.821$，自由度$=15$，$p=.693$）。第2に，回答・非回答企業の企業規模を比較するため，売上高と従業員数6について，独立な2群の平均値の差の検定を行った結果，売上高の平均値は統計的に有意な差はなかったが，従業員数の平均値は回答企業のほうが高かった（$t=2.005$，$p=.047$）。

[図表4-1] 質問調査票の回収結果

業　　種	発送数	有効回答数・率		分析用サンプル数
食　料　品	69	13	18.8%	10
繊　　維	41	4	9.8%	4
パルプ・紙	11	2	18.2%	2
化　　学	128	18	14.1%	13
医　薬　品	38	5	13.2%	4
石油・石炭	11	1	9.1%	0
ゴ　　ム	11	2	18.2%	1
ガラス・土石	33	4	12.1%	3
鉄　　鋼	32	4	12.5%	3
非　鉄　金　属	24	4	16.7%	2
金　　属	37	8	21.6%	4
機　　械	120	12	10.0%	10
電　気　機　器	154	27	17.5%	25
輸　送　用　機　器	62	16	25.8%	14
精　密　機　器	28	2	7.1%	2
その他製品	48	8	16.7%	5
合　　計	847	130	15.3%	102

6　回答企業には純粋持株会社も含まれるため，連結データで分析を行った。なお，連結対象企業が存在しない回答企業については，単体のデータを用いた。

以上のことから,比較的規模が大きい企業の実態を反映している可能性はあるが,重大な非回答バイアスはないといえる。原価企画未採用の企業およびRQの分析に必要な質問項目に欠損値のあるサンプルを除き,102社を最終サンプルとして用いる(**図表4-1**)。

3.2 変数の測定

まず,原価企画における高品質と低コストの両立について,原価企画の成果(要求品質・機能の実現,原価低減,目標原価の常時達成)・逆機能(原価目標優先による品質低下),目標原価の設定(市場価格の反映,挑戦的目標原価)を測定した(**図表4-2**)。

[図表4-2] 原価企画における高品質と低コストの両立の測定結果

		質問項目	平均値	標準偏差	95% CI
品質	1	原価企画の成果(要求品質・機能の実現)	4.41	1.14	[4.188, 4.635]
	2	原価企画の逆機能(原価目標優先による品質低下)	2.67	1.11	[2.448, 2.885]
コスト	3	目標原価の設定(市場価格の反映)	5.06	1.31	[4.801, 5.316]
	4	目標原価の設定(挑戦的目標原価)	3.67	1.38	[3.395, 3.938]
	5	原価企画の成果(原価低減)	5.23	1.18	[4.994, 5.457]
	6	原価企画の成果(目標原価の常時達成)	3.49	1.04	[3.286, 3.695]

(注1) n=102。CI:信頼区間(Confidence Interval),以下も同様。
(注2) 「原価企画の成果(要求品質・機能の実現)」と「原価企画の成果(原価低減)」は7点尺度(「1 全く効果がない」から「7 極めて効果がある」),「原価企画の逆機能(原価目標優先による品質低下)」は7点尺度(「1 全く問題はない」から「7 極めて深刻である」)で測定した。「目標原価の設定」の質問文は「製品開発開始時の目標原価の設定には市場価格が反映される」(市場価格の反映)および「製品開発開始時の目標原価は容易には達成できない挑戦的な水準である」(挑戦的目標原価),「原価企画の成果(目標原価の常時達成)」の質問文は「製品開発時に設定された目標原価は常に達成される」であり,7点尺度(「1 全くそうではない」から「7 全くそのとおり」)で測定した。

つぎに,高品質と低コストの両立と関連する管理・活動について,コンカレント・エンジニアリングの実施,実際原価情報による原価管理,物量情報による管理,継続的改善活動および従業員の複数目標達成の自発性を測定した(**図表4-3**)。

[図表4-3] 高品質と低コストの両立と関連管理・活動の測定結果

	質問項目	平均値	標準偏差	95% CI
7	コンカレント・エンジニアリング	5.20	1.34	[4.934, 5.458]
8	実際原価情報による原価管理	5.22	1.51	[4.920, 5.512]
9	物量情報による管理	4.78	1.62	[4.466, 5.103]
10	継続的改善活動	5.16	1.15	[4.931, 5.383]
11	従業員の複数目標達成の自発性	4.70	1.09	[4.482, 4.910]

(注)「コンカレント・エンジニアリング」の質問文は「製品開発プロセスには、設計担当者だけでなく多くの関連部署が参加する」であり、7点尺度(「1 全くそうではない」から「7 全くそのとおり」)で測定した。「実際原価情報による原価管理」および「物量情報による管理」については7点尺度(「1 全く利用していない」から「7 全般的に利用している」)で測定した。「継続的改善活動」の質問文は「日常的・継続的に改善活動が行われている」、「従業員の複数目標達成の自発性」の質問文は「従業員は原価、品質、機能性などの複数目標の同時達成を自発的に志向している」であり、7点尺度(「1 全くそうではない」から「7 全くそのとおり」)で測定した。

最後に、業績管理について、事業戦略と業績目標の整合性、財務・顧客・業務プロセス指標の重視度を測定した(**図表4-4**)。

[図表4-4] 業績管理の測定結果

	質問項目	平均値	標準偏差	95% CI
12	事業戦略と業績目標の整合性	5.18	1.38	[4.905, 5.448]
13	財務業績の重視	6.06	1.17	[5.830, 6.288]
14	顧客指標の重視	4.09	1.51	[3.792, 4.385]
15	業務プロセス指標の重視	3.75	1.47	[3.467, 4.043]

(注) 質問文は上から順に「重視する業績目標は事業戦略と整合性がとれている」、「事業業績の管理では財務業績を重視している」、「事業業績の管理では顧客に関する指標を重視している」、「事業業績の管理では業務プロセスに関する指標を重視している」であり、7点尺度(「1 全くそうではない」から「7 全くそのとおり」)で測定した。

3.3 分析方法

3つのRQの分析について相関分析を実施した結果、変数(**図表4-2**から**図表4-4**)間の多くの相関関係を確認した(単相関係数を**図表4-5**に表記)。疑似相関による誤解を排除するため、分析対象の変数対以外の変数を制御する偏相関分析を実施し、偏相関係数(宮川, 1997)に基づく考察を行う。

[図表4-5] 相関係数表

	2	3	4	5	6	7	8	9	10	11	12	13	14	15
1	-.118	.236*	.170	.381***	.246*	.168	.167	.221*	.177	.342***	.325***	.168	.071	.216*
2		-.048	.140	-.048	-.217*	-.236*	-.081	-.068	-.137	-.183	-.239*	.008	-.089	-.087
3			.295**	.473***	.160	.304**	.154	.295**	.086	.179	.344***	.153	.042	.203*
4				.309**	-.030	.234*	.140	.313**	.145	.248*	.233*	.160	-.052	.219*
5					.248*	.287**	.330***	.275**	.281**	.356***	.517***	.307**	-.050	.147
6						.308**	.210*	.163	.216*	.299**	.283**	.180	.104	.313**
7							.220*	.335***	.225*	.239*	.244*	.234*	-.018	.101
8								.506***	.083	.336***	.329***	.252*	-.065	.136
9									.231*	.210*	.260**	.289**	-.069	.157
10										.505***	.307**	-.014	.100	.311**
11											.378***	.061	-.032	.127
12												.350***	.149	.354***
13													.070	.118
14														.404***

(注1)　Pearsonの積率相関係数。
(注2)　***：$p<.001$，**：$p<.01$，*：$p<.05$（両側）。
(注3)　図表中の1から15は，**図表4-2，4-3，4-4**に示した質問項目の番号を表している。

4 ■分析結果・考察

4.1　RQ1：高品質と低コストの両立に関する偏相関分析の結果と考察

　RQ1について，品質項目とコスト項目の相関分析を実施したBoyer and Lewis (2002) を参考に，高品質と低コストの両立の傾向を品質とコストに関する変数（**図表4-2**）間の偏相関係数に基づき分析する。その結果，「要求品質・機能の実現」と「原価低減」（$p=.009$）との正の相関関係，「原価目標優先による品質低下」と「目標原価の常時達成」（$p=.081$）との負の相関関係が確認・示唆された[7]

---

[7]　探索的分析のため，有意水準が10%の偏相関係数についても表記した。本文では，5％以下の有意水準の関係を「確認」，10％水準のものを「示唆」と表現している。

(図表4-6)。

[図表4-6] 原価企画における高品質と低コストの両立に関する偏相関分析の結果

	品質	原価企画の成果	原価企画の逆機能
コスト		要求品質・機能の実現	原価目標優先による品質低下
目標原価の設定	市場価格の反映 挑戦的目標原価	― ―	― ―
原価企画の成果	目標原価の常時達成 原　価　低　減	― .264**	-.177† ―

(注1)　n＝102。偏相関係数，統計的に有意な分析結果のみを記載する。以下の図表も同様。
(注2)　***：$p<.001$，**：$p<.01$，*：$p<.05$，†：$p<.10$（両側），以下の図表も同様。

　分析結果から，要求品質・機能の実現と原価低減との両立傾向が確認された。すなわち，設計品質の実現と目標原価の達成を両立する日本企業の原価企画像が推察される。

　また，品質低下克服と目標原価の常時達成の両立傾向も示唆された。すなわち，過度の原価低減圧力による製造不良の増加が指摘される（吉田，2007a）ように，日本の大規模製造業において目標原価達成状況下では品質問題も生じにくい可能性が推察される。

　なお，偏相関分析では品質に関する2項目と目標原価の設定に関する2項目，要求品質・機能の実現と目標原価の常時達成，品質低下克服と原価低減との関係を確認できなかった。そこで，次項以降のRQ2における「関連する管理・活動」やRQ3における「業績管理」との関係性を踏まえて，さらに分析を進める。

4.2　RQ2：高品質と低コストの両立と関連する管理・活動に関する偏相関分析の結果と考察

　まずRQ2について，高品質と低コストの両立（図表4-2）と関連する管理・活動（図表4-3）に関する変数間の偏相関係数に基づき分析する（図表4-7）。その結果，①「コンカレント・エンジニアリング」と「原価目標優先による品質低下」（$p＝.053$）との負の相関関係，「目標原価の常時達成」（$p＝.050$）との正の相関関係，②「実際原価情報による原価管理」と「原価低減」（$p＝.025$）との正

の相関関係，③「物量情報による管理」と「挑戦的目標原価」($p=.039$) との正の相関関係，④「継続的改善活動」と「原価低減」($p=.091$) との正の相関関係，⑤「従業員の複数目標達成の自発性」と「要求品質・機能の実現」($p=.050$)，「挑戦的目標原価」($p=.063$) との正の相関関係が確認・示唆された。

　分析結果から，品質項目との関係性について，コンカレント・エンジニアリングの利用と品質低下克服との正の相関関係，従業員の複数目標達成の自発性と要求品質・機能の実現との正の相関関係が確認・示唆された一方，実際原価・物量情報による管理や継続的改善活動との関係は見いだせなかった。

　また，コスト項目との関係性について，5つの関連管理・活動のすべての項目について関係性が確認・示唆された。すなわち，コンカレント・エンジニアリングの利用 (Ansari et al., 2007)，実際原価情報を用いた見積製造原価の分析 (田中 (雅) ほか，2014；Makido, 1989)，JITやTQCなどの物量尺度を用いた実体管理の重視 (Okano and Suzuki, 2007)，製造現場の改善活動 (Hiromoto, 1988；Takeuchi, 1981) は，原価企画を利用する日本の大規模製造業の挑戦的目標原価の設定や原価低減の実現と関連していることが推察される。

　つぎに，RQ1に関して品質・コスト項目間の偏相関分析結果について，「要求品質・機能の実現」と「原価低減」($p=.024$) との正の相関関係，「原価目標優先による品質低下」と「挑戦的目標原価」($p=.042$) との正の相関関係を確認した。

［図表 4-7］高品質と低コストの両立と関連管理・活動の偏相関分析の結果

	品　質		コ　ス　ト			
	要求品質・機能の実現	原価目標優先による品質低下	市場価格の反映	挑戦的目標原価	目標原価の常時達成	原価低減
コンカレント・エンジニアリング	―	-.202†	―	―	.204*	―
実際原価情報による原価管理	―	―	―	―	―	.233*
物量情報による管理	―	―	―	.214*	―	―
継続的改善活動	―	―	―	―	―	.176†
従業員の複数目標達成の自発性	.204*	―	―	.194†	―	―
コスト 市場価格の反映	―	―				
コスト 挑戦的目標原価	―	.212*				
コスト 目標原価の常時達成	―	―				
コスト 原価低減	.234*	―				

関連管理・活動に関する変数などを制御することにより，品質項目とコスト項目のみを偏相関分析した場合（**図表4-6**）にも確認した要求品質・機能の実現と原価低減との関係性に加え，品質低下と挑戦的目標原価の設定との正の相関関係が確認された。すなわち，原価企画において要求品質・機能の実現と原価低減との両立傾向が示された一方，挑戦的目標原価が品質低下を招きかねない関係も推察される。

4.3 RQ3：高品質と低コストの両立と業績管理の偏相関分析の結果と考察

まずRQ3について，高品質と低コストの両立（**図表4-2**）と業績管理（**図表4-4**）に関する変数間の偏相関係数に基づき分析する（**図表4-8**）。その結果，「事業戦略と業績目標の整合性」と「原価目標優先による品質低下」（$p=.021$）との負の相関関係，「原価低減」（$p=.001$）との正の相関関係を確認した。事業業績目標との関連では，「業務プロセス指標の重視」と「挑戦的目標原価」（$p=.035$）および「目標原価の常時達成」（$p=.013$）との正の相関関係を確認した。

分析結果から，品質項目との関係性について，事業戦略と業績目標の整合性と品質低下克服との正の相関関係のみを確認した。すなわち，個別の業績指標との関連性は確認できなかったが，事業戦略と業績目標の整合性が品質戦略の遂行（Atkinson et al., 1994）に有効であり，事業戦略との高い整合性をもつ業績目標を重用することで，高品質を犠牲にしない日本の大規模製造業の原価企画像が推察される。

また，コスト項目との関係性について，事業戦略と業績目標の整合性と原価低減との正の相関関係，業務プロセス指標の重視と挑戦的目標原価および目標原価の常時達成との正の相関関係を確認した。事業戦略と業績目標の整合性が原価低減の実現に貢献する（Melnyk et al., 2014）ことに加え，業務プロセス指標の重視が挑戦的目標原価を設定する原価企画活動や，目標原価の達成にも貢献する傾向が推察される。すなわち，日本の大規模製造業の原価企画は，事業戦略から細分化される業績目標の一貫性を伴うことで，利益管理の一環として機能する姿である。

残念ながら，業績指標と品質・コスト項目との相関関係が確認できたのは，

業務プロセス指標の重視と一部のコスト項目との間のみであった。財務業績の重視については，品質とコストの優先順位の選択に影響を与えることを想定していた。本来的に，顧客志向の観点から高品質・低価格の両立に関わる意思決定はなされるべきであり，顧客志向性と品質・コストの両立は親和性が高いことも想定していた。業務プロセス指標の重視と品質項目との関係性についても，品質と生産性の両立に対する有用性（Lillis, 2002）や日本の製造業における品質関連の業務プロセス指標の重視（Flynn and Flynn, 2004）などの観点から想定していたが，有意な相関関係を確認できなかった。これらの点については，さらなる検討が必要であろう。

つぎに，RQ1に関して品質・コスト項目間の偏相関分析結果について，「要求品質・機能の実現」と「原価低減」（$p=.036$）との正の相関関係を確認したのみであった。この関係性は，業績管理に関する変数などを制御することにより，品質項目とコスト項目のみを偏相関分析に投入した場合（**図表4-6**）や，関連する管理・活動との関係性についての偏相関分析（**図表4-7**）でも確認された。

［図表4-8］高品質と低コストの両立と業績管理の偏相関分析の結果

	品　質		コ　ス　ト			
	要求品質・機能の実現	原価目標優先による品質低下	市場価格の反映	挑戦的目標原価	目標原価の常時達成	原価低減
事業戦略と業績目標の整合性	—	-.237*	—	—	—	.340***
財務業績の重視	—	—	—	—	—	—
顧客指標の重視	—	—	—	—	—	—
業務プロセス指標の重視	—	—	—	.217*	.256*	—
コスト　市場価格の反映	—	—				
コスト　挑戦的目標原価	—	—				
コスト　目標原価の常時達成	—	—				
コスト　原価低減	.217*	—				

5 ■ 小　　括

　本章の研究は，高品質と低コストの両立を志向する日本の大規模製造業の管理・活動実態について探索的分析を行った。3つのRQにおける偏相関分析に基づく主要な発見事項と結論は以下のとおりである。

　第1に，RQ1に関する「要求品質・機能の実現」と「原価低減」との正の相関関係，「原価目標優先による品質低下」と「目標原価の常時達成」との負の相関関係である。すなわち，優れた原価企画能力8（吉田，2003）を有する日本の大規模製造業では，原価企画成果としての品質とコストがトレードオフではなく，その両立を実現している傾向が推察される。

　第2に，RQ2に関する「コンカレント・エンジニアリング」および「従業員の複数目標達成の自発性」と品質項目との関係，関連する管理・活動とコスト項目の「挑戦的目標原価」，「目標原価の常時達成」，「原価低減」との正の相関関係である。すなわち，優れた原価企画能力を有する日本企業では製品開発段階での高品質と低コストの両立に対して，多様な原価管理・活動が機能している傾向が推察される。

　第3に，RQ3に関する「事業戦略と業績目標の整合性」と品質項目である「原価目標優先による品質低下」との負の相関関係，「事業戦略と業績目標の整合性」とコスト項目である「原価低減」との正の相関関係，「業務プロセス指標の重視」とコスト項目である「挑戦的目標原価」，「目標原価の常時達成」との正の相関関係である。すなわち，優れた原価企画能力を有する日本企業では，事業戦略と一貫した業績目標を適切に設定することで，高品質と低コストの両立を志向している姿が推察される。

　本章の研究の貢献として，上記の発見事項と結論に加え以下の3点を挙げられる。第1に，原価企画を対象とする点である。第2節で述べたとおり，高品

8　持続的競争優位の源泉としての原価企画を成功に導く組織能力であり，実証研究の結果からは製品開発源流での原価見積力と部門間協働が重要な候補であると同時に，環境変化に対応する変革能力の重要性も指摘される（吉田，2003）。

質と低コストの両立に関する研究は，品質とコストの優先順位や品質管理手法の利用と製造業績との関係性，品質の管理コストと失敗コストとの関係性を中心に展開されてきた。原価企画は，これらの研究とは異なる製品開発・設計という局面でのマネジメント・活動に焦点を当てることができ，源流管理や品質の作り込みの観点からも，理論・実務両面への貢献が期待できる。加えて，原価管理や業績管理との関わりに焦点を当てた管理会計視点による分析は，品質とコストの両立関係の全体像解明に貢献しうるといえよう。

第2に，日本の製造業の実態に焦点を当てた点である。高品質と低コストの両立志向性の象徴ともいえる日本の製造業でも，この十数年間にはその実現困難性が学術研究において指摘され，実務的にも過剰品質や品質低下問題が憂慮される。そうした中，本章の研究は日本の大規模製造業の原価企画における高品質と低コストの両立傾向を示す重要な経験的証拠を提示した。

第3に，注目すべき発見事実，すなわち3つの分析のすべてにおける「要求品質・機能の実現」と「原価低減」との正の相関関係，RQ2に関する分析における「原価目標優先による品質低下」と「挑戦的目標原価」との正の相関関係である。本章の研究の調査対象である東証一部上場製造業では，前者の発見事実からは高品質と低コストはトレードオフではなく両立傾向にあることが示され，後者の発見事実からは，挑戦的目標原価が品質低下を招きかねないことが示された。原価企画の1つの特徴とされる挑戦的目標原価を設定するだけでなく，その他の支援活動の充実が原価企画の複数目標の達成には不可欠であることの証左であろう。

なお，今後の研究課題として少なくともつぎの3点が考えられる。第1に，品質とコストの両立関係に関する測定尺度の開発である。本章の研究は管理会計全般の実態調査に基づく探索的分析であるため，原価企画における高品質と低コストの両立や成果について，断片的かつ単独尺度で測定している。今後は，経営学や生産管理論における知見（品質とコストの生産戦略の優先度）からコンテクスト要因に尺度を援用するとともに，管理会計研究の貢献可能性の高い品質・コスト両立関連の尺度を新たに開発し，より包括的な測定・分析を目指したい。

第2に，高品質と低コストの両立と組織業績の関係における管理会計機能の

探求である。本章の研究は原価企画の成果を対象としたが，製品品質のみならず経営品質の追求が，企業・事業業績の向上に結びつくのか，そのプロセスにおいて管理会計はどのように貢献しうるのか，そのための条件は何かについて探求したい。

　第3に，調査対象範囲の拡大である。本章の研究は東証一部上場製造業における原価企画実施企業の経理部門長を対象としていた。今後は，より業務に精通した設計・開発部門の担当者を対象に，本来的に多様な目的・実施形態が想定される原価企画活動を分類した調査・分析が求められる。加えて，小規模企業や非製造業における高品質と低コストの両立に関する取り組みについても，日本的な特徴や産業間の相違などを探求したい。

第5章

探索と深化が管理会計行動に与える影響

　本章は実証研究編の2つめの研究報告である。日本企業における表層的な管理会計手法・情報の利用実態の深層を掘り下げるため，本章では，（知の）探索（exploration）と深化（exploitation）の両立を目指す経営が管理会計行動に及ぼす影響を探る。

1 ■ はじめに

　わが国の管理会計研究において，事業・製品戦略や組織コンテクストの影響に焦点を当てた研究は必ずしも多くはない（吉田ほか, 2012）。横並び意識が強く，地道な改善活動を通じて現場力を高めてきた日本の製造業において，事業・製品戦略やタスク環境の違いによる影響を研究者が捕捉することが難しかったのかもしれない。

　そうした中，日本企業の管理会計行動を説明しうる有望な概念の1つとして，近年，経営学研究領域で注目を集める「両利きの経営（organizational ambidexterity）」がある（入山, 2012；O'Reilly and Tushman, 2013）。製品開発・生産マネジメント研究領域では，革新的なイノベーションと漸進的な改善という概念の対比は古くから行われてきたが，より広い視野に立ち，事業や組織マネジメントにおいて（知の）探索（exploration）と深化（exploitation）の両立を目指す経営が主要な研究対象の1つになってきている。ここで管理会計行動とは，管理会計システムの設計・運用における企業行動の様態であり，管理会計ルールとルーティンを含む概念である。

　探索と深化の（両立の）視点が管理会計研究にとって有望と考える理由は以

下のとおりである。第1に，探索と深化の視点がイノベーションと改善の視点と類似しており，かつそれらの適用範囲が製品開発，製造段階に限らず，その他の企業活動にも拡大可能な点である。かつては会計による結果コントロールがイノベーションを阻害するという主張も一部には見られたが(Johnson, 1992)，近年では管理会計の利用がイノベーションに貢献しうる実証結果がいくつも報告されている（Bisbe and Otley, 2004；Henri, 2006)。加えて，日本の製造業における改善活動は世界的に広く知られる日本的経営の1つの特徴であり，探索と深化の視点は日本的管理会計行動とも親和性が高いことが推察される。

　第2に，イノベーションと改善のように二項対立的な概念ではなく，探索と深化は両立（両利きの経営）を志向する点である。イノベーション志向とカイゼン志向といった組織コンテクストが日本的管理会計行動に影響を及ぼすことは示されているが（吉田ほか，2011)，これらの志向性の影響の相違は必ずしも明示的には確認されていない。もしこれらの関係性が相互補完的であれば，探索と深化の視点を援用することで，吉田ほか（2011）では十分に分析できなかった組織コンテクストが管理会計行動に与える影響の相違を説明できるかもしれない。

　そこで本章の研究では，探索と深化，両利きの経営が日本的管理会計行動に与える影響について，郵送質問票調査データに基づく予備的な分析・考察を行う。

2 ■先行研究

2.1　探索と深化，両利きの経営の重要性

　March (1991) が組織学習には探索と深化の2つのパターンがあると提唱して以来，近年では管理会計研究領域でもその概念は注目されつつある（福田，2013)。探索とは新しい知識を追求する急進的な組織学習であり，深化とは既存の知識を活用する漸進的な組織学習である（March, 1991)。マネジメントコントロールの特性がプロジェクトの特性（探索と深化）に与える影響を分析したYlinen and Gullkvis (2014) や，組織が目指すイノベーションの特性（探索と深化）に

応じて組織業績に影響を与えるマネジメントコントロールが異なることを示したBedford（2015）といった萌芽的研究も生まれている。一方，組織コンテクストの管理会計システム設計への影響はコンティンジェンシー理論に基づく多くの管理会計研究で確認されている（Chenhall, 2007）中，組織コンテクストとしての探索と深化の視点から管理会計行動に与える影響を分析した研究はほとんどない。

また，この2つの組織学習を同時に実行する両利きの経営に対する関心も経営学研究領域で高まっている。たとえば，両利きの経営によって企業の業績が高まることが多くの実証研究で明らかにされ（O'Reilly and Tushman, 2013），両利きの経営を管理するための仕組みとして，知的資本（組織資本，社会関係資本，人的資本）などの重要性が明らかになっている（Turner et al., 2013）。

2.2　日本的管理会計と探索と深化，両利きの経営

日本企業の管理会計について，米国などとは異なる特徴的な管理会計実践が存在することを強調する「日本的管理会計」研究が展開されてきた（吉田, 2008；Okano and Suzuki, 2007）。1999年の日本会計研究学会第58回大会統一論題「日本的管理会計の特質と海外移転」（座長　牧戸孝郎先生）（『會計』第157巻第3号）での議論を経た後，挽（2007）などに代表される経験的研究が蓄積されてきた。これらの研究を受け，吉田（2008）では文献調査に基づき，米国的管理会計と対比させた日本的管理会計の原理を提唱し，吉田ほか（2011）では探索的因子分析の結果として，日本企業における個別の管理会計手法の利用の背景にある4つの管理会計行動パターンを提示した。

前著（吉田ほか，2012，176-177頁）では日本的管理会計行動を概ね以下のように説明している。第1に，オープンブックマネジメント[1]である。日本企業では，現場における会計情報の開示・利用が組織プロセスや組織業績に好影響を及ぼしてきた可能性がある。たとえば，日本企業発の管理会計といえる原価企画で

1　オープンブックマネジメントが広く知られる契機となったのはCase（1995）であることから，オープンブックマネジメントは米国的経営手法という印象があるかもしれないが，オープンブックマネジメントが企業現場発であることを含め，活動内容は日本企業発のMPC（Micro Profit Center：ミニ・プロフィットセンター）での取り組みとも共通点が多く，この呼称を使うことにした。

は設計現場に開示された会計情報を利用することが非原価目標の達成に結びつくことが実証的に示されている（吉田・福島，2010）。また，MPC（Micro Profit Center：ミニ・プロフィットセンター）では管理会計情報のタイムリーな提供が自発的な問題発見・解決を促すことが経験的研究から示されている（谷，1997b；谷・三矢，1998；Kaplan and Cooper，1998）。

第2に，業績・報酬リンクである。日本企業では業績評価システムと人事・報酬システムを分離した二分割構造があったとも主張されてきたが（横田，1998），近年ではこれらの2つのシステムが非財務指標を用いてリンクしつつあることも主張されている（横田，2005）。加えて，職位が上がるにつれ事業業績と金銭的報酬を関連づける傾向も実態調査から確認されており（吉田ほか，2010），1990年代以降の成果主義を一部に組み込んだ業績と報酬をリンクさせる新たな日本企業の管理会計行動が予想される。

第3に，物量管理の重視である。日本企業はとりわけ製造段階において，業績評価とは無関連に展開される自主的・継続的改善活動であるTQC（Total Quality Control）や，JIT（Just-In-Time）のもとでは，会計情報の役割は相対的に低く，現場・現実・現物の三現主義が重視されてきた（岡野，1995；壽永・野中，1995；Okano and Suzuki，2007）。つまり，会計は生産現場を可視化できず，その不可視性を回避するために（岡野，1995），日本企業は貨幣単位を用いた原価管理よりも物量単位を用いた原単位管理を重視していたとされる（岡野，1995；Hiromoto，1988；Okano and Suzuki，2007）。

第4に，ゼロディフェクト志向である。日本企業はQCサークルやTQCなど生産現場における品質の作りこみを重視していた（石川，1981；宇田川ほか，1995；Womack et al., 1990）。品質第一主義をとることで消費者の信頼を獲得でき，売上や利益の増加を実現していた（石川，1981）といわれる。

以上の日本的管理会計行動と探索・深化，両利きの経営との関係について，入山（2012）が示唆するように，日本的経営が探索と深化の両方を重視するマネジメントを行っていたとすれば[2]，日本的経営と密接な関係にある日本的管理会計行動にも，探索と深化，両利きの経営を志向する組織コンテクストが正の

---

2 より正確には，入山（2012, 146-147頁）は「昔の日本企業」が「知の探索」活動を促進する環境を整備していたと指摘している。

影響をもたらすと考えられる。このことは吉田ほか（2011）が示したイノベーション志向の高い組織は，日本的管理会計の4つの行動パターンすべての実践度が高いことからも類推できる。

しかしながら，探索と深化，両利きの経営と管理会計の関係についての実証研究はほとんどなく，その関係性について子細な仮説を提示することはできないため，本章の研究では予備的につぎの仮説を提示する。

　　仮説：企業の探索と深化，両利きの経営（探索と深化の同時追求）が日本的
　　　　　管理会計行動を促進する

3 ■ リサーチ・デザイン

3.1　調査方法

上記の仮説を検証するため，第1章で報告した郵送質問票調査データを利用する。調査は，2014年1月14日に東証一部上場製造業847社（2013年10月末時点）を対象に，2014年1月31日を回収期限とした。回収期限後も含めた最終的な有効回答会社数は130社（有効回答率15.3％）であった。

なお，非回答バイアスの検討のため，有意水準5％を基準につぎの2つの検定を行った結果（詳細は第4章第3節参照），比較的規模が大きい企業の実態を反映している可能性はあるが，重大な非回答バイアスはないといえる。本章の研究の分析に際しては，分析に必要な質問項目に欠損値のあるデータはすべて除去し，121社を最終サンプルとして用いる（**図表5-1**）。

[図表5-1] 質問調査票の回収結果

業　種	発送数	有効回答数・率		分析用サンプル数
食　料　品	69	13	18.8%	12
繊　　　維	41	4	9.8%	4
パルプ・紙	11	2	18.2%	2
化　　　学	128	18	14.1%	15
医　薬　品	38	5	13.2%	5
石油・石炭	11	1	9.1%	1
ゴ　　　ム	11	2	18.2%	2
ガラス・土石	33	4	12.1%	4
鉄　　　鋼	32	4	12.5%	4
非鉄金属	24	4	16.7%	4
金　　　属	37	8	21.6%	7
機　　　械	120	12	10.0%	12
電気機器	154	27	17.5%	27
輸送用機器	62	16	25.8%	13
精密機器	28	2	7.1%	2
その他製品	48	8	16.7%	7
合　計	847	130	15.3%	121

3.2　変数の測定と操作化

　まず,「探索」と「深化」の測定はHe and Wong (2004) などを参考に質問項目を設定した。これらの概念の測定に関して,多くの研究で共通して利用されるような確立した尺度は見当たらず (Birkinshaw and Gupta, 2013；O'Reilly and Tushman, 2013),マネジメントコントロールに関する研究であるYlinen and Gullkvist (2012) でも利用されているHe and Wong (2004) を参考にした。

　「探索」と「深化」に関する6個の質問項目について探索的因子分析を実施した結果,1個の質問項目がいずれの因子にも高い因子負荷量を示さなかったため,その質問項目を除き再度分析を行った。その結果,固有値1以上の因子を2つ抽出した (**図表5-2**)。

　第1因子は,革新性の重視,新市場・技術・製品を優先・重視する傾向を示しており,潜在因子として想定していた新しい知識を追求しようとする「探索」

[図表5-2] 探索と深化に関する探索的因子分析の結果

質問項目	平均値	標準偏差	「探索」	「深化」
従業員が革新的でリスクを恐れないことを奨励している	4.36	1.32	**.783**	.144
新市場への参入や開拓を重視している	4.26	1.33	**.672**	-.109
新技術や新製品の開発に優先的に資源配分される	4.27	1.21	**.662**	-.036
従業員は原価、品質、機能性などの複数目標の同時達成を自発的に志向している	4.63	1.10	-.089	**.835**
日常的・継続的に改善活動が行われている	5.18	1.10	.051	**.675**
因子間相関		「探索」	1	
		「深化」	.405	1
クロンバックのα			.741	.712

(注) 主因子法、プロマックス回転による。因子負荷量0.6以上を太字とした。
　　各質問項目は「1　全くそうではない」−「4　ある程度そのとおり」−「7　全くそのとおり」の7点尺度で測定した。

因子との関連性が高いと考えられる。第2因子は、相互に関連する複数目標の同時達成や改善活動に関する得点が高く、既存の知識を活用しようとする「深化」因子との関連性が高いと考えられる。変数の操作化にあたり、各潜在因子（構成概念）に高い因子負荷量を示した質問項目の平均値を尺度得点とした。クロンバックのαはすべて0.7以上であり、尺度の内的一貫性は許容範囲内にあるといえる（Hair et al., 1998）[3]。

つぎに、「両利きの経営」は、He and Wong（2004）など参考にして、「探索」と「深化」の積で測定した[4]。

つづいて、日本的管理会計行動の測定は、吉田ほか（2011）に依拠した。12個の質問項目について探索的因子分析を実施した結果、固有値1以上の因子を4つ抽出した（**図表5-3**）。第1因子は、金銭的報酬と事業業績との関連性を示しており「業績・報酬リンク」と名づけた。第2因子は、設計・開発や製造現場に会計情報が適切に開示・利用される状況を示しており「オープンブックマネジメ

---

[3] クロンバックのα係数のあるべき水準については、統計学的根拠に基づくというよりも経験則による0.7以上の目安が広く知られているに過ぎない（Cho and Kim 2015）。

[4] Birkinshaw and Gupta（2013）によれば、「両利きの経営」を積で測定している研究が最も多い。He and Wong（2004）など、積に加え絶対値の差でも測定している研究もいくつかある。

[図表 5-3] 日本的管理会計行動に関する探索的因子分析の結果

質問項目	平均値	標準偏差	「業績・報酬リンク」	「オープンブックマネジメント」	「ゼロディフェクト志向」	「計数管理」
事業単位のミドルマネジャー（課長レベル）	4.27	1.19	**.959**	-.043	-.042	.067
事業単位のロワーマネジャー（係長レベル）	3.60	1.23	**.905**	.028	.002	-.066
事業単位の一般従業員	3.38	1.25	**.801**	.057	-.019	-.105
事業単位の長	4.79	1.32	**.702**	-.040	.076	.082
製造現場への会計情報の開示には,タイミングとわかりやすさを重視している	4.26	1.32	-.073	**.908**	.021	-.116
開発・設計現場への会計情報の開示には,タイミングとわかりやすさを重視している	3.99	1.30	-.052	**.834**	-.031	-.059
製造現場に開示された会計情報をアイデア創発や業務改善に利用している	3.49	1.39	.054	**.704**	.038	.099
開発・設計現場に開示された会計情報をアイデア創発や業務改善に利用している	3.18	1.25	.110	**.702**	.003	.128
開発・設計段階における顧客要求の実現	3.97	1.43	-.079	.029	**.902**	.061
製造段階における製品品質の向上・維持	4.04	1.51	.097	-.006	**.813**	-.017
実際原価情報による管理	5.21	1.46	-.022	.060	-.181	**.775**
物量情報（作業時間，品質など）による管理	4.69	1.63	.002	-.051	.185	**.678**

因子間相関					
「業績・報酬リンク」	1			
「オープンブックマネジメント」	.294	1		
「ゼロディフェクト志向」	.047	.128	1	
「計数管理」	-.039	.340	-.136	1

クロンバックのα	.902	.871	.839	.674

（注）主因子法，プロマックス回転による。因子負荷量0.6以上を太字とした。なお，業績・報酬リンクに関する質問文は「事業業績は次の職位の方の金銭的報酬とどの程度関連していますか」であり，「1 全く関係がない」-「4 ある程度連動している」-「7 完全に連動している」の7点尺度で測定した，オープンブックマネジメントについては「1 全くそうではない」-「4 ある程度そのとおり」-「7 全くそのとおり」，ゼロディフェクト志向については「1 費用対 効果を重視する」-「4 どちらともいえない」-「7 費用は惜しまない」，計数管理については「1 全く利用していない」-「4 ある程度利用している」-「7 全般的に利用している」の7点尺度で測定した。

ント」と名づけた。第3因子は，設計・開発や製造段階において費用を惜しまずに高品質を追求する傾向を示しており「ゼロディフェクト志向」と名づけた。第4因子は，実際原価情報や物量情報を用いた原価管理の重視度を示しており「計数管理」と名づけた。変数の操作化にあたり，各潜在因子（構成概念）に高い因子負荷量を示した質問項目の平均値を尺度得点とした。クロンバックのαは「計数管理」を除き0.7以上であり，尺度の内的一貫性は許容範囲内にあるといえる[5]。

また，コントロール変数として，日本的管理会計行動に影響を与える可能性のある「意思決定環境の複雑性」と「不確実性」，「規模」を設定した。「意思決定環境の複雑性」と「不確実性」については，日本企業を対象にした調査で多く使われてきた谷(1987)に依拠して測定を行った。本章の研究では複雑性と不確実性ともに3つの次元を想定し，それぞれ1つの計6個の質問項目を設定した。その平均値と標準偏差を**図表5-4**に示した。「規模」については，売上高を自然対数変換し変数の操作化を行った。

［図表5-4］意思決定環境の複雑性・不確実性に関する平均値と標準偏差

質問項目	平均値	標準偏差
複雑性（市場多様性）：製品市場の多様性はどの程度ですか （「1　極めて同質的（単一市場・類似の顧客）」－「7　極めて異質（非常に多様な市場・顧客）」）	3.74	1.60
複雑性（技術多様性）：競合他社との技術（設備，ノウハウを含む）の共通性はどの程度ですか （「1　ほとんど共通」－「7　ほとんど共通性はない」）	3.46	1.25
複雑性（販売多様性）：販売促進手段の多様性はどの程度ですか （「1　極めて低い（たとえば価格のみ）」－「7　極めて高い（価格，広告，リベートなど）」）	3.84	1.44
不確実性（市場競争性）：製品市場の競争性はどの程度ですか （「1　競争意識は全くなく相互依存的」－「7　極めて競争的で破壊的」）	5.06	1.01
不確実性（開発頻度）：新製品・技術の開発頻度はどの程度ですか （「1　極めて少ない」－「7　極めて高い」）	4.56	1.39
不確実性（需要予測）：製品の需要予測の正確性はどの程度ですか （「1　極めて正確に予測できる」－「7　全く予測できない」）	3.83	1.16

（注）　各質問項目はカッコ内に記載した7点尺度で測定した。

5　第4因子「計数管理」についてクロンバックのα係数が0.7を少し下回るが，本章の研究のような探索的分析の場合は0.6以上でも許容されるという主張もあるため（Hair et al. 1998），尺度の内的一貫性に決定的な問題はないと考え，分析を進めた。

なお，分析に用いた主な変数の平均値と標準偏差，変数間の相関係数を**図表5-5**に示した。

[図表5-5] 分析に用いた主な変数の平均値と標準偏差と変数間の相関係数

	変数	平均値	標準偏差	1	2	3	4	5
1	業績・報酬リンク	4.01	1.10	1				
2	オープンブックマネジメント	3.73	1.12	.268**	1			
3	ゼロディフェクト志向	4.00	1.37	.063	.138	1		
4	計数管理	4.95	1.34	−.043	.268**	−.069	1	
5	探索	4.30	1.05	.323**	.197*	.221*	.260**	1
6	深化	4.67	0.82	.115	.315**	.071	.347**	.283**

（注1） Pearsonの積率相関係数。
（注2） ** : $p < .01$，* : $p < .05$（両側）。

3.3 分析方法

従属変数を4つの日本的管理会計行動（**図表5-3**）のそれぞれとする4通りの階層的重回帰分析を実施した。独立変数は，コントロール変数のみ（モデル1），モデル1に「探索」と「深化」の変数の追加（モデル2），モデル2に「両利きの経営」の変数の追加（モデル3）という3通りの分析を実施した。なお，Cohen et al. (2002) に基づき，モデル3の解釈を容易にし，多重共線性の問題を最小化するため，すべての独立変数を平均値がゼロになるように中心化した。

4 ■分析結果と考察

4.1 「業績・報酬リンク」を従属変数とした階層的重回帰分析の結果と考察

まず，「業績・報酬リンク」を従属変数とした階層的重回帰分析の結果，「業績・報酬リンク」に対する「複雑性（技術多様性）」の負の影響および「探索」の正の影響を確認した（**図表5-6**）。

分析結果から，探索を志向する組織ほど，業績・報酬リンクが高まることが

第5章 探索と深化が管理会計行動に与える影響　125

[図表5-6] 業績・報酬リンクを従属変数とした階層的重回帰分析の結果

変数	モデル1 B	モデル1 95% CI	モデル2 B	モデル2 95% CI	モデル3 B	モデル3 95% CI
定　　　　数	4.010**	[3.816, 4.205]	4.010**	[3.821, 4.200]	4.019**	[3.822, 4.216]
複雑性（市場多様性）	.093	[-.049, .234]	.078	[-.061, .217]	.082	[-.059, .223]
複雑性（技術多様性）	-.185†	[-.370, .000]	-.188*	[-.370, .007]	-.189*	[-.371, -.007]
複雑性（販促多様性）	.028	[-.122, .177]	.008	[-.139, .155]	.010	[-.138, .158]
不確実性（市場競争性）	-.026	[-.246, .195]	-.036	[-.252, .179]	-.035	[-.252, .181]
不確実性（開発頻度）	.181†	[-.001, .364]	.088	[-.102, .279]	.088	[-.104, .279]
不確実性（需要予測）	.071	[-.108, .250]	.031	[-.147, .209]	.024	[-.158, .207]
規　　　　模	-.020	[-.166, .126]	-.035	[-.180, .111]	-.035	[-.181, .111]
探　　　　索			.297*	[.067, .527]	.300*	[.068, .532]
深　　　　化			.030	[-.182, .243]	.036	[-.180, .251]
両利きの経営					-.032	[-.208, .145]
決　定　係　数	.086		.145		.146	
F	1.518		2.087*		1.876†	
自由度調整済決定係数	.029		.075		0.068	
決定係数の変化量	.086		.059*		.001	

（注1）　B：非標準化偏回帰係数，CI：信頼区間，以下の図表も同様。
（注2）　**：$p<0.01$，*：$p<0.05$，†：$p<0.1$（両側），以下の図表も同様。
（注3）　モデルに投入済みの独立変数のVIF（Variance Inflation Factor）の値は，すべて2未満である。以下の図表も同様。

示された。選択と集中による探索には，プロセスコントロールではなく結果責任ともいえる業績・報酬リンクが適合的だと考える管理会計行動が推察される。

　また，意思決定環境の影響について，複雑性（技術多様性）が低いほど業績・報酬リンクが高まるという結果を得たが，その他の5つの環境要因の影響は確認できなかった。

4.2　「オープンブックマネジメント」を従属変数とした階層的重回帰分析の結果と考察

　つぎに，「オープンブックマネジメント」を従属変数とした階層的重回帰分析の結果，「オープンブックマネジメント」に対する「不確実性（市場競争性，開発頻度）」および「深化」，「両利きの経営」の正の影響を示唆・確認した（**図表5-7**）。

[図表5-7] オープンブックマネジメントを従属変数とした階層的重回帰分析の結果

変数	モデル1		モデル2		モデル3	
	B	95% CI	B	95% CI	B	95% CI
定　　　　　数	3.729**	[3.531, 3.927]	3.729**	[3.537, 3.921]	3.684**	[3.487, 3.880]
複雑性（市場多様性）	.000	[-.144, .144]	.008	[-.132, .148]	-.012	[-.153, .129]
複雑性（技術多様性）	-.056	[-.245, .132]	-.038	[-.221, .146]	-.034	[-.216, .148]
複雑性（販促多様性）	-.011	[-.163, .142]	-.011	[-.159, .138]	-.021	[-.168, .127]
不確実性（市場競争性）	-.221†	[-.446, .003]	-.215†	[-.433, .003]	-.220*	[-.436, -.004]
不確実性（開発頻度）	.215*	[.029, .401]	.169†	[-.024, .361]	.172†	[-.019, .363]
不確実性（需要予測）	.038	[-.145, .221]	.031	[-.149, .211]	.064	[-.118, .246]
規　　　　　模	.115	[-.034, .263]	.068	[-.079, .216]	.071	[-.075, .217]
探　　　　　索			.056	[-.177, .288]	.039	[-.192, .270]
深　　　　　化			.304**	[.089, .519]	.278*	[.063, .493]
両 利 き の 経 営					.159†	[-.016, .335]
決　定　係　数	.088		.160		.184	
F	1.558		2.356*		2.486**	
自由度調整済決定係数	.032		.092		.110	
決 定 係 数 の 変 化 量	.088		.072*		.024	

　分析結果から，深化を志向するほど，オープンブックマネジメントが推進されることを確認した。日常的・漸進的な深化を志向する組織では，会計・定量情報の適時・適切な現場開示が行われており，開示された会計情報が現場での意思決定・問題解決を支援している可能性が示された。つまり，これまでは自主的・継続的改善活動であるTQCやJITのもとでは，会計情報の役割は相対的に低いと考えられてきたが（岡野，1995；壽永・野中，1995；Okano and Suzuki, 2007），それとは異なり，管理会計によるコントロールが日常的改善活動に利用されていることが推察される。

　加えて，両利きの経営志向もオープンブックマネジメントを推進することが示唆された。まだ実態としては十分ではないのかもしれないが，探索と深化の両立を志向する組織において，オープンブックマネジメントを1つの手段として積極的に活用する傾向があるのかもしれない。

　また，意思決定環境の影響について，不確実性（市場競争性，開発頻度）が高いほどオープンブックマネジメントが推進される傾向が示唆・確認されたことは，不確実性に対応するため現場への権限委譲が進むだけでなく，組織メンバー

に開示された会計情報が現場主義的な改善活動にも利用されている姿が推察される。

4.3 「計数管理」を従属変数とした階層的重回帰分析の結果と考察

つづいて，「計数管理」を従属変数とした階層的重回帰分析の結果，「計数管理」に対する「深化」の正の影響を確認した（**図表5-8**）。

［図表5-8］計数管理を従属変数とした階層的重回帰分析の結果

変数	モデル1		モデル2		モデル3	
	B	95% CI	B	95% CI	B	95% CI
定　　　　数	4.954**	[4.712, 5.195]	4.954**	[4.725, 5.182]	4.967**	[4.730, 5.204]
複雑性（市場多様性）	.076	[-.099, .252]	.081	[-.086, .248]	.087	[-.083, .257]
複雑性（技術多様性）	-.114	[-.345, .116]	-.091	[-.310, .127]	-.092	[-.312, .127]
複雑性（販促多様性）	.089	[-.097, .274]	.081	[-.095, .258]	.084	[-.094, .262]
不確実性（市場競争性）	-.082	[-.356, .192]	-.077	[-.337, .183]	-.075	[-.336, .185]
不確実性（開発頻度）	.150	[-.078, .377]	.054	[-.175, .284]	.053	[-.177, .284]
不確実性（需要予測）	-.044	[-.267, .179]	-.068	[-.282, .147]	-.077	[-.297, .142]
規　　　　模	.075	[-.107, .256]	.009	[-.166, .184]	.008	[-.168, .184]
探　　　　索			.184	[-.093, .461]	.189	[-.090, .468]
深　　　　化			.410**	[.153, .666]	.417**	[.158, .677]
両利きの経営					-.047	[-.259, .165]
決　定　係　数	.061		.175		.177	
F	1.052		2.619**		2.359*	
自由度調整済決定係数	.003		.108		.102	
決定係数の変化量	.061		.114**		.001	

分析結果から，深化を志向するほど，計数管理が推進されることを確認した。日常的・漸進的な深化を志向する組織では，実際原価や物量情報を用いたマネジメントを行うことによって，現場での意思決定・問題解決を支援している可能性が示された。つまり，日常的改善活動において管理会計的コントロールが利用されている姿が推察される。

4.4 「ゼロディフェクト志向」を従属変数とした階層的重回帰分析の結果と考察

最後に,「ゼロディフェクト志向」を従属変数とする階層的重回帰分析の結果,規模の影響のみを示唆する結果しか得られなかった(たとえばモデル1において,$B=.178, p=.055, 95\%\text{CI}\,[-.004, .360]$)ため,詳細は割愛する。

4.5　4つの分析結果の総合的考察

以上のとおり,従属変数である4つの日本的管理会計行動への(知の)探索と深化,両利きの経営の影響について考察してきたが,これらを総合すると,2つの特徴的な発見があった。

1つは探索と日本的管理会計行動との関係である。業績・報酬リンクへの正の影響を確認したが,オープンブックマネジメントやゼロディフェクト志向,計数管理への影響は確認できなかった。つまり,探索には,情報システムやコストマネジメントとの関係は見出せず,マネジメントコントロールとの関係性が確認できた。本章の研究は予備的研究であるため,今後は,対象とするマネジメントコントロールの範囲を拡げた分析フレームワークの設計が必要であろう。

もう1つは深化と日本的管理会計行動との関係である。業績・報酬リンクやゼロディフェクト志向では関係は確認されず,オープンブックマネジメントと計数管理への正の影響を確認したことは興味深い。分析結果は,複数目標間のトレードオフの解消や日常的・継続的改善活動といった深化を志向する組織ほど,会計情報を積極的に活用しようとしていることを示している。つまり,業績・報酬リンクのような結果コントロールでなく,オープンブックマネジメントや計数管理のような意思決定やプロセスコントロールにおいて会計情報が利用されている姿である。

残念ながら,両利きの経営と日本的管理会計行動との関係については,オープンブックマネジメントへの影響が示唆されたのみであった。また,品質重視を示すゼロディフェクト志向への顕著な影響も確認することはできなかった。

5 ■ 小　　括

　本章の研究では,「企業の探索と深化, 両利きの経営（探索と深化の同時追求）が日本的管理会計行動を促進する」という仮説を探索的に検証するため, 東証一部上場製造業に対する郵送質問票調査を実施し, 前節のとおり, 予備的分析・考察を行った。

　分析結果から確認された関係性は総じて弱いものであり, 特に両利きの経営の明確な影響は確認できず, 仮説は部分的に支持されたに過ぎない。しかしながら, 少なくとも部分的な影響・関係性を示唆・確認したことは, 本章の研究の重要な貢献である。

　また予備的分析であるとはいえ, 両利きの経営という視座も踏まえた本章の研究は, 日本的管理会計とイノベーション・改善の関係を探求する上で, 二項対立ではない新たな分析眼といくつかの初期の分析結果を得たことも貢献の1つであろう。これらの発見事項についてはさらに掘り下げた研究が求められる。

　以上のような貢献があるとはいえ, 本章の研究には少なくともつぎの3つの限界がある。

　第1に, 日本的管理会計に関する測定尺度の問題である。本章の研究は予備的分析であるため, 4つの日本的管理会計行動それぞれについて個別に変数を測定している。しかし, 日本的管理会計は本来この4つを包含する概念として測定すべきものであるかもしれない。この点については, 管理会計実務に基づき定義された概念は, 反映的（reflective）な尺度ではなく形成的（formative）な尺度で測定すべきという主張（Bisbe et al., 2007）も踏まえ, 今後検討すべき課題である。

　第2に, 探索と深化, 両利きの経営に関する測定尺度の問題である。この点は前述のとおり, 確立した尺度はなく, 先行研究の測定方法も多様であるため, 継続的に検討すべき課題である。さらに, 本章の研究では日本的管理会計という従属変数, 探索と深化, 両利きの経営という変数ともに同一の回答者による質問票に基づき測定しているため, 共通方法バイアスが生じている可能性もあり, その点も改善の余地がある（Podsakoff et al., 2003）。

第3に，分析対象の問題である。本章の分析では，東証一部上場製造業全体を分析対象としたが，高業績企業群と低業績企業群間，産業・製品特性に基づく業種間の比較など分析対象をグループ分けすることで，異なる発見があるかもしれない。

第6章

予算管理の類型と探索・深化との関係性

　本章は実証研究編の3つめの研究報告である。日本企業における表層的な管理会計手法・情報の利用実態の深層を掘り下げるため，前章に引き続き（知の）探索（exploration）と深化（exploitation）の両立を目指す経営に焦点を当て，予算管理との関係性を探る。

1 ■はじめに

　予算管理はマネジメントコントロール・システムの中心であるが，常に批判を受けてきた（李ほか, 2010；Hansen et al., 2003）。一方，現実にはほとんどの企業が予算管理を行っており，ある程度の効果を認識している（Libby and Lindsay, 2010）。加えて，予算管理は（知の）探索（exploration）・深化（exploitation）という企業が競争優位を獲得するうえで重要な2つの組織学習と関連することが明らかになっている（福田, 2015；Bedford, 2015；前章）。

　ただし，予算管理の特徴はいくつかに類型化できるため，その違いに応じて効果が異なる（Hansen and Van der Stede, 2004；Sponem and Lambert, 2016）。また，日本企業には他国とは異なる「日本的」予算管理が存在するという主張があり（李ほか, 2012），独特の類型が示される可能性がある。

　しかし，日本企業の予算管理を実証的に類型化した研究はほとんどない。このような類型化は，複雑な日本企業の予算管理実務の適切な記述に役立つ。また，予算管理が探索・深化という組織学習と関連するとしても，これらの類型に応じて，その程度は異なるはずである。

　以上のことから，本章では次の2つのリサーチ・クエスチョン（RQ）を設定

する。

> RQ1：一般的な日本企業の予算管理はどのように実証的に類型化できるのか。
> RQ2：これらの類型が，探索・深化という組織学習とどのように関連しているのか。

本章の研究は，この2つのRQについて，郵送質問票調査データに基づく予備的な分析・考察を行う。

2 ■先行研究

2.1 予算管理の類型

近年，マネジメントコントロール・システムを相互に関連するコントロール手段のパッケージとしてとらえることへの研究関心が高まっている（Malmi and Brown, 2008）。これまで，一般的な企業において，どのようなコントロール手段の結びつきの類型があるのかは必ずしも明らかではなかった。Bedford and Malmi（2015）は，会計やその他のコントロール手段がどのように結びついているのかに注目するコンフィギュレーショナル・アプローチ1を用いて，それがコンテクスト要因とどう関連するのかを実証的に考察した。彼らは22個のコントロール手段の特徴を投入変数としたクラスター分析により，5つのコントロールの基本的類型（単純，結果，行動，先進，混成）を示し，環境，戦略，技術といったコンテクスト要因との関連を明らかにした。その中で，行動コントロールと混成コントロールという類型は，既存研究における類型とは異なる特徴を持っていた[2]。

同様の問題意識から，Sponem and Lambert（2016）は予算管理の基本的類型に

---

1 組織の「コンフィギュレーショナル・アプローチ」とは，組織をその多様な構成要素（技術や戦略，構造など）が一定の論理的整合性のもとにタイトに結びついた「社会システム」として理解しようとする研究群のことである。その最大の特徴は，このような社会システムの基本的類型（コンフィギュレーション）を提示することにある（石坂，2005，1頁；Bedford and Malmi, 2015, p.3）。

焦点を当てた。すなわち，さまざまな予算管理の特徴がどのように結びつき，それが予算の役割や満足度とどう関連するのかを実証的に考察した。彼らは11個の予算管理の特徴を投入変数としたクラスター分析により，予算管理の類型化を行った。その結果，「ヤードスティック予算」，「強制的 (coercive) 予算」，「インタラクティブ予算」，「ルースな予算」，「目安としての (indicative) 予算」という5つの類型を明らかにした[3]。

以下，時間軸に沿った事前統制，期中統制，事後統制の重視度という観点から，これら5つの類型の特徴をまとめる[4]。その理由は，「日本的」予算管理の特徴を分析した李ほか (2012) など，いくつかの予算管理に関する先行研究もこの時間軸による分類を用いているためである。

第1に，「ヤードスティック予算」は予算編成へのマネジャーの参加，予算プロセスにおけるシニア・マネジメントの関与の程度が高く，予算修正は稀であるため，事前・期中統制重視と解釈できる。

第2に，ともに予算と業績評価・報酬とのリンクが強い類型のうち，「強制的予算」は事後統制のみを重視しているのに対し，「インタラクティブ予算」は予

---

[2] 「行動コントロール」は，伝統的な官僚的コントロールという類型と類似しているが，それを不確実でダイナミックな環境に適応させるため，会計情報以外の幅広い情報を活用するなど，より柔軟なかたちに発展したものである。「混成コントロール」は，官僚的コントロールや社会的 (socio-ideological) コントロールといった一見対立するようにみえる複数のコントロールが融合している類型である (Bedford and Malmi, 2015)。

[3] 「ヤードスティック予算」では，予算を現在と将来のギャップを埋めるための経営ツールとして，修正が稀なヤードスティック (ものさし) として用いる。「強制的予算」では，予算を，評価や報酬決定のツールとして特に利用しており，数値による管理を行っている。「インタラクティブ予算」では，後述のとおり予算を基本的にはSimons (1995) のいうインタラクティブ・コントロール・システムとして用いている。「ルースな予算」では，予算はマネジャーの参加度は高いが最も非公式的なかたちで編成され，期中の差異分析はあまり行われず，業績評価や報酬決定のためにはほとんど用いられない。「目安としての予算」では，予算を調整や統制のためではなく目安として用いている (Sponem and Lambert, 2016)。

[4] Sponem and Lambert (2016) は予算管理実務について，先行研究で確立されたものを用いるだけではなく，管理会計担当者に対し定性調査手法であるフォーカス・グループも行うことによって，11個の特徴を概念化した。彼らもこれらの特徴を事前，期中，事後という時間軸で分けている。具体的には，①事前段階は，予算編成への参加，予算交渉におけるアクション・プランの重要性，予算目標の達成の難易度，②期中段階は，差異分析の重視度，予算修正，予測の見直し，③事後段階は，予算に基づく業績評価，予算に基づく報酬，加えて，④時間横断的な特徴として，シニア・マネジメントの関与，予算の詳細性，予算の公式化の程度を挙げている。

算編成へのマネジャーの参加，予算プロセスにおけるシニア・マネジメントの関与といった事前・期中統制も重視している。ただし，目標の難易度は低く，予算修正の程度は平均的である。このインタラクティブ予算は，Simons（1995）のインタラクティブ・コントロール・システムと類似するが，インタラクティブ・コントロール・システムでは報酬とのリンクは強調されない。

　第3に，ともに予算と業績評価・報酬とのリンクが弱い類型のうち，「ルースな予算」は予算編成へのマネジャーの参加度は高いが，予算プロセスにおけるシニア・マネジメントの関与は低く，予算を頻繁に修正するため，事前統制重視と解釈できる。「目安としての予算」はほぼすべての予算管理の特徴が低水準であり，統制のために予算を利用していないと解釈できる。予算への満足度はインタラクティブ予算が最も高く，目安としての予算が最も低い。

　このようなSponem and Lambert（2016）が明らかにした5つの類型は，その分析対象であるフランス企業の特徴を示している可能性もあり，日本企業の予算管理でも同様の類型になるとは限らない。また，彼らは予算管理の類型とコンテクスト要因との関連は明らかにしていない。

2.2　「日本的」予算管理

　日本企業には海外企業とは異なる「日本的」予算管理が存在すると主張される（李ほか，2012）。本項では李ほか（2010, 2012）を参考に，近年の実態調査の結果も踏まえ，前項で示した事前統制，期中統制，事後統制について，日本企業の予算管理の特徴を整理する。

　まず，事前統制の時間軸に沿って，第1に，日本企業では参加型予算が機能しているとされる（李ほか，2012）。岸田（2013）の調査では，部門管理者・部下ともに予算参加の程度が高かった。第2に，日本企業の予算スラック[5]は低水準とされる（上埜，1997）。李ほか（2012）はこの点に特に着目し，4社の日本企業の比較事例研究を実施し，挑戦的目標を維持するための各社の仕組みを明らかにした。第3に，海外企業と同様に，戦略と予算目標のリンクが弱いという批判（Hansen et al., 2003）が当てはまる可能性がある。清水（2013）はBSC（Balanced

---

　5　予算スラックとは，「「正直に見積もられた予算数字」と余裕を中に含む「提出された予算数字」との差」（上埜，1997, 28頁）と説明される。

Scorecard：バランスト・スコアカード）と予算とをリンクさせることの有効性を指摘しているが，BSCを導入している日本企業は少ない（吉田ほか，2012）。

つぎに，期中統制について，第1に，多くの海外企業で実施している予算修正が，日本企業ではより一般的な可能性がある。たとえば，横田ほか（2013）の調査によると，「当初予算は固定され，期中には全く修正しない」と回答した企業は2割弱である[6]。一方，北米のビジネスユニットを調査対象としたLibby and Lindsay（2010）の調査では，「予算は固定され，修正されない」という回答が半数程度ある。第2に，日本企業では予算編成において垂直的なインタラクション（上司・部下間の対話による情報収集・指示の修正など）が多く，予算管理をインタラクティブ・コントロール・システムとして用いている可能性が示唆されていたが（小林，1990），李ほか（2012）は期中統制でもインタラクションが多いことを明らかにした。岸田（2013）も，予算管理は診断的に利用されるより，インタラクティブ・コントロール・システムとして利用される程度が高いことを示している。

最後に，事後統制について，伝統的な日本企業の予算管理では，その業績と金銭的報酬のリンクが弱いとされてきた（浅田，1997）。ただし，近年の成果主義の進展を受け，この傾向の変化も示唆されている（李ほか，2010）。

しかし，すべての日本企業が同質的な予算管理の特徴をもっているとは考えにくい。また，それぞれの特徴が相互に結びついている可能性もある。そのため，日本企業の予算管理について類型化する意義は大きいと考えている。

2.3　探索・深化との関連

日本企業の予算管理を類型化した場合，その類型に応じて組織コンテクストに相違がある可能性が高いと考えており，組織コンテクストとして，（知の）探索・深化という組織学習に着目する[7]。探索・深化はMarch（1991）によって提唱された概念であり，前者が新しい知識を追求する急進的な学習，後者が既存

6　ただし，7割程度の企業は不定期または定期的に「レビューし，必要に応じて修正」すると回答しているので，必ず予算を修正するとは限らない。
7　福田（2015）が指摘するように，マネジメントコントロール・システムと組織学習の関連を分析する研究では，組織学習を組織の学習志向ととらえることが多い。本章でも基本的には組織の学習志向に焦点を当てる。

の知識を活用する漸進的な学習である。

探索・深化に着目する理由は，第1に，予算管理やマネジメントコントロール・システムが組織学習・イノベーションに影響を与えることを明らかにした研究が増えてきているためである。たとえば，堀井（2015）は質的・量的研究から挑戦的目標と予算目標の固定化が組織学習や製品イノベーションに正の影響を与えうることを示している。第2に，組織学習・イノベーションに関する研究の中で，探索・深化および両者を同時に実行する両利きの経営（organizational ambidexterity）という概念が特に重視されているためである（O'Reilly and Tushman, 2013；前章）。

近年，この探索・深化と予算管理8との関連を示す研究が増えてきている。たとえば，福田（2015）は探索的学習志向の事業部は予算の達成可能性の知覚が高くなる傾向があること，インタラクティブ・コントロール・システムとして予算を利用することが一部の組織学習の成果と関連があることを示した。また，Bedford（2015）はSimons（1995）のフレームワークを用いて，探索的イノベーションを志向する企業ではインタラクティブ・コントロール・システム，深化的イノベーションを志向する企業では診断的コントロール・システム，両利きの経営を志向する企業では両者を同時に活用することが業績に正の影響を与えることを示した。加えて，前章では探索・深化が4つの日本的管理会計行動に与える影響を分析し，予算管理と関係する分析結果としては，探索を志向する企業ほど業績・報酬リンクが高いことを明らかにした。

3 ■リサーチ・デザイン

3.1　調査方法

第1節で掲げたRQに取り組むため，第1章で報告した郵送質問票調査データを利用する。調査は，2014年1月14日に東証一部上場企業1,752社（2013年10月末

8　後述する福田（2015）とBedford（2015）は，マネジメントコントロール・システムと探索・深化との関連を分析しており，マネジメントコントロール・システムの中に予算管理が含まれている。

時点）を対象に，2014年1月31日を回収期限とした。回収期限後も含めた最終的な有効回答会社数は247社（有効回答率14.1％）であった。

非回答バイアスについて，第1に，適合度検定の結果，回答企業の業種分布は東証一部上場企業の業種分布と適合していた（証券コード協議会の業種別分類の中分類）。第2に，回答・非回答企業の組織規模（連結売上高，連結従業員数）の差は，製造業の連結従業員数のみ回答企業の平均値が統計的に有意に高かった。以上のことから，重大な非回答バイアスはないといえる。本章の研究の分析に際しては，分析に必要な質問項目に欠損値のあるデータはすべて除去し，234社を最終サンプルとして用いる（**図表6-1**（図表1-1の再掲））。

[図表6-1] 質問票の回収結果

製造業				非製造業			
業　種	発送数	有効回答数/率		業　種	発送数	有効回答数/率	
食　料　品	69	13	18.8%	水産・農林	5	1	20.0%
繊　　　維	41	4	9.8%	鉱	7	0	0.0%
パルプ・紙	11	2	18.2%	建　　　設	96	17	17.7%
化　　　学	128	18	14.1%	電気・ガス	17	1	5.9%
医　薬　品	38	5	13.2%	陸　　　運	37	6	16.2%
石油・石炭	11	1	9.1%	海　　　運	9	1	11.1%
ゴ　　　ム	11	2	18.2%	空　　　運	3	2	66.7%
ガラス・土石	33	4	12.1%	倉庫・運輸関連	21	4	19.0%
鉄　　　鋼	32	4	12.5%	情報・通信	112	16	14.3%
非鉄金属	24	4	16.7%	卸　　　売	146	21	14.4%
金　　　属	37	8	21.6%	小　　　売	160	19	11.9%
機　　　械	120	12	10.0%	銀　　　行	85	6	7.1%
電気機器	154	27	17.5%	証券，商品先物取引	21	2	9.5%
輸送用機器	62	16	25.8%	保　　　険	6	1	16.7%
精密機器	28	2	7.1%	その他金融	22	4	18.2%
その他製品	48	8	16.7%	不　動　産	46	8	17.4%
				サービス	112	8	7.1%
合　　　計	847	130	15.3%	合　　　計	905	117	12.9%

3.2 変数の測定と操作化

まず，日本企業の予算管理を実証的に類型化するため，予算管理の特徴に関する質問項目から，Sponem and Lambert（2016）を参考に選択した12個の質問項目について，探索的因子分析を行った。その結果，2つの質問項目はどの因子にも高い因子負荷量を示さなかったが，後述するとおり重要な概念に関連するため，「予算目標の変更なし」，「戦略的予算編成」として変数化し，各1つの質

[図表6-2] 予算管理の特徴に関する探索的因子分析の結果

質問項目	質問項目	平均値	標準偏差	「予算編成の洗練度」	「対話型予算管理」	「具体的目標の個人への割り当て」
	予算や業務に関する手順・手続は明確である	5.31	1.19	**.87**	-.12	-.07
	予算（売上，利益，原価［費用］など）計画はきめ細かく設定されている	5.34	1.13	**.84**	-.11	.00
	予算目標の設定プロセスに，ミドルマネジャーは十分参加している	5.19	1.30	**.64**	.21	.04
	業務目標の設定プロセスに，ミドルマネジャーは十分参加している	5.19	1.28	**.57**	.10	-.07
	業務（納期，スペック，品質［新商品開発，営業］など）計画はきめ細かく設定されている	4.38	1.25	**.52**	.23	.13
	当初の予算目標と実績が乖離した場合，事業単位の上層部とミドルマネジャーの話し合いがもたれる	5.32	1.29	-.12	**1.05**	-.00
	事業単位の上層部は予算実施経過の報告を定期的に受け，ミドルマネジャーとの話し合いが定期的にもたれる	5.34	1.29	.03	**.84**	-.08
	状況変化に対応すべく，実行プランを継続的に見直す	4.93	1.34	.18	**.46**	.06
	具体的な業務目標が個人に割り当てられている	4.34	1.54	-.01	.00	**.97**
	具体的な予算目標が個人に割り当てられている	3.84	1.70	-.05	-.05	**.70**
因子間相関	「予算編成の洗練度」			1		
	「対話型予算管理」			.57	1	
	「具体的目標の個人への割り当て」			.45	.33	1

(注1)　因子分析は主因子法，プロマックス回転による。因子負荷量0.4以上を太字とした。
(注2)　製造業と非製造業への調査で質問項目が若干異なるため，非製造業の項目で異なる箇所は角カッコ内に記述した。
(注3)　各質問項目は「1　全くそうではない」-「4　ある程度そのとおり」-「7　全くそのとおり」の7点尺度で測定した。
(注4)　以上，**図表6-5**も同様である。

問項目で測定した。それらを除き，再度分析を行った結果，固有値1以上の因子を3つ抽出し，「予算編成の洗練度」，「対話型予算管理」，「具体的目標の個人への割り当て」と名づけた（**図表6-2**）。変数の操作化にあたっては，各因子に高い因子負荷量を示した項目の平均値を尺度得点とした。

つぎに，業績管理の特徴に関する質問項目から，「挑戦的業績目標」という変数を操作化するため，1つの質問項目を選択・測定した。加えて，予算管理の事後統制の側面をとらえるため，前章でも取り上げた「業績・報酬リンク」に関する4つの質問項目について，探索的因子分析を行った。その結果，固有値1以上の因子が1つだけ抽出された（**図表6-3**）ため，「業績・報酬リンク」とし，これら4つの質問項目の平均値を尺度得点とした。

[図表6-3] 業績・報酬リンクに関する探索的因子分析の結果

質問項目	平均値	標準偏差	「業績・報酬リンク」
事業単位のロワーマネジャー（係長レベル）	3.65	1.26	.95
事業単位のミドルマネジャー（課長レベル）	4.21	1.19	.93
事業単位の一般従業員	3.40	1.30	.83
事業単位の長	4.68	1.36	.66

（注1） 因子分析は主因子法による。因子負荷量0.4以上を太字とした。
（注2） 各質問項目は「事業業績は次の職位の方の金銭的報酬とどの程度関連していますか」という質問に対する「1 全く関係がない」－「4 ある程度連動している」－「7 完全に連動している」の7点尺度で測定した。

以上の結果，分析に用いる予算管理の特徴に関する変数は，**図表6-4**のとおりとなった。これらはSponem and Lambert（2016）の予算管理の特徴とある程度対応している9。前節で事前統制，期中統制，事後統制という分類軸で整理した日本企業の予算管理の特徴とも対応しており，第1に事前統制に関して，「予算編成の洗練度」は参加型予算，「挑戦的業績目標」は予算スラック，「戦略的予算編成」は戦略と予算目標のリンク，第2に期中統制に関して，「予算目標の変更なし」は予算修正，「対話型予算管理」はインタラクティブ・コントロール・

---

9 ただし，予算の詳細性と公式化の程度の一部の要素が，予算編成の洗練度や対話型予算管理に含まれていること，予算修正と予測の見直し，予算に基づく業績評価と報酬とを分けられていないことなど，相違点もある。

システム,第3に事後統制全般に,「具体的目標の個人への割り当て」と「業績・報酬リンク」が関連している。前述のとおり,「挑戦的業績目標」,「戦略的予算編成」,「予算目標の変更なし」は,各1つの質問項目で測定しているため,尺度の信頼性・妥当性に問題がないとはいえないが10。それ以外はクロンバックのαが0.7以上であり,尺度の内的一貫性に問題はないと考えている。

[図表6-4] 予算管理の特徴の変数に関する記述統計

	質問項目数	最小値	最大値	平均値	標準偏差	クロンバックのα
予算編成の洗練度	5	2	7	5.08	0.97	.85
挑戦的業績目標	1	1	7	3.55	1.39	N/A
戦略的予算編成	1	1	7	3.82	1.40	N/A
予算目標の変更なし	1	1	7	3.51	1.80	N/A
対話型予算管理	3	2	7	5.20	1.13	.83
具体的目標の個人への割り当て	2	1	7	4.09	1.47	.74
業績・報酬リンク	4	1	7	3.98	1.12	.90

(注)「挑戦的業績目標」は「業績目標は容易には達成できない挑戦的な水準である」,「予算目標の変更なし」は「状況変化にかかわらず,当初の予算目標は変更しない」という質問に対する「1 全くそうではない」−「4 ある程度そのとおり」−「7 全くそのとおり」の7点尺度,「戦略的予算編成」は「予算編成はどのように行われていますか」という質問に対する「1 前年度実績を前提に,新規事業分を積み上げる形で編成される」−「7 経営戦略の達成にむけて戦略的見地から重点的に資源配分が行われる」の7点尺度で測定した。

最後に,探索・深化について,前章同様に,He and Wong(2004)などを参考に6つの質問項目について探索的因子分析を行った結果,1つの質問項目がどちらの因子にも高い因子負荷量を示さなかったため,それを除き再度分析を行った。その結果,固有値1以上の因子を2つ抽出し「探索」・「深化」とした(**図表6-5**)。なお,前章でも説明したとおり,「探究」に高い因子負荷量を示した項目は,革新性・新市場を重視し,新技術・製品・サービスを優先する傾向,「深化」に高い因子負荷量を示した項目は,改善活動や従業員が複数目標の同時達成を志向する傾向を示している。変数の操作化にあたっては,各因子に高い因子負荷量を示した項目の平均値を尺度得点とした11。両者ともクロンバック

---

10 Sponem and Lambert(2016)でも,予算修正は1つの質問項目で測定されている。

のαは0.7以上であり，尺度の内的一貫性に問題はないと考えている。

[図表６−５] 探索と深化に関する探索的因子分析の結果

質問項目	平均値	標準偏差	「探索」	「深化」
従業員が革新的でリスクを恐れないことを奨励している	4.12	1.42	.81	.01
新市場への参入や開拓を重視している	3.75	1.30	.61	−.05
新技術や新製品［新商品・サービス］の開発に優先的に資源配分される	4.11	1.34	.60	.06
日常的・継続的に改善活動が行われている	4.74	1.23	.01	.79
従業員は原価［費用］，品質，機能性などの複数目標の同時達成を自発的に志向している	4.33	1.11	−.01	.77
因子間相関	「探索」		1	
	「深化」		.52	1
クロンバックのα			.71	.75

(注)　「新顧客ターゲット層ではなく，既存の顧客ターゲット層の満足度向上に重点を置いている」という質問項目は，どちらの因子にも高い因子負荷量を示さなかったため，分析から除外した。

3.3　分析方法

　まず，Bedford and Malmi（2015）やSponem and Lambert（2016）を参考に日本企業の予算管理を類型化するため，クラスター分析を実施する。その際，投入変数について分散分析と多重比較を行うことで，各クラスターを解釈する。つぎに，この予算管理の類型と探索・深化との関連を検討するため，同様に分散分析と多重比較を実施する。

11　前章では製造業のみを分析対象としたが，「業績・報酬リンク」と「探索」・「深化」の測定方法は全業種を対象とした本章と同じである。それでも探索的因子分析を行った理由は，本章が製造業だけではなく，非製造業の企業も含め分析対象を拡大しているためである。なお，分析結果はおおむね前章と同様であった。

4 ■分析結果と考察

4.1 日本企業の予算管理の類型

　日本企業の予算管理を類型化するため，前節で測定した「予算編成の洗練度」，「挑戦的業績目標」，「戦略的予算編成」，「予算目標の変更なし」，「対話型予算管理」，「具体的目標の個人への割り当て」，「業績・報酬リンク」という7つの予算管理の特徴を投入変数とし，階層的クラスター分析（Ward法）を実施した。分析にあたって，投入変数は標準化している。分析結果のデンドログラムを参照し，最終的なクラスター数を3つに決定した[12]。その後，投入変数について，一元配置の分散分析と多重比較（Tukey-Kramer法）を行った。これらの結果は**図表6-6**のとおりである。なお，本章の統計分析では有意水準を5％とする。

　クラスター1（C1）は「挑戦的業績目標」と「予算目標の変更なし」の値が最も低いという顕著な特徴があり，達成可能な水準の業績目標を維持し，当初の予算目標を弾力的に変更していると考えられるため，「弾力的予算管理」と名づけた。加えて，「予算編成の洗練度」や「対話型予算管理」の値が高いことからも事前・期中統制を重視していると考えられる。クラスター2（C2）は「戦略的予算編成」以外の値が最も高いという顕著な特徴があり，事前・期中・事後統制すべてを重視していると考えられるため，「統制的予算管理」と名づけた。クラスター3（C3）は他の2つと比較し，多くの予算管理の特徴の値が低く，統制のために予算を利用していないと考えられるため，「非統制的予算管理」と名づけた。

　その結果，92社（39.3％）の企業が「弾力的予算管理」，95社（40.6％）が「統制的予算管理」，47社（20.1％）が「非統制的予算管理」というクラスターに分類された。なお，クラスター間に組織規模と業種の相違は確認されなかった[13]。

12　階層的クラスター分析のクラスター数を決定するための指標である疑似F統計量（Calinski and Harabasz, 1974）は，クラスター数2つのときが39.50で最も高く，3つのときの34.94は次に高い値である。しかし，クラスター数を2つにした場合，ほとんどの企業がクラスター1に含まれてしまうこと，クラスターの解釈が難しくなることから，クラスター数を3つに決定した。

第6章 予算管理の類型と探索・深化との関係性

[図表6-6] 日本企業の予算管理の類型の分析結果

	C1	C2	C3	分散分析		多重比較
	「弾力的予算管理」	「統制的予算管理」	「非統制的予算管理」	F	p	(Tukey-Kramer法)
予算編成の洗練度	5.23	5.54	<u>3.88</u>	79.66	.000	C2 > C1 > C3
挑戦的業績目標	<u>3.20</u>	3.95	3.45	7.39	.001	C2 > C1
戦略的予算編成	4.09	3.99	<u>2.96</u>	12.46	.000	C1, C2 > C3
予算目標の変更なし	<u>2.87</u>	4.01	3.77	10.79	.000	C2, C3 > C1
対話型予算管理	5.46	5.62	<u>3.82</u>	70.59	.000	C2, C1 > C3
具体的目標の個人への割り当て	3.23	5.35	<u>3.22</u>	116.32	.000	C2 > C1, C3
業績・報酬リンク	3.91	4.34	<u>3.41</u>	11.9	.000	C2 > C1 > C3
n	92	95	47			

(注1) 不等号は5％水準で統計的に有意であることを示す。図表6-7も同様。
(注2) 最低値に下線を引き，最高値は太字としている。図表6-7も同様。

以上の結果から，「RQ1：一般的な日本企業の予算管理はどのように実証的に類型化できるのか」について，Sponem and Lambert (2016) の類型と比較し，「日本的」予算管理について考察する。

第1に，弾力的予算管理はSponem and Lambert (2016) の類型のうちヤードスティック予算とルースな予算の特徴を組み合わせたような類型である。予算編成へのマネジャーの参加程度の高いこの2つの類型と同様に，弾力的予算管理は予算編成の洗練度が高い。一方，ヤードスティック予算とは予算を頻繁に修正すること，ルースな予算とは期中も対話型予算管理を重視していることが異なる。加えて，業績・報酬リンクが相対的に弱いことから，李ほか (2012) が主張する事前・期中統制が機能している「日本的」予算管理に近い類型にもみえる。しかし，予算を頻繁に修正することにより，予算目標が挑戦的目標になっていない点が異なると考えられる。

第2に，統制的予算管理はSponem and Lambert (2016) のインタラクティブ予算，非統制的予算管理は目安としての予算に近い類型になっている。前者は事

---

13 組織規模について，一元配置の分散分析を行った結果，連結売上高の平均値 (F (2, 231) =.169, p=.845)，連結従業員数の平均値 (F (2, 231) =.255, p=.775) ともに，クラスター間に統計的に有意な差はなかった。業種についても，独立性の検定（カイ二乗検定）を実施した結果 (χ^2 (62) =73.456, p=.151)，クラスターとの間に有意な関連は確認されなかった。

前・期中統制機能だけでなく，事後統制機能も重視しており，後者は統制のために予算を利用していないと考えられるため，両者ともに従来指摘されてきた「日本的」予算管理の特徴とは異なる点がある。なお，相対的に予算目標の難易度が高く固定的であるという統制的予算管理の特徴は，インタラクティブ予算とも異なっており，挑戦的目標を維持できていると考えられる[14]。

第3に，基本的には事後統制機能のみを重視するSponem and Lambert（2016）の強制的予算という類型は示されなかった。また，8割弱の企業が弾力的予算管理と統制的予算管理に分類されることから，「日本的」予算管理では事前・期中統制機能を重視することが多いといえる。その中でも具体的目標の個人への割り当てと業績・報酬リンク，すなわち事後統制機能を重視するか否かで二分されると解釈できるかもしれない。

4.2 探索・深化との関係性

前項で示した日本企業の予算管理の類型と探索・深化との関連を明らかにするため，図表6-7のとおり，前者を独立変数，後者を従属変数とした一元配置の分散分析と多重比較（Tukey-Kramer法）を行った。

[図表6-7] 探索・深化との関連の分析結果

	C1「弾力的予算管理」	C2「統制的予算管理」	C3「非統制的予算管理」	分散分析		多重比較（Tukey-Kramer法）
				F	p	
探索	3.95	4.34	3.38	13.77	.000	C2 > C1 > C3
深化	4.56	4.87	3.81	18.20	.000	C2, C1 > C3

分散分析の結果，日本企業の予算管理の類型と探索・深化には関連があることが示された。各類型の相違について，多重比較の結果，非統制的予算管理という類型は探索・深化の平均値が最も低く，他の類型の平均値との差は統計的に有意であった。一方，統制的予算管理という類型は探索・深化の平均値が最も高く，探索については，弾力的予算管理という類型の平均値との差が統計的

---

14 ただし，図表6-6に示すとおり，挑戦的業績目標も予算目標の変更なしも，他の類型と比べ相対的に高いとはいえ，7点尺度で平均値4点程度であることには注意されたい。

に有意であった。

以上の結果から，「RQ2：これらの類型が，探索・深化という組織学習とどのように関連しているのか」について，探索と深化の得点の高かった2つの類型（弾力的予算管理と統制的予算管理）と非統制的予算管理との比較，高得点の2つの類型である弾力的予算管理と統制的予算管理との比較を通じて考察する。

第1に，弾力的予算管理と統制的予算管理は，非統制的予算管理よりも，探索・深化の平均値が統計的に有意に高い。そのため，探索と深化のどちらの組織学習を志向するうえでも，洗練された予算編成を行い，臨時的にも定期的にも対話するというように，予算管理の事前・期中の統制機能を重視することは効果的であると考えられる。

第2に，弾力的予算管理と統制的予算管理を比較すると，統制的予算管理のほうが探索の平均値が統計的に有意に高い。先行研究でも，探索という組織学習を志向するためには，挑戦的目標の維持（堀井，2015），インタラクティブ・コントロール・システムとしての利用（Bedford, 2015），業績・報酬リンクの強化（前章）といった予算管理の特徴が効果的であると示唆されている。本章では個別の特徴の影響ではなく，これらのさまざまな予算管理の特徴が結びつく統制的予算管理という類型と探索との関連を示したことに価値がある。Sponem and Lambert（2016）はインタラクティブ予算において，事前・期中統制を重視することで，事後統制としての予算に基づく業績評価や報酬が適切なものと認められると主張している。統制的予算管理に分類される日本企業では，挑戦的目標を維持しつつ，予算管理の特徴がこのように結びつき，特に探索という組織学習を志向していると解釈できるかもしれない。

5 ■ 小　　括

本章では，フランス企業を対象に予算管理を類型化したSponem and Lambert（2016）を参考に，東証一部上場企業に対する郵送質問票調査の結果に基づき，同様の分析を行った。その結果，一般的な日本企業の予算管理を弾力的予算管理，統制的予算管理，非統制的予算管理の3つに類型化した。これらの類型は従来指摘されてきた「日本的」予算管理の特徴とは異なる点がある。また，探

索・深化という組織学習との関連も分析した結果，3つの類型のうち，統制的予算管理が特に探索志向であることが明らかになった。

　以上のような発見があるとはいえ，本章の研究には少なくともつぎの4つの限界がある。

　第1に，先行研究を参考にしているが，クラスター分析に用いた予算管理の特徴の変数について，信頼性・妥当性に問題がないとはいえない。特に，挑戦的業績目標，戦略的予算編成，予算目標の変更なしといった概念の尺度は，より信頼性・妥当性の高い尺度開発が必要である。

　第2に，上記の予算管理の特徴の変数に相違点があるなど，Sponem and Lambert（2016）と完全に同じ分析方法を用いたわけではない。そのため，分析結果が日本とフランスの違いによるものなのか，分析方法の違いによるものなのか，厳密には判断できない。今後は完全に同じ分析方法を用いた国際比較研究を行う必要がある。

　第3に，本章では日本企業の予算管理の類型と探索・深化という組織学習について，関連を示唆したに過ぎない。今後は環境，戦略，技術などのコンテクスト要因との関連を含め，より詳細な分析が必要である。

　第4に，本章では一般的な日本企業の予算管理を類型化するため，業種を限定せず，東証一部上場企業すべてを分析対象とした。第4節で述べたとおり，3つの類型の間で組織規模と業種の相違は確認されなかったが，中小企業や環境の変化が激しい業種を対象とした場合，分析結果が異なる可能性もある。今後は組織規模や業種を限定した分析も必要である。

　このような限界はあるが，本章の研究は日本企業における予算管理を実証的に類型化し，その類型と探索・深化という組織学習との関連を探索的に明らかにした萌芽的な研究であり，一定の貢献があると考えている。

第7章

管理会計成熟度と組織業績との関係性

　本章は実証研究編の4つめの研究報告である。日本企業における表層的な管理会計手法・情報の利用実態の深層を掘り下げるため，本章では，管理会計成熟度が組織業績へ及ぼす影響を探る。

1 ■はじめに

　管理会計実践と組織業績との関係性を探求する際，管理会計手法・情報の理論的優位性や洗練度に注目するだけでは十分ではない。管理会計の実践的取り組みの重要性を説いた「レレバンス・ロスト」（Johnson and Kaplan, 1987）の議論の頃から，先進的管理会計実践への注目が高まった（吉田，2007b；Baines and Langfield-Smith, 2003；Chenhall, 1993）。管理会計の洗練度（sophistication）の分類（Abdel-Kader and Luther, 2008；Tillema, 2005）なども示されてきたが，理論的に優れた管理会計手法・情報の利用と組織業績との関係性についての十分な経験的証拠を示すには至っていない。そこで，そうした手法・情報の理論的優位性や洗練度に加え，利用局面・目的に応じた管理会計情報の適合性・適時性など，管理会計実践を成熟させる他の要因にも焦点を当てたさらなる統合的な研究が必要である。

　隣接分野では，手法の洗練度ではなく，マネジメント実践の発展モデルや成熟度に注目した理論的考察・調査も実施されている。たとえば，経営学領域では，経営戦略・管理手法ではなく，マネジメント能力指標が開発され，複数の地域で実態調査が行われている（Australian Institute of Management, 2012；New Zealand Institute of Management, 2013；The Hong Kong Management Association, 2013）。

また，5段階のプロジェクト・マネジメントの成熟度レベルなども提唱されている（Kerzner, 2011）。情報技術領域でも，手法ではなくマネジメントの特徴に基づく発展モデルや成熟度（maturity）の分類が提唱されてきた。たとえば，情報処理プロセスの発展モデル（Nolan, 1979）が示され，情報技術統制の成熟度の実態調査（経済産業省，2009）なども実施されている。

　管理会計学領域でも，管理会計実践の発展段階・成熟度に焦点を当てた研究が展開されている。たとえば管理会計全般について，予算・原価・収益管理などの各管理会計業務の5段階の成熟度に基づき，利用実態調査が行われている（川野・高田，2008）。予算管理については，予算の機能・プロセス・詳細性，予算管理の浸透程度に基づく予算管理成熟度の実態調査も行われている（Liu and Han, 2015）。また，原価計算・管理について，加登（1993）は，実際原価計算，標準原価計算，物量管理，原価企画，戦略的コストマネジメントという5つの発展段階を示している。田中（雅）（1995）も原価企画の5つの発展段階を提示し，各段階の原価企画の実施体制，実施・支援部門の機能分担，原価企画部門の主な機能，重点的に実施する課題などの特徴を整理している。

　以上の研究を受けて，本章の研究の目的は管理会計成熟度と組織業績との関係性を探求することにある。上述したとおり，管理会計と組織業績との関係性を探求する際に，管理会計手法・情報の理論的優位性や洗練度だけでは十分ではなく，成熟度とも呼べる管理会計実践の発展段階を考慮する必要がある。

　しかしながら，管理会計成熟度の概念定義や測定方法は十分に確立されているとはいえない。そこで本章の研究では，本調査に先立つ予備的分析のため，先行研究から導出できる仮説について日本企業に対する管理会計実践の実態調査データを用いて，ひとまず仮説検証型のスタイルで検証する。本来的には，個別の手法・情報ではなく実現された管理会計の様態によって成熟度を測るべきであるが，利用データの制約から，本章の研究においては，管理会計成熟度を手法・情報の「高度化」と「多様性」の2次元によって構成されると仮定する[1]。

---

[1] 洗練度（sophistication）に関する先行研究においては多くの次元を包含しているが，本章の研究では「洗練度」を「高度化」に近似した概念として扱っている。

2 ■先行研究と仮説の提示

本節では,管理会計成熟度の組織業績への影響に関する先行研究を,プランニング・コントロール分野とコストマネジメント(原価管理)分野の2つの主要分野に大別して整理し,仮説を提示する。

2.1 プランニング・コントロールの成熟度と組織業績との関係性

経営学領域では,戦略計画を中心としてプランニング・コントロールと組織業績との関係性の解明に取り組んできた。Grinye and Norburn(1975)の萌芽的研究はプランニングにおけるコミュニケーションの程度や情報収集プロセスの多様性と組織業績との正の相関関係を確認した。その後,綿密なプランニング・コントロールが情報収集を促し,競争環境と組織との適合性を高め,組織業績を向上させるという関係を示す多くの経験的証拠が得られている(Armstrong, 1982)。

1980年代後半以降には,「洗練度」が注目されるようになる。Rhyne(1985)はプランニング・システムの洗練度を短期予測(1年未満),年度予算,年度経営計画,長期事業計画,(企業)戦略計画に分類した。その後,プランニングの長期志向性と長期的組織業績との正の相関関係(Rhyne, 1986),高業績企業群において環境変化に適応するプランニングと会計数値に基づくコントロールの両方を重視する傾向が確認された(Rhyne, 1987)。また,高・中業績企業群におけるプランニング・コントロールと組織業績との正の相関関係が確認されている(Capon et al., 1987)。

一方,管理会計学領域では,1960年代からプランニング・コントロールは研究されている(Anthony, 1965)。プランニング・コントロールの「高度化」について,管理会計手法・情報の洗練への影響要因や,そうした高度化が組織業績へ及ぼす影響が注目されてきた。Tillema(2005)は,Chenhall and Morris(1986)の分類に基づき,管理会計洗練度の4次元(管理会計情報の視野,適時性,集計・分析,統合)を取り上げ,特に管理会計情報の視野の高度化への影響要因について電力・ガス会社を対象に事例研究を行った。Abedel-Kader and Luther(2008)

は，食品・飲料業を対象に38の管理会計手法・実践を資源の効率的利用や価値創造への貢献程度に基づき4つの手法・情報群に分類し，環境不確実性や先進的生産管理などが高度な管理会計手法の利用に及ぼす正の影響を確認した。またAbedel-Kader and Luther（2008）の分類に準拠し，金融業において組織ライフサイクルの各ステージで高度な管理会計手法の利用程度が異なることを示した実態調査（Sleihat et al., 2012）もある。日本の中小企業における高度な管理会計実践と組織業績との関係性についても，澤邉ほか（2015）は管理会計能力2の組織業績（売上高利益率）への正の影響，営業赤字企業群では管理会計能力と従業員能力との交互作用項の売上高営業利益率への正の影響などを確認した。

加えて，洗練された管理会計手法の利用と組織業績との関係性について，正味現在価値法や内部利益率法といった理論的に優れた手法を洗練資本予算として組織業績との関係性を探究した実証研究（Haka et al., 1985）もある。

もう1つのプランニング・コントロールの「多様性」については，利用する管理会計手法・情報の多様性に加え，同様の手法・情報の利用局面の多様性についても研究が進められてきた。たとえば，資本予算において承認時だけでなく承認後の経過監視や事後監査が組織業績に正の影響を及ぼすことが示されている（篠田，2014）。また，業績管理の包括的利用が，責任権限関係の明確化を通じてマネジャーの業績を向上させる（Hall, 2008）ことや，管理会計能力の事業業績目標達成への調整効果（福島，2015a）も示唆されている。他にも，業績指標を異なる目的（意思決定と業績評価）に重複利用することが，組織能力を向上させ事業業績を向上させること（Grafton et al., 2010）も確認されている。

以上の議論から，高度化に加え多様性を含むプランニング・コントロール成熟度の観点から仮説1を提示する。

　仮説1：プランニング・コントロールの成熟度（「高度化」と「多様性」）
　　　　は組織業績に正の影響を及ぼす。

2　澤邉ほか（2015）では，基本的な管理会計能力を，業績評価システムを利用して経営計画の策定・実行・分析・見直しという経営のPDCA（Plan-Do-Check-Action）をまわす能力として概念化・測定している。

2.2 コストマネジメントの成熟度と組織業績との関係性

　コストマネジメントの成熟度に関しては，原価計算の洗練度や製造現場の会計情報の活用，原価企画を中心とした製品開発コストマネジメントなどが注目されてきた。

　洗練された原価計算について，Drury（2012，p.48）はその特徴として，運用コストの高さ，因果関係に基づく配賦の拡がり，正確性，誤差による損失の小ささの4つの要素を挙げている。また，コストプールやコストドライバーの多様性に注目した事例研究（Kaplan and Cooper, 1998）や実証研究（Al-Orimi and Drury, 2007）も展開されている。組織業績との関係については，ABC（Activity-Based Costing）が，品質を改善し組織業績を向上させることが実証的に示されてきた（Ittner et al., 2002；Maiga and Jacobs, 2008）。

　しかしながら，原価計算の洗練度を検討する際に，ABCなどの先端的手法を対象とするだけでは十分とはいえない。たとえば，ABCが必ずしも精緻な原価情報を提供するわけではなく，過多なコストプール（Balakrishnan et al., 2011）や不適切なコストドライバー（Datar and Gupta, 1994）が原価数値の歪みを招く可能性も指摘される。加えて，伝統的原価計算の経営管理上の有効性も無視できない。たとえば，標準原価計算の経営管理目的の利用率の高さ（吉田ほか，2012；Marie and Rao, 2010）や，原価差異分析において直接費費目に留まらず企業によっては固変分解した製造間接費情報が利用される実態（Badem et al., 2013）も確認されている。つまり，原価計算の洗練度への関心は原価情報の正確性から，経営管理目的との整合性，原価情報の適時性や理解容易性へと拡がりをみせている（Brierley, 2008）。

　製造現場の会計情報の活用については，会計情報の開示・活用実態（吉田ほか，2012）や，リーン生産が製造現場の業績目標の可視化を促進し（Fullerton et al., 2013），可視化が製造業績を媒介し組織業績を高めること（Fullerton et al., 2014）などが確認されている。

　製品開発コストマネジメントの成熟度について，吉田（2003）は，加工組立型産業での実証研究を通じて，源流管理を実現する手法の重要性，部門間・プロジェクト間での調整・情報共有に関わる組織能力の重要性を指摘する。また，

仲村・長田（2009）は，製薬業界の製品開発におけるコストマネジメントの成熟度（多様なコストマネジメント手法の利用，全社的原価情報共有やコストマネジメント教育の整備など）が組織業績を向上させる関係を確認している。

以上の議論から，製造コストマネジメントや製品開発コストマネジメント単独の有効性ではなく，製品開発から製造に至るまでの一貫したコストマネジメントの成熟度が重要であると考え，仮説2を提示する。

> 仮説2：製品開発コストマネジメントと製造コストマネジメントの成熟度の相互作用は組織業績に正の影響を及ぼす。

3 ■リサーチ・デザイン

3.1 調査方法

前節で掲げた2つの仮説を予備的に検証するため，第1章で報告した郵送質問票実態調査データを活用した。本章の研究における管理会計成熟度は，プランニング・コントロールとコストマネジメントによって構成され，後者のコストマネジメント成熟度を観察するために，より適切と思われる製造業を対象と

[図表7-1] 質問調査票の回収結果

業種	発送数	有効回答数・率	分析用サンプル数	業種	発送数	有効回答数・率	分析用サンプル数
食　料　品	69	13　18.8%	11	鉄　　　　鋼	32	4　12.5%	4
繊　　　維	41	4　9.8%	4	非 鉄 金 属	24	4　16.7%	2
パルプ・紙	11	2　18.2%	2	金　　　　属	37	8　21.6%	5
化　　　学	128	18　14.1%	11	機　　　　械	120	12　10.0%	11
医　薬　品	38	5　13.2%	5	電 気 機 器	154	27　17.5%	23
石油・石炭	11	1　9.1%	1	輸 送 用 機 器	62	16　25.8%	10
ゴ　　　ム	11	2　18.2%	2	精 密 機 器	28	2　7.1%	2
ガラス・土石	33	4　12.1%	4	その他製品	48	8　16.7%	5
				合　　計	847	130　15.3%	102

した。調査は，2014年1月14日に東証一部上場製造業847社（2013年10月末時点）を対象に，2014年1月31日を回収期限とした。回収期限後も含めた最終的な有効回答会社数は130社であった。分析項目に欠損値のあるサンプルを除き，102社を最終サンプルとして用いる（**図表7-1**（図表4-1の再掲））。

3.2 変数の測定と操作化

管理会計成熟度は，プランニング・コントロールとコストマネジメントとに分けた探索的因子分析により因子を抽出する[3]。まず，プランニング・コントロール成熟度は，①設備投資の経済性計算の高度化を計算手法の利用（未利用（0点），回収期間法（2点），会計的・投資利益率法（4点），内部利益率法（5.5点）・正味現在価値法（7点）のうち最高得点）の1項目，②設備投資の経済性計算の多様性を，計算手法の多様性（回収期間法，会計的・投資利益率法，正味現在価値法，内部利益率法の利用数を単純加算）と利用対象・局面の多様性（個別投資案件の目標値，複数案件・一定期間の目標値，立案段階の審議資料，承認段階の審議資料，事後評価の承認資料の利用・効果の単純平均）の2項目（**図表7-2**），③業績管理の高度化と多様性を，業績指標の高度化（事業戦略と業績目標の整合性の重視度，戦略マップの利用程度），業績指標の多様性（顧客指標・業務プロセス指標の各重視度）[4]，事業業績と報酬とのリンク（事業業績と事業部門長，ミドルマネジャー，ロワーマネジャー，一般従業員の金銭的報酬の関連程度の単純平均（**図表7-3**））の5項目，④予算・業務計画の高度化を，予算編成方針の戦略性（1問），予算・業務の手順・手続の明確性（1問），予算・業務計画の詳細性（2問），予算・業務目標設定プロセスへのミドルマネジャーの参加（2問），具体的な予算・業務目標の個人への割り当て（2問）程度の8項目[5]の合計16項目により測定した。

つぎに，コストマネジメント成熟度は，①製造コストマネジメントの高度化

---

[3] 以下，質問票における質問項目を合成して変数化したものについて，記述統計量を表記した（**図表7-2**から**図表7-4**）。最終的な分析に用いた変数の記述統計量は**図表7-5**および**図表7-6**をご参照いただきたい。

[4] 業績指標の高度化・多様性に関する質問項目について，7点尺度「1 全くそうではない」から「7 全くそのとおり」で測定したうえ，1点を0点として換算した。

[5] 7点尺度「1 全くそうではない」から「7 全くそのとおり」で測定したうえ，1点を0点として換算した。

[図表7-2] 設備投資の経済性計算の多様性に関する質問項目の記述統計量

			利用企業数（率）			
手法		回 収 期 間 法	81 (79.4%)			
		会計的・投資利益率法	25 (24.5%)			
		正 味 現 在 価 値 法	29 (28.4%)			
		内 部 利 益 率 法	18 (17.6%)			
			平均値	標準偏差	最小値	最大値
利用対象・局面	利用程度	個別投資案件の目標値	3.98	2.153	0	7
		複数案件・一定期間の目標値	3.20	2.039	0	7
		立案段階の審議資料	4.46	2.033	0	7
		承認段階の審議資料	4.70	2.053	0	7
		事後評価の審議資料	3.17	1.813	0	7
	効果	個別投資案件の目標値	3.34	2.407	0	7
		複数案件・一定期間の目標値	2.47	2.480	0	7
		立案段階の審議資料	3.83	2.216	0	7
		承認段階の審議資料	4.01	2.118	0	7
		事後評価の審議資料	2.34	2.488	0	7
	効果的利用	個別投資案件の目標値	3.63	2.138	0	7
		複数案件・一定期間の目標値	2.94	2.184	0	7
		立案段階の審議資料	4.08	1.912	0	7
		承認段階の審議資料	4.19	1.887	0	7
		事後評価の審議資料	3.13	1.993	0	7

(注1) n=102，最小値と最大値は実測値，以下の図表も同様。
(注2) 設備投資の経済性計算の手法については複数回答可である。
(注3) 利用程度の項目は7点尺度（「1 全く利用しない」から「7 全案件に利用する」），効果の項目は7点尺度（「1 全く効果がない」から「7 極めて効果がある」）で測定し，利用程度の得点が1点となる場合は，利用程度・効果の得点を0点として換算した。なお，設備投資の経済性計算を未利用の場合は，すべての項目の得点を0点として計算した。
(注4) 効果的利用について利用程度7点尺度3点以下は利用得点を，4点以上は効果得点を用いて測定した。以下の図表も同様。

を，製造段階での原価管理情報利用の高度化（発展段階を加重平均6）と，製造間接費の配賦計算の高度化（配賦なし（0点），操業度基準（4点），複数基準（7点）

---

6 加登（1993）を参考に，実際原価情報，物量情報，標準もしくは直接原価情報の順に高度化する3段階とした。なお，加重平均の計算について，実際原価情報，物量情報，標準もしくは直接原価情報（うち高得点を使用）の各得点を0.8，1.0，1.2の比例で計算した。

第7章　管理会計成熟度と組織業績との関係性　155

[図表7-3] 事業業績と報酬とのリンクに関する質問項目の記述統計量

	平均値	標準偏差	最小値	最大値
事業部門長	4.75	1.316	2	7
ミドルマネジャー	4.25	1.222	0	7
ロワーマネジャー	3.52	1.340	0	7
一般従業員	3.30	1.348	0	7

（注）　7点尺度（「1　全く関係がない」から「7　完全に連動している」）で測定し，得点が1点となる場合は0点として換算した。

のうち最高得点）の2項目，②製造コストマネジメントの多様性（製造現場の会計情報の開示の適切さと業務改善への利用程度の平均値）の1項目，③製品開発コストマネジメント（原価企画）の多様性（目標原価設定時の市場価格の反映，製品開発プロセスでの異部門間の協働，設計担当者自身による原価見積，製造開始前の製造原価予測精度についての各得点）の4項目の合計7項目により測定した（**図表7-4**）。

　プランニング・コントロール成熟度の探索的因子分析の結果，3個の項目（設備投資の経済性計算の高度化，事業戦略と業績目標の整合性の重視度，予算編成方針の戦略性）がいずれの因子にも高い因子負荷量を示さなかったため除外し再度分析を行った結果，固有値1以上の因子を4つ抽出した（**図表7-5**）[7]。第1因子は，予算・業務目標設定プロセスへのミドルマネジャーの参加，予算・業務手順・手続の明確性，予算・業務計画の詳細性の因子負荷量が高く，潜在因子として想定していた「計画の高度化」因子との関連性が高いと考えられる。第2因子は，予算・業務目標の個人への割り当て，事業業績と報酬とのリンクの因子負荷量が高く，個人に割り当てられた予算・業務目標と事業業績に基づく金銭的報酬を重視する「成果主義の高度化」と名づけた。第3因子は，業務プロセス・顧客指標の重視と戦略マップの利用程度の因子負荷量が高く，「非財務指標の活用」と名づけた。第4因子は，設備投資の経済性計算の手法や利用対象・局面の多様性の因子負荷量が高く，「設備投資の経済性計算の多様性」と名

---

[7]　探索的因子分析の推定法について，最尤法による因子抽出（バリマックス回転）を実施した結果，**図表7-5**に近似した因子を抽出できたが，最尤法による因子抽出の変数を，仮説検証の分析方法である重回帰分析の独立変数として投入した場合，仮説1を支持するモデルの確認に至らなかった。

[図表7-4] 製造コストマネジメントに関する質問項目の記述統計量

			平均値	標準偏差	最小値	最大値
製造CM（原価情報利用）の高度化	利用程度	実際原価情報による管理	5.19	1.447	2	7
		物量情報による管理	4.67	1.594	1	7
		標準原価情報による管理	4.18	2.608	0	7
		直接原価情報による管理	2.94	2.929	0	7
	効果	実際原価情報による管理	4.62	1.846	0	7
		物量情報による管理	3.92	2.315	0	7
		標準原価情報による管理	3.81	2.563	0	7
		直接原価情報による管理	2.69	2.901	0	7
	効果的利用	実際原価情報による管理	4.87	1.287	2	7
		物量情報による管理	4.44	1.532	0	7
		標準原価情報による管理	3.91	2.462	0	7
		直接原価情報による管理	2.82	2.826	0	7
製造CMの多様性		製造現場の会計情報の開示の適切さ	4.19	1.474	0	7
		製造現場の業務改善の会計情報の利用	3.41	1.550	0	7

		利用企業数（率）
製造間接費の配賦計算の高度化	配賦なし	3 (2.9%)
	操業度基準	59 (57.8%)
	複数の配賦基準（含ABC・「その他」）	81 (79.4%)

(注1) CM：コストマネジメント。以下の図表も同様。

(注2) 「実際原価情報による管理」および「物量情報による管理」の利用程度は7点尺度（「1 全く利用していない」から「7 全般的に利用している」），効果は7点尺度（「1 全く効果がない」から「7 極めて効果がある」）で測定し，利用程度の得点が1点となる場合は，利用程度・効果の得点を0点として換算した。

(注3) 「標準原価情報による管理」および「直接原価情報による管理」の利用程度は7点尺度（「1 全く利用していない」から「7 全般的に利用している」），効果は7点尺度（「1 全く効果がない」から「7 極めて効果がある」）で測定し，利用程度の得点が1点となる場合は，利用程度・効果の得点を0点として換算した。なお，標準原価計算および直接原価計算の利用有無を別の質問項目で測定し，未利用の場合は，すべての項目の得点を0点として計算した。

(注4) 「製造現場の会計情報の開示の適切さ」の質問文は「製造現場への会計情報の開示には，タイミングとわかりやすさを重視している」，「製造現場の業務改善の会計情報の利用」の質問文は「製造現場に開示された会計情報をアイデア創発や業務改善に利用している」であり，7点尺度（「1 全くそうではない」から「7 全くそのとおり」）で測定し，1点を0点として換算した。

(注5) 製造間接費の配賦の「操業度基準」と「複数配賦基準（含ABC・「その他」）」は複数回答可である。

第7章 管理会計成熟度と組織業績との関係性

[図表7-5] 探索的因子分析結果（プランニング・コントロール成熟度）

		平均値	標準偏差	計画の高度化	成果主義の高度化	非財務指標の活用	設備投資の経済性計算の多様性
予算・業務計画の高度化	予算目標設定プロセスへのミドルマネジャーの参加	5.40	1.284	**.864**	.044	.007	-.147
	業務目標設定プロセスへのミドルマネジャーの参加	5.40	1.204	**.811**	.062	.069	-.138
	予算・業務の手順・手続の明確性	5.44	1.104	**.751**	-1.034	-.050	.098
	予算計画の詳細性	5.54	1.040	**.707**	.059	-.184	.130
	業務計画の詳細性	4.55	1.248	**.592**	-1.182	.213	.173
	具体的な業務目標の個人への割り当て	4.45	1.558	.151	**.829**	.021	-.039
	具体的な予算目標の個人への割り当て	4.03	1.668	-.053	**.821**	-.110	.087
事業業績と報酬とのリンク		3.96	1.137	-.085	**.466**	-.327	-.034
業績指標の多様性（業務プロセス指標重視）		3.57	1.532	.022	.063	**.718**	.011
業績指標の多様性（顧客指標重視）		4.07	1.537	-.017	-.121	**.703**	-.047
業績指標の高度化（戦略マップの利用程度）		2.28	1.926	-.049	.114	**.478**	.127
設備投資の経済性計算の多様性（手法）		1.52	0.972	.021	.004	-.019	**.748**
設備投資の経済性計算の多様性（利用対象・局面）		3.59	1.759	-.010	.050	.064	**.713**
因子間相関				1			
				.429	1		
				.296	.208	1	
				.291	.110	.300	1
クロンバックのα				.860	.755	.657	.652

（注）主因子法，プロマックス回転による。因子負荷量0.4以上を太字とした。**図表7-6**も同様。

づけた。

　コストマネジメント成熟度の探索的因子分析の結果，潜在因子として想定していたつぎの2つの因子を抽出した（**図表7-6**）[8]。なお，製造間接費の配賦計算の高度化は天井効果を示したため除外した。第1因子は，製造開始前の製造原価の予測精度，目標原価設定時の市場価格の反映，製品開発プロセスでの異

部門間の協働,設計担当者自身による原価見積の因子負荷量が高く,多様な原価企画活動を追求する「製品開発コストマネジメント」,第2因子は,製造段階での原価管理情報利用の高度化,製造コストマネジメントの多様性(製造現場の会計情報の開示の適切さと業務改善への利用程度)の因子負荷量が高く,「製造コストマネジメント」9と名づけた。

[図表7-6] 探索的因子分析結果（コストマネジメント成熟度）

		平均値	標準偏差	製品開発CM	製造CM
製品開発CMの多様性	原 価 予 測 精 度	4.30	2.184	.912	−.024
	市 場 価 格 の 反 映	4.25	2.210	.878	−.023
	部 門 間 協 働	4.44	2.285	.875	.084
	設計者による原価見積	3.32	1.996	.751	−.028
製 造 C M の 高 度 化		4.73	1.223	.004	.615
製 造 C M の 多 様 性		3.78	1.367	−.018	.471
因子間相関				1	
				.522	1
クロンバックのα				.916	.443

つづいて,組織規模は従業員数を自然対数変換し測定した10。

最後に,組織業績は対業種平均営業利益11(2013年開示の営業利益／営業利益の業種平均値12)を用いた。本章の研究では,事業業績と管理会計成熟度との関係に関心を置いているため,経常利益や自己資本利益率(ROE：Return on Equity)

---

8 なお,最尤法による因子抽出(バリマックス回転)を実施した結果,製造コストマネジメントの高度化がいずれの因子にも高い因子負荷量を示さなかった。
9 クロンバックのα係数は,探索的分析であっても0.6程度を目安とするとの考えもあるが,以下の理由から同因子を採用した。第1に,2つの項目は理論的に製造段階・現場のコストマネジメント活動を反映するものと考えられる。第2に,そもそもクロンバックのα係数の高水準が必ずしも尺度の内的一貫性を保証しないとの指摘もある(Cho and Kim, 2015)。第3に,質問票において両設問の統一性に欠けたことや,収集データの合成変数への得点換算方法が異なることなどの影響を推察し,探索的分析を進める意義を優先させた。
10 その平均値は8.54,標準偏差は1.515である。
11 その平均値は1.88,標準偏差は3.251である。
12 営業利益の業種平均値はプロネクサス社のeol企業情報データベース(「日本国内企業」・「業種分析(業績平均比較)」)から基本的に連結情報を,入手不能の場合は単体情報から収集した。

などではなく営業利益を選択した。

3.3 分析方法

まず，従属変数を対業種平均営業利益，独立変数を「プランニング・コントロール成熟度」の4因子，「コストマネジメント成熟度」の2因子およびコストマネジメント成熟度の交互作用項13とする全サンプル対象の重回帰分析を実施した。なお，2つの仮説の検証に関する重回帰分析で用いた変数間の相関表は**図表7-7**のとおりである。

[図表7-7] 分析に用いた変数の相関表

		2	3	4	5	6	7	8
1	組織業績	.200*	.025	.015	.278*	.167	.233*	.630***
2	計画の高度化		.490***	.355***	.340***	—	—	.271**
3	成果主義の高度化			.256**	.140	—	—	.014
4	非財務指標の活用				.383***	—	—	.190
5	設備投資の経済性計算の多様性					—	—	.386***
6	製品開発CM						.697***	.289**
7	製造CM							.274
8	組織規模							

（注1） n=102。
（注2） Pearsonの積率相関係数。***：$p < .001$，**：$p < .01$，*：$p < .05$（両側）。

つぎに，売上高低下企業のみを対象とした重回帰分析も実施した。それは管理会計実践において売上高低下は重要な影響要因であると考えたためである。たとえば，世界金融危機に際して，会計担当者がコストコントロールを最重要視し，予実差の報告頻度向上を重視する（Van der Stede and Malone, 2010）ことや，直近の実態調査（Pavlatos and Kostakis, 2015）でも，不況前よりも不況時の方が高度な管理会計手法が普及する傾向が確認・示唆されている。売上高低下企業群サンプルは，売上高成長率（2011年から2012年）が0％以下のサンプルを抽出

---

13 交互作用項を用いるモデルの解釈を容易にし，多重共線性の問題を最小化するため，コストマネジメント成熟度に関する重回帰分析の独立変数を平均値がゼロになるように中心化した。

した。

4 ■分析結果と考察

4.1 プランニング・コントロールの成熟度と組織業績との関係性

　まず，仮説1に関する全サンプルを対象にした重回帰分析の結果（**図表7-8**），非財務指標活用の対業種平均営業利益への負の影響が示唆された（$p=.080$，モデル1a）[14]。意思決定の包括性と組織業績との非線形関係を示す研究（Miller, 2008）の知見から，本章の研究でも非線形関係を想定し，非財務指標の活用の二乗項を投入してみたが，有意な関係は確認できなかった（モデル2a）。なお，非財務指標の活用の対業種平均営業利益への負の影響（$p=.089$）[15]はモデル1aと同様に示唆された（モデル2a）。

　つぎに，売上高低下企業群サンプルを対象にした分析の結果（**図表7-8**），設備投資の経済性計算の多様性の対業種平均営業利益に対する正の影響を確認した（$p=.039$，モデル1b）。非財務指標の活用の二乗項を投入した結果，その変数の負（逆U字型，$p=.059$），設備投資の経済性計算の多様性の正の影響（$p=.073$）[16]が示唆された（モデル2b）。

　つづいて，上記の分析によって観測された2つの特徴的な関係について考察する。第1に，非財務指標の活用の影響に関連して，非財務指標の利用が情報負荷を増大させ，適切な業績目標が設定されないおそれ（Ittner and Larcker, 2003），多様な業績指標情報の収集による時間や経済的消耗が組織業績の向上を阻害する可能性（McKinnon and Bruns, 1992），競争環境・事業戦略との適合性の低い非財務指標の過大重視が企業価値を低める傾向（Said et al., 2003）なども指摘される。これらの議論も踏まえ，全サンプルでの非財務指標の活用の負の影響や売上高低下企業群サンプルでの二乗項の逆U字関係が示唆されたことを総

---

[14] 95％CIの符号が＋－にまたがることから，分析結果考察のため90％CI [-1.134, -.035] も表記する（以下同様）。なお，本章の分析結果では5％以下の有意水準の関係を「確認」，10％水準のものを「示唆」と表現している。

[15] 90％CI [-1.206, -.020]。

[16] 90％CI [-1.813, -.129], [.064, 1.458]。

合すると，非財務指標の活用は一定水準を超えると，意思決定や組織業績を阻害する可能性が考えられる。

第2に，設備投資の経済性計算の多様性の影響については，篠田（2014）などの先行研究と矛盾しない結果であり，複数の計算手法が資本予算プロセスの様々な局面で利用される（吉田ほか，2012）ことや，事業戦略と資本予算プロセスの適合性が組織業績を高める（清水・大浦，2014）ことも示されている。

一方，計画の高度化や成果主義の高度化の組織業績への直接的な影響は確認できなかった。

また，すべてのモデルで組織規模の対業種平均営業利益への正の影響を確認した。

以上の結果・考察を総合すると，確認された正の影響は限定的であり，仮説1は十分に支持されたとはいえない。

[図表7-8] 重回帰分析結果（プランニング・コントロール成熟度）

変数	全サンプル (n=102)				売上高低下企業群サンプル (n=45)			
	モデル1a		モデル2a		モデル1b		モデル2b	
	B	95% CI	B	95% CI	B	95% CI	B	95% CI
定数	-9.379***	[-12.560,-6.197]	-9.372***	[-12.570,-6.173]	-9.727***	[-14.027,-5.428]	-9.457***	[-13.624,-5.290]
計画の高度化	.183	[-.484,.849]	.201	[-.489,.890]	-.085	[-.957,.787]	.192	[-.699,1.083]
成果主義の高度化	.065	[-.565,.695]	.063	[-.570,.697]	.058	[-.696,.811]	.094	[-.635,.824]
非財務指標の活用	-.585†	[-1.241,.072]	-.613†	[-1.321,.096]	-.654	[-1.655,.347]	-.658	[-1.626,.310]
非財務指標の活用2			-.056	[-.563,.542]			-.971†	[-1.982,.040]
設備投資の経済性計算の多様性	.302	[-.383,.987]	.296	[-.394,.987]	.899*	[.046,1.751]	.761†	[-.076,1.598]
組織規模	1.317***	[.950,1.685]	1.321***	[.950,1.693]	1.374***	[.866,1.883]	1.400***	[.908,1.893]
決定係数	.418		.418		.549		.590	
F	13.785***		11.381***		9.508***		9.119***	
自由度調整済決定係数	.388		.381		.492		.525	
決定係数の変化量			.000				.041†	

（注） B：非標準化偏回帰係数，CI（Confidence Interval）：信頼区間，***：$p<0.001$，**：$p<0.01$，*：$p<0.05$，†：$p<0.1$。モデルに投入済みの独立変数のVIF（Variance Inflation Factor）値はすべて3未満。図表7-9も同様。

4.2 コストマネジメントの成熟度と組織業績との関係性

まず,仮説2に関する全サンプルを対象にした階層的重回帰分析の結果(**図表7-9**),製品開発コストマネジメントと製造コストマネジメントの交互作用項の対業種平均営業利益に対する正の影響が示唆された ($p=.063$, モデル3b)[17]。この交互作用について傾斜分析を実施した結果,製品開発コストマネジメントを調整変数とした高得点時(平均値＋1標準偏差,以下同様)には,製造コストマネジメントの単回帰係数の有意性 ($b=1.105$, $p=.034$) が確認されたが,低得点時(平均値－1標準偏差,以下同様)にはその有意性は確認できなかった。なお製造コストマネジメントを調整変数とした場合,製品開発コストマネジメントの単回帰係数の有意性は確認できなかった。

つぎに,売上高低下企業群サンプルを対象にした分析の結果(**図表7-9**),製造コストマネジメントの正 ($p=.088$, モデル4a)[18],製品開発コストマネジメントと製造コストマネジメントの交互作用項の正の影響 ($p=.071$, モデル4b)[19]が示唆された。傾斜分析の結果[20],製品開発コストマネジメントを調整変数とした高得点時には,製造コストマネジメントの単回帰係数の有意性 ($b=1.752$, $p=.010$) が確認されたが,製品開発コストマネジメントの低得点時には,製造コストマネジメントの単回帰係数の有意性は確認できなかった。

つづいて,上記の分析によって観測された2つの特徴的な関係について考察する。第1に,製造コストマネジメントの影響について,日本企業では一般にコストの下方硬直性傾向が確認されている(安酸, 2012)一方,前期の売上高低下がマネジャー心理に影響を与え,下方硬直性を生じさせない(Banker et al., 2014)ことも確認されている。つまり,売上高低下時ではコスト削減活動や原価計算・管理手法の高度化・多様性が利益マネジメントに貢献する姿が推察される。

第2に,製品開発コストマネジメントと製造コストマネジメントの交互作用

---

17 90％CI [.063, 1.029]。
18 90％CI [.030, 1.551]。
19 90％CI [.068, 1.406]。
20 モデル4aで製造コストマネジメントの組織業績への影響のみを確認したため,製品開発コストマネジメントを調整変数とする。

項の影響について，傾斜分析の結果も踏まえて考察する。製品開発コストマネジメント成熟度の高い水準が，製造コストマネジメント成熟度の組織業績の向上への貢献を高める傾向が示される一方，製品開発コストマネジメント成熟度が低い場合，製造段階における高度な原価管理活動や多様な会計情報の活用を実践しても効果は限定的であるのかもしれない。すなわち，製品開発から製造までの一貫した高いコストマネジメント成熟度が重要であるといっても，これまでの原価企画研究でも指摘されてきたように，製品開発コストマネジメントの高い成熟度がより重要であることが実証的に示されたといえよう。

一方，製品開発コストマネジメントの組織業績への直接的な影響は確認できず，製造コストマネジメントの影響も売上低下企業群のモデル4aで示唆されるのみであった。

また，すべてのモデルで組織規模の対業種平均営業利益への正の影響を確認した。

以上の結果・考察を総合すると，有意水準は探索的なものに留まるものの製品開発コストマネジメントと製造コストマネジメントの交互作用の正の影響が示唆された。加えて，傾斜分析から製品開発コストマネジメントの高い成熟度が交互作用のための条件であるともいえ，仮説2はある程度支持されたといえ

[図表7-9] 重回帰分析結果（コストマネジメント成熟度）

	全サンプル (n=102)				売上高低下企業群サンプル (n=45)			
	モデル3a		モデル3b		モデル4a		モデル4b	
変数	B	95% CI	B	95% CI	B	95% CI	B	95% CI
定数	-9.560***	[-12.573,-6.547]	-9.977***	[-12.986,-6.969]	-10.432***	[-14.564,-6.301]	-10.346***	[-14.364,-6.328]
製品開発CM	-.358	[-1.065,.349]	.109	[-.746,.964]	-.347	[-1.208,.514]	.236	[-.815,1.287]
製造CM	.450	[-.254,1.154]	.294	[-.420,1.008]	.790†	[-.123,1.703]	.513	[-.424,1.451]
製品開発CM×製造CM			.546†	[-.031,1.123]			.737†	[-.066,1.540]
組織規模	1.319***	[.991,1.686]	1.343***	[1.000,1.687]	1.443***	[.955,1.931]	1.384***	[.905,1.862]
決定係数	.407		.428		.525		.563	
F	22.428***		18.137***		15.109***		12.866***	
自由度調整済決定係数	.389		.404		.490		.519	
決定係数の変化量			.021†				.038*	

よう。

5 ■ 小　　括

　本章では管理会計成熟度の組織業績への影響を探求するため，プランニング・コントロール成熟度とコストマネジメント成熟度について，製造業全サンプルと売上高低下企業群サンプルを対象に重回帰分析を実施した。予備的分析としたのは，管理会計成熟度を測定するための専用の郵送質問票調査ではなく，既に実施していた管理会計実態調査データを用いたためであった。

　仮説検証の結果，仮説1「プランニング・コントロールの成熟度は組織業績に正の影響を及ぼす」は十分に支持されるには至らなかったが，ユニークな発見があった。それは，売上高低下企業群サンプルにおいて示唆された対業種平均営業利益に対する非財務指標の活用の逆U字関係である。これまでに意思決定の包括性（多様な情報・分析手法の重視）と組織業績との非線形関係は示されていた（Miller, 2008）が，非財務目標の過剰設定についても逆U字関係の可能性を見出したことは大きな貢献であろう。また，この関係性は全サンプルでは確認されず，売上高低下企業群サンプルにおいてのみ観察されたことも含め，今後のさらなる研究が必要である。

　仮説2「製品開発コストマネジメントと製造コストマネジメントの成熟度の相互作用は組織業績に正の影響を及ぼす」はある程度支持された。売上高低下企業群サンプルでは製造コストマネジメント成熟度の貢献も示唆されたが，企業の売上変動傾向にかかわらず，製品開発コストマネジメント成熟度と製造コストマネジメント成熟度の交互作用の組織業績への貢献が示唆され，両項目の調整効果についても検討を加えた。その結果，製品開発段階から製造段階までの一貫したコストマネジメント成熟度の高さ，とりわけ製品開発コストマネジメントの高い成熟度の利益貢献に対する重要性が強調される。

　本章の研究の貢献は，上記の仮説検証に関わる発見事項に加え，以下の3点に集約される。第1に，管理会計成熟度の視点である。管理会計と組織業績との関係性を探求してきた先行研究では，先進的管理会計手法・実践を示す「高度化」と，同様の手法・管理会計情報の多面的利用を示す「多様性」とを包含

する視点には乏しかった。これらの2つの視点を包含する管理会計成熟度の概念は，管理会計と組織業績との関係性の探究に寄与することが期待される。

第2に，売上高低下企業を対象とする分析である。利益貢献との関連において売上高低下企業を対象とする分析フレームワークは稀であり，先述の当該企業群に対するいくつかの発見事項とともに本章の研究の意義といえよう。

第3に，多業種にわたるクロスセクション分析である。管理会計実践の高度化や洗練度に注目する先行研究は，限定的な業種を対象にした実証研究や事例研究が中心であり，探索的とはいえ製造業の多業種にわたる知見を得たことに意義がある。

他方，本章の研究にはいくつかの課題も残されている。第1に，変数の構成概念妥当性の問題である。本章の研究では，管理会計成熟度を個別手法・実践の高度化・多様性の観点から構成・測定したが，質問票の設計に先立つ問題として，成熟度を構成する高度化と多様性の視点を再検討する必要性がある。本来的には管理会計の個別手法・実践によってもたらされた様態，たとえば意思決定に必要な管理会計情報の適時性，範囲・精度の的確性，自主・自律的なコストマネジメント活動などにより成熟度概念を構成・測定すべきであるのかもしれない。また，本章の研究でも非財務指標の活用の逆U字関係が観測されたように，多様性を一概に成熟度の一側面とするには限界がある。管理会計の利用手法・局面の多様性を実践的に検討することは重要であっても，検討・実践の結果，事業戦略や組織コンテクストとの整合性の観点などから限定化されることを未成熟であるとはいえない。現状では管理会計成熟度の確立した測定方法はなく，今後は測定方法の開発に取り組む必要がある。

第2に，組織業績の測定の問題である。本章の研究は対業種平均営業利益を組織業績として測定したが，この分析に先立ち，組織規模による影響を考慮する総資本経常利益率や総資本営業利益率，売上高営業利益率の対業種平均値を組織業績とした分析を行った結果，有意なモデルの確認に至らなかった。また，組織業績について基本的に連結情報を利用している一方，管理会計成熟度については親会社単体の主要事業における調査結果を用いており，整合性が十分にとれているとはいえない。今後は，連単倍率や事業構成などを各サンプル個別に検討するなど，組織業績の測定に十分な配慮が必要である。

第 3 に，管理会計成熟度と組織業績とのタイムラグの問題である。本章の研究では，同時期の管理会計成熟度の対業種平均営業利益への影響を分析しているが，管理会計の影響が組織業績に及ぶまでに時間を要する場合（たとえば設備投資や製品開発など）を想定する必要がある。

第8章

組織ライフサイクルと
管理会計の利用との関係性

　本章は実証研究編の最後の研究報告である。日本企業における表層的な管理会計手法・情報の利用実態の深層を掘り下げるため，本章では，組織ライフサイクルの各ステージ間の管理会計利用の異同を探る。

1 ■はじめに

　近年，組織成長と管理会計の利用との関係性を明らかにしようとする研究が行われている。これまでの研究では，組織成長について，主に組織規模の視点から管理会計の利用との関係性が検討され，組織規模の拡大に伴って管理会計が積極的に利用されることや，より精緻化した管理会計が利用されることなどが明らかにされてきた（Burns and Waterhouse, 1975；Innes et al., 2000；Merchant, 1981など）。しかし，組織成長を組織規模の視点から捉えることには限界もある。たとえば，組織は常に拡大し続けるわけではなく，環境や戦略などに応じてリストラクチャリングを行いながら組織規模の適正化を図るケースも見受けられるように，それらの組織では，組織規模以外の要因によって管理会計の利用が決定されている可能性がある。そのため，組織成長と管理会計の利用の関係性を明らかにするためには，組織成長を組織規模に限定して捉えるよりも，組織成長に係わる多様な要素を複合的に捉えて，管理会計との関係性を明らかにする方が望ましいと考えられる（Su et al., 2015）。

　そこで，近年，このような組織成長に係わる多様な要素を内包した概念として組織ライフサイクルが注目され，組織ライフサイクルと管理会計の利用との関係性が検討されている（福島，2011, 2012；Auzair and Langfield-Smith, 2005；Kallunki and Silvola, 2008；Moores and Yuen, 2001；Phan et al., 2014；Silvola, 2008；Su et al., 2015など）。これらの研究では，組織は誕生から衰退にいたるライフサイクルのステージを移行する過程で戦略，組織構造，意思決定方式などを変化させるという組織ライフサイクルの議論に依拠し（Greiner, 1972；Miller and Friesen, 1984など），組織ライフサイクルに応じて管理会計の利用が異なるという仮定に基づいた議論が行われてきた。

その結果，主に組織ライフサイクルとマネジメントコントロールの関係性について，組織ライフサイクルのステージ間で利用されるマネジメントコントロールに差があることが明らかにされてきた（福島, 2011, 2012；Auzair and Langfield-Smith, 2005；Su et al., 2015など）。一方で，管理会計手法の利用との関係については，一部に組織ライフサイクルのステージ間で管理会計手法の利用度が異なることを示す議論もあるものの（Kallunki and Silvola, 2008；Phan et al., 2014），広く管理会計手法を取り上げて組織ライフサイクルと管理会計手法の利用の関係を明らかにする議論は少ない（Silvola, 2008）。

そこで，本章の研究では，コンベンショナル・ウィズダムと考えられるような管理会計手法を取り上げ，組織ライフサイクルと管理会計の利用の関係性を実証的に明らかにすることを目的とする。以下では，第2節で既存研究の整理と研究フレームワークの提示，第3節で分析方法と分析データの収集，第4節で分析結果と考察を述べ，第5節で組織ライフサイクルに応じた管理会計の利用モデルを提示する。

2 ■先行研究

本節では，既存研究のレビューを行い，実証分析に向けた研究フレームワークを提示する。

2.1　既存研究レビュー

組織ライフサイクルと管理会計の利用の関係性を明らかにしようとする議論はSimons（1995）まで遡ることができる。Simons（1995）は，診断型コントロール（diagnostic control），対話型コントロール（interactive control），理念コントロー

ル (belief control),事業境界コントロール (boundary control) から構成されるマネジメントコントロールのフレームワークを提示したうえで,組織が成長するプロセスで適宜コントロールを追加していく必要があることを示した。この議論を受け,Moores and Yuen (2001) は,Miller and Friesen (1984) が提示した誕生期,成長期,成熟期,再生期,衰退期の5つの組織ライフサイクルモデルに依拠し,組織ライフサイクルのステージ間における管理会計の利用の相違を検討している。その結果,成長期企業では誕生期や成熟期の企業よりも管理会計システムの公式性が高いこと,利用される管理会計情報の多様性が大きいことを示した。

これらの組織ライフサイクルの概念を用いて組織成長と管理会計の利用の関係性を模索しようとする萌芽的研究を受け,組織ライフサイクルとマネジメントコントロールの関係性 (福島,2011;2012;Auzair and Langfield-Smith, 2005;Su et al., 2015など),個別の管理会計手法の利用との関係性 (Kallunki and Silvola, 2008;Phan et al., 2014;Silvola, 2008など) が検討されてきた。まず,組織ライフサイクルとマネジメントコントロールの関係性について,Auzair and Langfield-Smith (2005) は,Kazanjian and Drazin (1990) が提示した設立期,成長期,成熟期の3つの組織ライフサイクルモデルに依拠し,組織ライフサイクルステージごとのマネジメントコントロールの特徴を検討した結果,成熟期企業では成長期企業よりもルールやプロセスなどが公式的に従業員に伝えられていること,事前に設定された望ましい行動や目標の達成状況をタイムリーかつ頻繁にチェックされていることを示した。

また,福島 (2011, 2012) は,Miller and Friesen (1984) の組織ライフサイクルモデルのうち成長期,成熟期,再生期をとりあげ,組織ライフサイクルステージ間でSimons (1995) の示した4つのコントロールの利用度にどのような違いがあるのかを検討している。その結果,第1に,成長期企業では,診断型コントロールは成熟期・再生期,対話型コントロールは成熟期,理念コントロールは再生期,事業境界コントロールは成熟期の企業よりも利用度が低く,全般に公式的なマネジメントコントロールの利用度が低いことを示した。第2に,成熟期企業では,診断型コントロールおよび事業境界コントロールは成長期,対話型コントロールは成長期・再生期の企業よりも利用度が高いことを示した。第

3に，再生期企業では，診断型コントロールと理念コントロールが成長期企業よりも利用度が高く，成熟期企業とは異なりマネジメントへの負荷の大きい対話型コントロールの利用度を低め，診断型コントロールへの依存度を相対的に高める可能性を示した1。

加えて，Su et al.（2015）は，Miller and Friesen（1984）の組織ライフサイクルモデルに依拠し，組織ライフサイクルに応じたマネジメントコントロールの利用が組織業績に及ぼす影響を分析している。その結果，診断型コントロールが再生期企業（成熟期企業）では組織業績にポジティブ（ネガティブ）な影響を与えるのに対して，対話型コントロールは成長期企業（再生期企業）では組織業績にポジティブ（ネガティブ）な影響を与えることを示した。

つぎに，組織ライフサイクルと個別の管理会計手法の利用の関係性について，Kallunki and Silvola（2008）は，Miller and Friesen（1984）の組織ライフサイクルモデルのうち成長期，成熟期，再生期を取り上げ，組織ライフサイクルステージ間のABC（Activity-Based Costing：活動基準原価計算）の利用度の差を検討したところ，成熟期や再生期の企業では成長期企業と比べて，精緻化した原価計算システムであるABCの利用度が高いことを示した。また，Phan et al.（2014）は，Miller and Friesen（1984）の組織ライフサイクルモデルに依拠し，組織ライフサイクルステージ間のABM（Activity-Based Management：活動基準管理）の実施レベルの差を検討したところ，アクティビティ分析，コストドライバー分析，ABCのいずれについても成熟期や再生期の企業では誕生期，成長期，衰退期の企業よりも利用度が高いことが確認された。一方で，これらのABMの利用が組織業績に与える影響については組織ライフサイクルステージ間の差は確認されなかった。

さらに，Silvola（2008）は，Miller and Friesen（1984）の組織ライフサイクルモデルのうち成長期，成熟期，再生期を取り上げ，組織ライフサイクルステージ間の事業計画，予算，マネジメントコントロール手法の利用の違いについて検討した2。その結果，事業計画については，成長期・再生期の企業が企業価値の向上を重視していること，予算については，成熟期・再生期の企業がボトムアッ

1　ほかにも，後期の組織ライフサイクルステージにある組織ほど対話型コントロールを重点的に利用することを示す研究もある（Janke et al., 2014）。

プ型予算を利用していること，マネジメントコントロール手法については，成熟期・再生期の企業がプロフィットセンター制を採用していることに加えて，ベンチャーキャピタルによる出資をうけた再生期企業がERP（Enterprise Resource Planning）システムを採用していることが確認された。

2.2 研究フレームワーク

このように，これまでの研究では，組織ライフサイクルと管理会計の利用の関係性について，マネジメントコントロールの利用，個別の管理会計手法の利用との関わりが議論されてきた。そこで，本章の研究では，組織ライフサイクルと管理会計の利用の関係性を体系的に明らかにするため，これまでの議論を踏まえて，組織ライフサイクルが管理会計の利用に影響を与えるという関係性を想定した研究フレームワークを構築する（図表8-1）。

[図表8-1] 研究フレームワーク：組織ライフサイクルと管理会計の利用との関係性

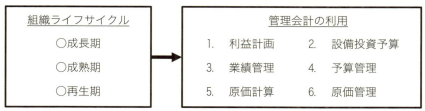

研究フレームワークを構成する概念として，まず組織ライフサイクル概念は，先行研究との比較可能性を確保するため，Miller and Friesen（1984）が提示した組織ライフサイクルモデルに依拠する。本章の研究では，Miller and Friesen（1984）の5つのステージからなる組織ライフサイクルモデルのうち，売上高成

---

2 具体的には，事業計画については重視するビジネス目標，計画の期間，予算については利用目的，編成方法，マネジメントコントロール手法については管理会計手法（原価計算，財務計画，利益調整，プロフィットセンター制），マネジメントコントロール手法（JIT（Just-In-Time），MRP（Material Requirements Planning），ERP（Enterprise Resource Planning），TQM（Total Quality Management），TBM（Time Based Management），ABM，BSC（Balanced Scorecard），バリューチェーン分析，株主価値，EVA®（Economic Value Added））に関する重視度・利用度を調査している。

長率が高く,職能制組織が採用され,トップによる迅速な意思決定が行われる段階である成長期,売上高成長率が低下し,官僚制組織が採用される段階である成熟期,売上高成長率が再び向上し,製品ラインの多様化が進み,分権制組織や精緻化したコントロールシステムが採用される段階である再生期の3つの組織ライフサイクルステージを取り上げる。

　本研究フレームワークで誕生期と衰退期を除外した理由について,誕生期は,オーナー経営者が支配しており,非公式な組織構造が採用され(Miller and Friesen, 1984),公式的なコントロールが採用される以前の段階であるため(Simons, 1995),公式的な管理会計が利用される以前の段階と考えられるからである[3]。また衰退期は,Miller and Friesen(1984)と同一データを用いて追試を行ったDrazin and Kazanjian(1990)によれば,5ステージモデルよりも再生期と衰退期を除いた3ステージモデル,衰退期を除いた4ステージモデルの方がモデルの適合度が高いことを示していることに加え,これまでの研究でも指摘されてきたように研究上十分なデータが得られないという限界も存在するからである(Kallunki and Silvola, 2008；Su et al., 2015など)。

　つぎに,管理会計概念については,コンベンショナル・ウィズダムと考えられる管理会計手法の利用実態の解明を目的とした前著(吉田ほか,2012)に依拠し,利益計画(利益計画手法),設備投資予算,業績管理(業績管理システム,業績と報酬の関係性),予算管理,原価計算(標準原価計算,直接原価計算,製造間接費の配賦計算),原価管理(実際原価・物量情報の活用,原価企画,MPC(Micro Profit Center：ミニ・プロフィットセンター))を取り上げる。

3 ■リサーチ・デザイン

　つづいて本節では,研究フレームワークに基づき,組織ライフサイクルと管理会計の利用の関係性を実証的に解明するための分析データの収集,分析に用

---

[3] 公式的なマネジメントコントロールは,創業者から経営者が交代したり,企業外部の投資家の意見等を踏まえて採用されることも指摘されている(Davila, 2005)。ほかにも,本章の研究が用いるデータは,調査上の限界も考慮し,上場企業を対象とした質問票調査により取集しており,上場に際して一定レベルの管理会計がすでに利用されていると予想されることから,誕生期を除外した分析が適切であると考えられる。

いる変数の設定について述べる。

3.1 調査方法

分析に用いるデータは，第1章と第2章で報告した郵送質問票調査により収集した。調査対象は，全国の証券市場（東証一部・二部，名証一部・二部，セントレックス，札証本則・アンビシャス，福証本則・Q-Board, JASDAQ, マザーズ）に上場している製造業1,519社（2013年10月末時点）である。発送先は，有価証券報告書をもとに，主要事業部門の管理会計業務の実情に精通していると思われる責任者を特定し，2014年1月31日を回収期限として，2014年1月14日に質問票を発送した。回収期限後を含めた最終回収企業数は製造業194社（12.8％）であった。分析には，組織ライフサイクルステージの分類に必要となる項目に欠損がない製造業189社の回答を用いる（**図表8-2**）。

[図表8-2] 質問調査票の回収結果

業種	発送数	有効回答数	・率	分析用サンプル数
食料品	132	20	15.2%	20
繊維	56	4	7.1%	4
パルプ・紙	26	5	19.2%	4
化学	211	32	15.2%	30
医薬品	59	5	8.5%	5
石油・石炭	13	1	7.7%	1
ゴム	19	2	10.5%	2
ガラス・土石	62	6	9.7%	6
鉄鋼	50	4	8.0%	4
非鉄金属	37	7	18.9%	6
金属	92	14	15.2%	13
機械	231	20	8.7%	20
電気機器	271	35	12.9%	35
輸送用機器	101	21	20.8%	21
精密機器	51	4	7.8%	4
その他製品	108	14	13.0%	14
合計	1,519	194	12.8%	189

3.2 変数の測定と操作化

分析に用いる各変数はつぎのように設定した。まず,組織ライフサイクルは,企業の認識を直接問うのではなく,売上高成長率,分権化の程度,上場市場の3つの基準を用いた分類を行った。第1に,売上高成長率の高さに基づいて,成長期・再生期と成熟期の2つに分類した。Miller and Friesen (1984) の組織ライフサイクルモデルでは,成長期や再生期の企業は,売上高成長率が成熟期企業よりも高いことに加えて,前段階の組織ライフサイクルステージへの移行を含めた毎年の組織ライフサイクルステージの移行が想定されていることから,2012年度と比較した2013年度の売上高成長率を,業種分類ごとの平均および全上場企業の製造業平均と比較した。その結果,業種分類ごとの平均もしくは全上場企業の製造業平均を上回る企業を成長期,再生期,両平均を下回る企業を成熟期に分類した。

第2に,売上高成長率基準により成長期・再生期に分類された企業について,分権化の程度に基づいて,成長期と再生期に分類した。再生期企業では,事業・製品の多角化が進んでおり,成長期企業と比べて分権的な意思決定が行われる傾向がある(Miller and Friesen, 1984)。また,企業規模が拡大することで分権的組織が構築される傾向があり(Khandwalla, 1977),再生期企業の方が成長期企業よりも企業規模が大きいことが予想されることから,分権化が進んでいると考えられる。そこで,分権化の程度に関する質問項目が平均値および中央値以上の企業を再生期,それ以外の企業を成長期に分類した[4]。

第3に,売上高成長率基準ならびに分権化基準で成長期に分類された企業について,上場区分に基づく修正を行う。本則市場(東証一部・二部,名証一部・二部,札証(本則),福証(本則))に上場している企業の方が,新興市場(名証セントレックス,札証アンビシャス,福証Q-board,マザーズ,JASDAQ)に上場している企業よりも操業年数が長く,組織ライフサイクルの後ステージにあることが予

---

[4] 売上高成長率基準に基づき成長期・成熟期に分類された企業の分権化の程度に関する質問項目「ミドルマネジャーに大幅な権限委譲がされている」(7点尺度)の平均値は3.50,中央値は3.00であるため,同質問項目の回答が4点以上の企業を成熟期,3点以下の企業を成長期に分類している。

想される[5]。また，事業特性によっては，集権的組織の方が分権的組織よりも適合的であると考えられる。そこで，売上高成長率基準ならびに分権化基準で成長期に分類された企業について，本則市場に上場している企業を再生期企業に分類を修正した。

つぎに，管理会計の利用は，前著（吉田ほか，2012）に依拠し，コンベンショナル・ウィズダムと考えられる管理会計手法の利用について調査し，その変数を分析に用いる。

4 ■分析結果と考察

つづく本節では，郵送質問票調査により得られたデータを用いた分析の結果と考察を述べる。

組織ライフサイクルステージ間の管理会計の利用の相違を明らかにするために2段階の分析を行った。まず，どのような管理会計の利用について組織ライフサイクルステージ間に差があるのかを明らかにするためにクラスカル・ウォリス検定（Kruskal-Wallis test）を行った（図表8-3）。その結果，利益計画に用いる手法に関して，CVP（Cost-Volume-Profit）分析，SWOT（Strengths, Weaknesses, Opportunities, Threats）分析の利用度（ともに有意水準5％），業績管理に関して，業績指標の設定については顧客関連指標，業務プロセス関連指標の重視度（ともに同5％），事業戦略との業績目標の整合性（同5％），財務・非財務目標の関連図の作成（同10％），業績と報酬の関係性の強さについては事業部門長（同10％），ミドルマネジャー（同5％），ロワーマネジャー（同10％），一般従業員（同1％）に組織ライフサイクルステージ間に差があることが確認された。その一方で，設備投資予算，予算管理，原価計算，原価管理の利用に関しては，組織ライフサイクルステージ間に有意な差があることは確認されなかった。

つぎに，クラスカル・ウォリス検定で差が確認された管理会計の利用について，どの組織ライフサイクルステージ間で管理会計の利用に差があるのかを明

---

5 各証券市場の上場基準では，事業継続年数に関して，本則市場は3年以上，新興市場は基準なし，もしくは1年以上という基準があり，本則市場の企業ほど操業年数が長いと考えられる。

[図表8-3] 組織ライフサイクルと管理会計の利用の差

	(1)クラスカル・ウォリス検定				(2)ボンフェローニ補正マン・ホイットニー検定		
	成長期 （9社）	成熟期 （86社）	再生期 （94社）	p	成長期 /成熟期	成長期 /再生期	成熟期 /再生期
1．利益計画							
(1) 見積財務諸表	4.56	5.44	5.41	0.417			
(2) CVP分析	2.56	4.22	4.62	0.010	*	**	
(3) 製品ポートフォリオ	2.78	3.45	4.15	0.004			
(4) SWOT分析	2.44	3.66	4.09	0.012	*	**	**
2．設備投資予算	88.9%	77.9%	88.2%	0.165			
(1) 回収期間法	100.0%	82.7%	82.8%	0.439			
(2) 会計的投資利益率法	12.5%	29.3%	25.3%	0.556			
(3) 正味現在価値法	12.5%	22.7%	29.9%	0.393			
(4) 内部利益率法	0.0%	18.7%	14.9%	0.369			
3．業績管理							
業績指標の設定							
(1) 財務指標	5.44	5.76	5.88	0.480			
(2) 顧客関連指標	2.67	4.07	3.97	0.027	**	**	
(3) 業務プロセス関連指標	2.33	3.59	3.66	0.020	**	**	
(4) 事業戦略と業績目標の整合性	3.67	4.84	5.06	0.027		**	
(5) 財務・非財務目標の関連図	1.56	2.58	2.72	0.072	*	*	
業績と報酬の関係性							
(1) 事業部門長	3.33	4.59	4.63	0.067	*	*	
(2) ミドルマネジャー	2.78	4.22	4.18	0.018	**	*	
(3) ロワーマネジャー	2.56	3.62	3.51	0.061	**		
(4) 一般従業員	2.00	3.45	3.27	0.006	***	**	
4．予算管理							
(1) 予算編成方針	2.88	3.85	3.94	0.193			
(2) 計画の詳細性	4.89	5.26	5.47	0.488			
(3) ミドルマネジャーの参加	4.22	5.13	5.35	0.104			
(4) 具体的目標の個人へ割り当て	3.11	3.77	3.93	0.344			
5．原価計算							
(1) 標準原価計算	66.7%	64.0%	73.4%	0.391			
(2) 直接原価計算	44.4%	60.5%	55.3%	0.576			

第8章　組織ライフサイクルと管理会計の利用との関係性　*177*

(3) 製造間接費の配賦計算	100.0%	98.8%	95.7%	0.409
操業度基準配賦	55.6%	60.0%	53.3%	0.674
複数基準配賦	55.6%	68.8%	69.6%	0.689
A　　B　　C	0.0%	3.8%	8.7%	0.296
6. 原価管理				
(1) 実際原価情報による管理	4.38	5.18	5.11	0.621
(2) 物量情報による管理	3.63	4.59	4.60	0.422
(3) 原　価　企　画	77.8%	70.9%	83.0%	0.158
(4) M　　P　　C	22.0%	31.8%	33.0%	0.804

(注1) 利益計画に関する変数は，単・複数年度の利益計画策定時の手法の利用度を7点尺度（「1 全く利用していない」－「7 常に利用している」）で調査している。

(注2) 設備投資予算に関する変数は，設備投資案件の経済性評価手法の利用の有無を調査している。

(注3) 業績管理に関する変数は，「財務指標」，「顧客関連指標」，「業務プロセス関連指標」は事業業績の管理で重視されているか，「事業戦略と業績目標の整合性」は重視する事業目標が事業戦略と整合性がとれているか，「財務・非財務目標の関係図」は財務目標と非財務目標の関連を示す図を作成しているかを7点尺度（「1 全くそうではない」－「7 全くそのとおり」）で調査している。また，業績と報酬のリンクは，各職位について事業業績と金銭的報酬の関連度を7点尺度（「1 全く関係がない」－「7 完全に連動している」）で調査している。

(注4) 予算管理に関する変数は，「予算編成方針」は「1 前年度実績を前提に新規事業分を積み上げる形で編成される」－「7 経営戦略の達成にむけて戦略的見地から重点的に資源配分が行われる」，「計画の詳細性」は予算計画の詳細さ，「ミドルマネジャーの参加」は予算目標の設定プロセスへのミドルマネジャーの参加，「具体的目標の個人への割り当て」は具体的な予算目標を個人に割り当てているかを7点尺度（「1 全くそうではない」－「7 全くそのとおり」）で調査している。

(注5) 原価計算に関する変数は，各手法の利用の有無について調査している。

(注6) 原価管理に関する変数は，「実際原価情報による管理」，「物量情報による管理」は原価低減の手段としての利用度を7点尺度（「1 全く利用していない」－「7 常に利用している」）で調査している。また，「原価企画」は製品の企画・開発・設計段階における目標原価の設定・管理活動の実施の有無，「MPC」は製造現場における少人数ごとに利益目標を課しているかで調査している。

(注7) ＊＊＊$p<0.01$；＊＊$p<0.05$；＊$p<0.1$（ボンフェローニ補正）。

らかにするためにボンフェローニ補正マン・ホイットニー検定（Mann-Whitney U-test with Bonferroni correction）を行った。その結果，第1に，利益計画に用いる手法に関して，CVP分析は成長期企業よりも成熟期（同10％）や再生期（同5％）の企業で利用されていること，SWOT分析は成長期企業よりも成熟期（同10％）や再生期（同5％）の企業，成熟期企業よりも再生期企業（同5％）で利用され

ていることが確認された。第2に，業績管理に関して，業績指標の設定については，顧客関連指標および業務関連プロセス指標が成長期企業よりも成熟期や再生期の企業で重視されていること（ともに同5％），事業戦略と目標の整合性が成長期企業よりも再生期企業の方が高いこと（同5％），財務目標と非財務目標の関連図が成長期企業よりも成熟期や再生期の企業で作成されていること（同10％）が確認された。第3に，業績と報酬のリンクについては，事業部門長，ミドルマネジャー，一般従業員に関しては成長期企業よりも成熟期や再生期の企業で関わりが強いこと（事業部門長：成熟期・再生期（ともに同10％），ミドルマネジャー：成熟期（同5％），再生期（同10％），一般従業員：成熟期（同1％），再生期（同5％）），ロワーマネジャーに関しては成長期企業よりも成熟期企業で関わりが強いこと（同5％）が確認された。

以上の分析結果から，成長期企業では成熟期や再生期の企業と比べて利益計画手法の利用度が低いことに加え，必ずしも積極的な業績管理が行われていないことが確認された。これまでの議論では，成長期企業における管理会計情報の多様性の大きさ（Moores and Yuen, 2001）が指摘される一方で，公式的なマネジメントコントロールの利用度の低さ（福島，2011，2012）や本章の分析では確認されなかったもののABCやABMの利用度の低さ（Kallunki and Silvola, 2008；Phan et al., 2014）も指摘されており，本章の研究の分析結果は概ね過去の議論とも整合的であると考えられる。

また，成熟期や再生期の企業では成長期企業と比べると利益計画手法の利用度が高く，財務指標に加えて非財務指標も利用し，それらの戦略との整合性や財務・非財務指標間の関係性を把握しているなどBSC的な業績管理も行われていることがうかがえ，積極的な管理会計の利用が推察された。成熟期や再生期の企業では，プロフィットセンター制が採用されているという指摘もあり（Silvola, 2008），積極的に業績管理を実施しているという本章の研究の分析結果は概ね過去の議論とも整合的であると考えられる。しかし，成熟期と再生期の企業の間には利益計画におけるSWOT分析の利用度に差が見られたものの，管理会計の利用に顕著な差は確認されず，本分析結果からは両者の明確な違いをうかがうことはできなかった。

5 ■ 小括：組織ライフサイクルに応じた管理会計の利用に関する発展モデル

　以上，組織ライフサイクルステージ間の管理会計の利用の相違を実証的に明らかにしてきた。最後に，本章の研究の分析結果と既存研究の知見を併せた組織ライフサイクルと管理会計の利用に関するインプリケーションと残された課題を述べる。

　組織ライフサイクルと管理会計の利用の関係性について，個別の管理会計手法の利用との関係，マネジメントコントロールとの関係から検討されてきた。これまでの議論および本章の研究の分析結果から得られた知見をまとめると，組織ライフサイクルに応じた管理会計の利用モデルを提示することができる（図表8-4）。成長期は，利用する管理会計手法が少ないだけでなく，公式的なマネジメントコントロールの利用度も低い。成熟期には，本章の研究の分析で確認された利益計画手法の利用度，業績管理の活用度の高さに加えて，ABC/Mの利用度が高いことも確認されるなど（Kallunki and Silvola, 2008；Phan et al., 2014），利用する管理会計手法を増加させるとともに，売上高成長率の鈍化に対応すべくマネジメントコントロールも積極的に展開される（福島，2011，2012）。しかし，再び売上高成長率が上昇し再生期に入ると，利用する管理会計手法は変化させず6，相対的に組織やマネジャーの負荷が大きいマネジメントコントロールの利用を低下させ，相対的に負荷の少ないマネジメントコントロールに依存するようになる（福島，2011，2012）。

　他方，本章の研究にはいくつかの残された課題も指摘される。第1は，組織ライフサイクルの測定・分類方法の検討である。既存研究でも，その測定・分類方法は多様であり，より妥当性の高い組織ライフサイクルの測定・分類方法を模索する必要がある。

　6　本章の研究の分析結果ではSWOT分析の利用度については，再生期企業の方が成熟期企業よりも高いことが確認されたが，それ以外の手法については明確な差が確認されなかった。また，これまでの研究でも成熟期や再生期の企業はともに成長期企業よりも管理会計手法の利用度が高いものの，成熟期と再生期の企業間で明確な差は確認されていない（Kallunki and Silvola, 2008；Phan et al., 2014；など）。

[図表8-4] 組織ライフサイクルに応じた管理会計の利用モデル

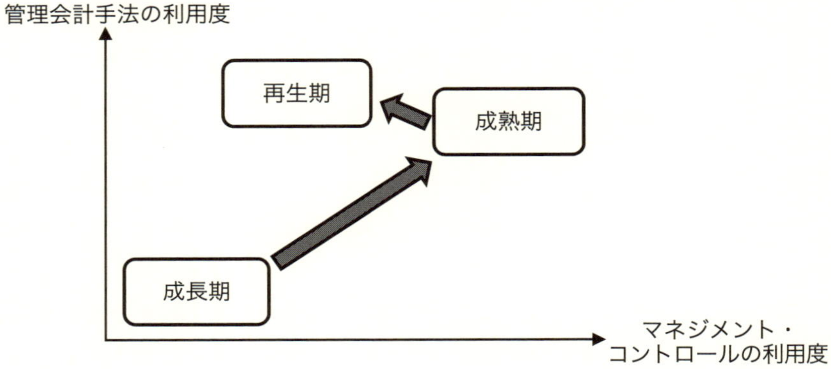

縦軸：管理会計手法の利用度
横軸：マネジメント・コントロールの利用度

成長期 → 成熟期 → 再生期

　第2は，管理会計手法の利用が組織成長に与える影響の検討である。本章の研究を含め，これまでの議論では，組織ライフサイクルステージ間の管理会計の利用の相違は明らかにされてきたが，管理会計の利用が組織ライフサイクルステージの移行に与える影響は検討されていない。そこで，たとえばSandelin（2008）のような同一組織の継時的調査などを通じて組織ライフサイクルと管理会計の利用の関係を浮き彫りにすることで，管理会計の利用が組織ライフサイクルの移行に与える影響を明らかにできる可能性がある。

終　章

結論と実務家へのメッセージ

　本書は『日本的管理会計の深層』と題し，5年前に出版した『日本的管理会計の探究』につづく第2弾の研究書である。3つの研究目的を掲げ（序章），実態調査編（第1章から第3章）と実証研究編（第4章から第8章）で構成した。

　以下に，本書の要約と結論，実務的インプリケーションを述べて，本書のむすびとしたい。

1 ■ 本書の要約と結論

(1)　日本企業における管理会計利用実態（経時的変化）の把握

　本書の研究の第1の目的は，わが国大企業の管理会計利用実態の5年間の変化を観察することであった。そこで，2014年1月14日に東証一部上場企業1,752社（製造業847社，非製造業905社，2013年10月末時点）を対象に，2014年1月31日を回収期限として郵送質問票調査を実施し，製造業130社（有効回答率15.3％），非製造業117社（同12.9％）から有効回答を得た（第1章）。第1回調査（製造業）はリーマンショック直後に実施しており，アベノミクスによる景気回復基調にある今回とは経済情勢が異なることにも注目していた。

　その結果，リーマンショックのような経済危機は経営改革の好機となることも多いが，全体的に5年前からの顕著な変化は確認されなかった。つまり，第1に，本社経理部門と事業部門経理担当の業務分担の実態，利益計画段階での管理会計手法の利用実態，CVP（Cost-Volume-Profit）分析の利益計画以外の局面（サービス・商品，案件ごとの企画・計画段階での損益分析，月次・週次の実績分析・

評価)における利用を製造業,非製造業ともに確認した。第2に,標準原価管理や実際原価情報による管理が,製造業のみならず非製造業でもある程度利用されていること,品質コストマネジメントについて,欠陥品ゼロ・モデルと同様にコスト最小化モデルも普及していることを製造業・非製造業ともに確認した。第3に,非製造業における先端的原価計算・管理手法の高い普及状況を確認した。原価企画(46.6%,前回42.5%),MPC(Micro Profit Center:ミニ・プロフィットセンター)(疑似MPC制を含む)(41.4%,前回51.2%)がある程度普及しており,銀行ではABC(Activity-Based Costing/Management:活動基準原価計算)の高い利用率を確認した。第4に,製造業においてもMPC制(疑似MPC制を含む)のある程度の普及(32.3%,前回40.4%)を確認した。第5に,業績・予算管理の方法において,製造業・非製造業とも事業部門長とミドルマネジャーとの話し合いは臨時的にも定期的にも多用されていた。

一方,第1回調査では見られなかった傾向として,業績・予算管理について,製造業の方が非製造業に比べ,固定的な目標として財務指標を重視し(**図表1-29,1-31**),より戦略的な予算をミドルマネジャーも巻き込み編成し,明確・詳細に計画を立てる(**図表1-34,1-35**)傾向を確認した。その影響もあってか,製造業の方が予算編成における時間的負担を感じている。加えて,予算管理の逆機能として「環境変化が激しく予算の予測機能が役に立たない」との指摘(7点尺度の3.62点,前回4.10点)が第1回調査より減ったことは,第1回調査がリーマンショック直後であったことの影響だと推察される。

(2) 日本的管理会計の深層の調査(東証一部とその他上場企業との比較)

本書の研究の第2の目的は,第1回調査では未実施であった東証一部以外の上場企業(東証二部,名証,福証,札証,JASDAQ,マザーズ)を対象とした実態調査結果との比較であった(第2章)。企業規模や企業ライフサイクルにおけるステージが異なると想定される企業群の間で,管理会計の利用状況がどのように異なるのかを調べた。その結果を要約すると以下のとおりである。

第1に,主に製造業において東証一部上場企業の方が原価計算・管理手法を活用している実態を確認した。それらは,事業部門経理担当の事業予算管理業務の重視度(**図表2-4**),標準原価計算の利用(**図表2-5**)と経営管理目的の効

果（**図表2-7**），直接原価計算の経営管理目的の効果（**図表2-10**），物量情報による管理効果（**図表2-13**），原価企画の利用（**図表2-14**）であり，事業部門経理担当の設置（**図表2-3**）については非製造業でも低い傾向を確認した。その一方で東証一部以外の上場非製造業における先端的原価計算・管理手法の高い普及状況を確認した。それらは，計画段階での利益企画としての利用が多いことが推察される原価企画の高い利用率（62.4％，東証一部上場企業46.6％）と，業績管理手法としての利用なども期待されるMPC（疑似MPC制を含む）（55.0％，東証一部上場企業41.4％）の高い利用率である。さらに，製造業においてもMPC制（疑似MPC制を含む）のある程度の普及（31.7％，東証一部上場企業32.3％）を確認した。

第2に，利益計画・評価手法について東証一部上場企業との相違を確認した。東証一部以外の上場製造業ではSWOT分析以外の手法の利用率は低く（**図表2-24**），複数の手法の効果に対する評価が低かった（**図表2-25**）。非製造業では，月次・週次の実績分析・評価目的でのCVP分析の効果を高く評価しており（**図表2-28**），他の手法より知名度のあるCVP分析が，非製造業の日常業務の中で多用されていることが推察される。

第3に，製造業の業績管理について東証一部上場企業の方が財務目標の達成を厳しく管理する傾向を推察した。つまり，東証一部以外の上場製造業における財務指標の重視度（**図表2-29**），事業戦略と業績目標の整合性（**図表2-30**），事業業績と事業部門長の金銭的報酬との関連性（**図表2-33**）が低い傾向を確認した。

第4に，製造業の予算管理についても業績管理同様に東証一部上場企業の方が戦略的・厳格に予算管理を実施している傾向を推察した。東証一部以外の上場製造業における予算管理に関する多くの質問項目で東証一部上場企業よりも得点は低く，そのためか予算編成の時間的負担感（7点尺度で3.80，東証一部上場企業4.84）も軽い傾向を確認した。

第5に，東証一部以外の上場製造業・非製造業ともに経済性評価手法の利用率が低い中，回収期間法の利用率が高い傾向を確認した（**図表2-38**）。予算管理と同様に，東証一部上場企業よりもシンプルな管理を実施していることが推察される。また，経済性評価手法による見積数値の利用程度（**図表2-39**）につい

184 終章　結論と実務家へのメッセージ

ては，製造業と非製造業とでは異なる傾向を示した。

(3) さらなる日本的管理会計の深層の調査・分析

　本書の研究の第3の目的は，日本的管理会計手法・情報の表層的な利用実態にとどまらない，より深層の実態を探ることであった。

　そこで，まず管理会計の二大領域の1つである業績管理について日本企業の実像を探るため，第2回調査とは別に専用の郵送質問票調査を実施した（第3章）。その結果を要約すると以下のとおりである。第1に，わが国大企業の平均像として，予算の厳格度はある程度高く（**図表3-3**），業績評価には一定の主観性が含まれ（**図表3-5，3-6**），業績評価指標についても財務だけでなく非財務・長期の視点も織り込まれている（**図表3-7**）傾向を確認した。第2に，製造業と非製造業との間で顕著な違いはあまり確認されず，以下の項目に限られた。まず，非製造業の方が事業部門長の業績評価に予算を利用し（**図表3-3，3-4**），逆に製造業の方が事業部門長の業績評価における予算と実績の差異の取り扱いについて統制可能範囲に限定する傾向（**図表3-5**）を確認した。加えて，事業業績指標について，製造業の方が営業キャッシュフローや内部プロセス関連指標を重視する一方，非製造業の方が人材育成関連指標を重視する傾向が示唆された（**図表3-7**）。

　つぎに，もう1つの原価管理領域では，原価企画における高品質と低コストの両立を志向する日本の製造大企業の管理活動実態を探求するための実証研究を実施した（第4章）。第2回調査データ（東証一部製造業）に基づく分析の結果，①日本の製造大企業の原価企画は高品質と低コストの両立を実現する傾向（**図表4-6**），②高品質と低コストの両立に向けて多様なコストマネジメント・管理活動（挑戦的目標原価，コンカレント・エンジニアリング，従業員の複数目標の同時達成）が機能する傾向（**図表4-7**），③事業戦略と一貫した業績目標の設定により高品質と低コストの両立を志向する傾向を推察した（**図表4-8**）。

　この第4章を含め第8章までが実証研究編（第1章から第3章までが実態調査編）であり，つづいて，企業の探索と深化，両利きの経営（探索と深化の同時追求）という組織の志向性と日本的管理会計行動との関係性を探った（第5章）。第2回調査データ（東証一部製造業）に基づく分析の結果（**図表5-6，5-7，5-**

8),残念ながら確認された関係性は総じて弱く,①探索と日本的管理会計行動との関係について,業績・報酬リンクへの正の影響を確認したが,オープンブックマネジメントやゼロディフェクト志向,計数管理への影響は確認できず,②深化と日本的管理会計行動との関係については,業績・報酬リンクやゼロディフェクト志向では関係は確認されず,オープンブックマネジメントと計数管理への正の影響を確認した。③両利きの経営と日本的管理会計行動との関係についても,オープンブックマネジメントへの影響が示唆されたのみであった。

ひきつづき,企業の探索・深化と予算管理の類型との関係性を探った(第6章)。第2回調査データ(東証一部全業種)に基づく分析の結果,日本企業の予算管理を「弾力的予算管理」,「統制的予算管理」,「非統制的予算管理」の3つに類型化した(図表6-6)。その中でも,従来指摘されてきた「日本的」予算管理とは異なる特徴をもつ「統制的予算管理」類型が他の2つの類型に比べ,探索志向であることを確認した(図表6-7)。

さらには,管理会計(プランニング・コントロールとコストマネジメント)成熟度と組織業績との関係性を探った(第7章)。第2回調査データ(東証一部製造業)に基づく分析の結果(図表7-8,7-9),①売上高低下企業群において,対業種平均営業利益に対する設備投資の経済性計算の多様性の正,非財務指標の活用の逆U字型,製造コストマネジメントの正の影響が示唆され,②企業の売上変動傾向にかかわらず,製品開発コストマネジメント成熟度と製造コストマネジメント成熟度の交互作用の組織業績への貢献が示唆され,両項目の調整効果を検討した結果,製品開発段階から製造段階までの一貫したコストマネジメント成熟度の高さ,とりわけ製品開発コストマネジメントの高い成熟度の利益貢献に対する重要性を強調した。

最後に,組織ライフサイクルと管理会計の利用との関係性を探った(第8章)。第2回調査データ(全上場製造業)に基づく分析の結果(図表8-3),①成長期企業では,成熟・再生期企業と比べて利益計画手法の利用度が低いことに加え,必ずしも積極的な業績管理が行われていないことを確認した。また,②成熟・再生期企業では,成長期企業と比べて利益計画手法の利用度が高く,財務指標に加えて非財務指標も利用し,それらの戦略との整合性や財務・非財務指標間の関係性把握などBSC(Balanced Scorecard:バランスト・スコアカード)的な業績

管理も行われていることがうかがえ，積極的な管理会計の利用が推察された。一方，③成熟期と再生期の企業間には，利益計画におけるSWOT分析の利用度に差が見られたものの，管理会計利用に顕著な差は確認されなかった。以上の分析結果から，つぎのような組織ライフサイクルのステージに応じた管理会計の利用モデルを提示した（**図表8-4**）。成長期は，利用する管理会計手法が少ないだけでなく，公式的なマネジメント・コントロールの利用度も低い。成熟期には，利用する管理会計手法を増加させるとともに，売上高成長率の鈍化に対応すべくマネジメント・コントロールも積極的に展開される。しかし，再び売上高成長率が上昇し再生期に入ると，利用する管理会計手法は変化させず，組織やマネジャーの相対的負荷の大きいマネジメント・コントロールの利用を低下させ，相対的負荷の小さいマネジメント・コントロールに依存するようになる。

2 ■実務的インプリケーション

　本書の研究目的，各論の結論は以上のとおりであり，理論的インプリケーションは各章末ですでに述べている。そこで，ここでは実務的インプリケーションを以下のとおり述べて，本書のむすびとする。

(1) 他社の取り組みを知る

　本書の実務的貢献の第1は，実態調査から他社の管理会計実践を知ることができる点である。われわれが実施した郵送質問票調査は，まずは東証一部上場企業の経理部門長を対象にした第1回調査（2009年）と第2回調査（2014年）との比較（第1章），東証一部上場製造業と非製造業との比較（第1章），東証一部上場企業とその他の上場企業との比較（第2章），加えて，経営企画部門長を回答者とした業績管理の実態調査における製造業と非製造業との比較（第3章）であり，その関係性をあらためて示しておく（**図表9-1**）。

終章　結論と実務家へのメッセージ　187

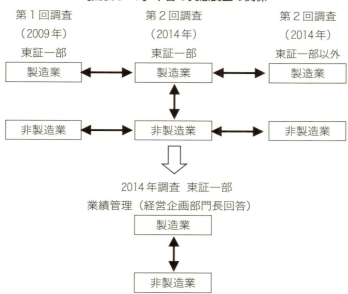

[図表9-1] 本書の実態調査の関係

　第1回調査（2009年）時には，詳細な文献調査を実施し，先行する実態調査研究との比較や補完も意識したうえで質問項目を作成した。第2回調査（2014年）においては，その後の5年間の関連文献，実態調査，研究者・実務家からのアドバイスを受けつつ，第1回調査（2009年）との比較可能性を担保した上で質問票を再設計した。追加的な業績管理調査（第3章）では，特に近年，学術的にも注目を集める業績評価の客観性と主観性をテーマに，事業業績評価指標（財務と非財務）の重視度や予算の厳格さの実態を関連づけることで，日本企業の業績管理実践の深層に迫れると考えた。

　以上のように，5年間の変化，業種の違い，組織ライフサイクルにおけるステージ・規模の違い（上場市場の違い）など，多くの実務家の方々に情報提供することを意図した。各章では先行研究から分かる管理会計利用実態や理論も必要に応じて紹介・比較検討しながら調査・分析結果を説明した。加えて，これまでの調査では十分に利用・普及状況がわからなかった手法についても調査しており，今日の日本企業の管理会計利用実態を前著以上に知ることができると

考えている。本調査は5年ごとの調査（2029年まで）を予定しており，2019年に実施予定の第3回調査へのご協力もお願いしたい。

(2) 自社の組織変革，マネジメント・コントロール設計に役立てる

第2の実務的貢献は，自社の組織変革やマネジメント・コントロール設計に役立つ情報が得られる点である。

まず，第3章では，予算目標の特徴，事業部門長の業績評価への予算と予算以外の方法の利用，事業部門の業績評価指標について，実態調査結果と理論的考察を示した。教科書的などうあるべきかという規範的説明からでは分からない日本企業の平均像（予算の厳格度はある程度高く（**図表3-3**），業績評価には一定の主観性が含まれ（**図表3-5，3-6**），業績評価指標についても財務だけでなく非財務・長期の視点も織り込まれている（**図表3-7**）傾向）を示すことができた。自社の予算管理・業績管理の現在位置を知るためにご活用いただきたい。加えて，他の実態調査結果や学術的に何が議論されているのかも紹介した。自社の予算管理・業績管理について検討される際の論点整理に役立てば幸いである。

つぎに，本書の実証研究編（第4章から第8章）では，管理会計手法・情報の表層的な利用実態に留まらない，より深層の管理会計実践と組織コンテクストとの関係性を探った。

第4章では，製品開発コストマネジメントである原価企画活動における高品質と低コストの両立に関する管理活動実態を探った。その結果，一般的には高品質と低コストはトレードオフではなく両立傾向にある一方，挑戦的目標原価を設定するだけでは品質低下を招きかねず，その他の支援活動の充実が原価企画の複数目標の達成には不可欠であることを主張した。もちろん，一般化された理論・傾向が個別の企業にそのまま当てはまるわけではないが，数多くの他社の取り組みから得られる一般論を管理会計手法の導入・設計者が知っていることは重要である。

第5章では，組織の志向性（（知の）探索と深化の両立の視点）が管理会計行動に及ぼす影響を探った。期待したほどの関係性を発見するには至らなかったが，組織コンテクストと管理会計との適合性が重要であることは広く知られており，自社の組織特性に合った管理会計を追求する際に参考になれば幸いである。

第6章では，予算管理を類型化し，探索と深化との関係性を探った。日本企業の多くが，弾力的予算管理と統制的予算管理とに分類され，事後統制機能の重視によってさらに二分されうることや，統制的予算管理類型の組織は他の組織よりも探索志向であることを示した。表層的な予算管理実態の深層にある予算管理の特徴と組織の学習志向性との関係性についての日本企業の全体的な特徴を，自社の予算管理の設計・運用の参考にしていただきたい。

第7章では，表層的な個別の管理会計手法の利用実態の深層にある管理会計成熟度と組織業績との関係を探った。常々，管理会計は独創的な新製品・サービスが成功している時ではなく，売上・利益が伸び悩むときに愚直に取り組む「守りの経営」にこそ力を発揮するのではないかと考えており，売上高低下企業に対する分析を実施した。その結果，対業種平均営業利益に対する非財務指標の活用の逆U字型の影響などが示唆された。つまり，業績指標の多様化が重要といっても最適な程度があることを実証的に示すことができた。加えて，企業の売上変動傾向にかかわらず，製品開発段階から製造段階までの一貫したコストマネジメント成熟度の高さ，とりわけ製品開発コストマネジメントの高い成熟度の利益貢献に対する重要性を強調した。実務家の方々からすれば当たり前の結果かもしれない。裏を返せば，そうお感じになった方々が日々当たり前に重要だと考えていることが理論的・実証的に示されており，今後とも自信を持って，そうした取り組みを継続していただきたい。

最後に，第8章では組織ライフサイクルと管理会計の利用との関係性を探った。その結果，企業のライフサイクルのステージに応じて，管理会計利用に違いがあることを示した。このことは，事業のライフサイクルのステージに応じて，あるべき管理会計の利用に違いがあることを示している。つまり，社内にある成熟期の事業と立上期の事業とではマネジメントの取り組みを違える必要があり，たとえば，新規事業を立ち上げる時に成熟事業でのこれまでのやり方を踏襲したのではうまくいかないことを示唆している。そうした点を意識しながら，事業構造の変革・事業マネジメントに取り組んでいただきたい。

(3) 将来を展望する

第3の実務的貢献は，自社や他社の現状を知るだけでなく，自社の管理会計

の将来像を展望できる点である。本書の実態調査編では，東証一部上場企業とその他の上場企業とを比較した。これから自社を大きく成長させようとしている新興・中堅企業の経営者の方々にとって，具体的な将来像のイメージが湧けば幸いである。

　実証分析編では，「組織の志向性(探索，深化，両利きの経営)」(第5章，第6章)，「管理会計成熟度」(第7章)，「組織ライフサイクル」(第8章)というユニークな切り口から管理会計実態との関係性を探った。どのキーワードから企業経営を考えてみても，一朝一夕に変革できるものではなく，将来を見据え，じっくりと腰を据えた適切な管理会計の仕組み・仕掛けの構築・運用が重要であることがお分かりいただけるであろう。特に，第8章では組織ライフサイクルのステージに応じた管理会計の利用モデルを仮説的に提示した。この組織ライフサイクルを事業ライフサイクルに置き換えて，自社の事業戦略・マネジメントを展望していただきたい。

　管理会計手法の導入は，パッケージソフトを買ってくれば終わりというものではない。管理会計システムは，組織や組織メンバーとの関わりの中で，長年にわたる試行錯誤を繰り返す中で形成されていく樹木のようなものである。自社の土壌を見極め，土壌に合った管理会計ツリーを選び，育て，そうした管理会計ツリーがまた土壌を豊かにしていくのである。本書の知見が，将来的に自社がどの方向に向かうのかを考察する上で参考になれば幸いである。

| 付　録 | **わが国製造業における管理会計実態調査・質問項目**[1]

問1　貴社の主要事業のビジネス環境について，以下の設問にお答えください。
(A)　製品市場の多様性はどの程度ですか。該当する数字1つに〇をお付けください。

極めて同質的 (単一市場・類似の顧客)　1　2　3　4　5　6　7　極めて異質 (非常に多様な市場・顧客)

(B)　競合他社との技術（設備，ノウハウを含む）の共通性はどの程度ですか。該当する数字1つに〇をお付けください。

ほとんど共通　　　1　2　3　4　5　6　7　　ほとんど共通性はない

(C)　販売促進手段の多様性はどの程度ですか。該当する数字1つに〇をお付けください。

極めて少ない (例えば価格のみ)　1　2　3　4　5　6　7　極めて多様 (価格，広告，リベートなど)

(D)　製品市場の競争性はどの程度ですか。該当する数字1つに〇をお付けください。

競争意識は全くなく 相互依存的　1　2　3　4　5　6　7　極めて競争的で破壊的

(E)　新製品・技術の開発頻度はどの程度ですか。該当する数字1つに〇をお付けください。

極めて低い　　　1　2　3　4　5　6　7　　極めて高い

(F)　製品の需要予測の正確性はどの程度ですか。該当する数字1つに〇をお付けください。

極めて正確に予測できる　1　2　3　4　5　6　7　　全く予測できない

問2　貴社の本社と事業レベルの会計業務の分担について，以下の設問にお答えください。
(A)　本社経理部門は，次の業務をどの程度重視していますか。該当する数字1つに〇をお付けください。

---

[1]　非製造業における管理会計実態調査・質問項目については，概ね製造業のものと同様であるため記載を省略した。

	全く 重視していない		ある程度 重視している			極めて 重視している	
(1) 財務会計	1	2	3	4	5	6	7
(2) 予算管理	1	2	3	4	5	6	7
(3) 原価管理	1	2	3	4	5	6	7

(B) 事業単位に経理担当者はいますか。該当する数字1つに○をお付けください。

1．いる
2．いない（問3にお進みください）

(C) 事業単位の経理部門は，次の業務をどの程度重視していますか。該当する数字1つに○をお付けください。

	全く 重視していない		ある程度 重視している			極めて 重視している	
(1) 本社への財務報告	1	2	3	4	5	6	7
(2) 事業予算管理	1	2	3	4	5	6	7
(3) 原価管理	1	2	3	4	5	6	7

問3 貴社の主要事業の利益計画の策定について，以下の設問にお答えください。

(A) 単・複数年度の利益計画策定に際して，以下の手法をどの程度利用していますか。該当する数字1つに○をお付けください。

	全く利用 していない		時に利用 している			常に利用 している	
(1) 見積財務諸表の作成	1	2	3	4	5	6	7
(2) CVP分析 （販売量・価格，原価見積りによる損益分岐点分析）	1	2	3	4	5	6	7
(3) 原価企画（目標利益達成に向けた実行計画の策定）	1	2	3	4	5	6	7
(4) 製品ポートフォリオ （市場シェアと市場成長率の2次元の分析）	1	2	3	4	5	6	7
(5) SWOT分析（強み，弱み，機会，脅威の環境分析）	1	2	3	4	5	6	7

(6) その他（具体的にお書きください） （　　　　　　　　　　　　　）	1	2	3	4	5	6	7

(B) 単・複数年度の利益計画策定に利用した手法はどの程度効果的でしたか。<u>前問(A)で利用程度4点以上と回答した手法についてのみ</u>，該当する数字1つに○をお付けください。

	全く 効果がない		ある程度 効果がある			極めて 効果がある	
(1) 見積財務諸表の作成	1	2	3	4	5	6	7
(2) CVP分析	1	2	3	4	5	6	7
(3) 原価企画	1	2	3	4	5	6	7
(4) 製品ポートフォリオ	1	2	3	4	5	6	7
(5) SWOT分析	1	2	3	4	5	6	7
(6) その他	1	2	3	4	5	6	7

問4 貴社の主要事業の設備投資予算の利用について，以下の設問にお答えください。

(A) どのような設備投資案件の経済性評価手法を利用していますか。<u>該当する数字すべてに○をお付けください。</u>

1．全く利用しない（→問5にお進みください）
2．回収期間法
3．会計的利益率法や投資利益率法
4．正味現在価値法
5．内部利益率法
6．その他（具体的にお書きください （　　　　　　　　　　　　　　　　　　　　　　　　）

(B) どのような目的で経済性評価手法による見積数値を利用していますか。該当する数字1つに○をお付けください。

	全く利用 しない		少数の案件 に利用する		多数の案件 に利用する		全案件に 利用する
(1) <u>個別投資案件の目標値</u> として利用	1	2	3	4	5	6	7
(2) <u>複数案件や一定期間の目標値</u> として利用	1	2	3	4	5	6	7

(3) 投資案件の<u>立案段階の審議資料</u>として利用	1	2	3	4	5	6	7
(4) 投資案件の<u>承認段階の審議資料</u>として利用	1	2	3	4	5	6	7
(5) 投資案件の<u>事後評価の審議資料</u>として利用	1	2	3	4	5	6	7

(C) 経済性評価手法による見積数値はどの程度効果的でしたか。前問(B)で4点以上と回答した利用目的についてのみ，該当する数字1つに○をお付けください。

	全く効果がない		ある程度効果がある		極めて効果がある		
(1) <u>個別投資案件の目標値</u>として利用	1	2	3	4	5	6	7
(2) <u>複数案件や一定期間の目標値</u>として利用	1	2	3	4	5	6	7
(3) 投資案件の<u>立案段階の審議資料</u>として利用	1	2	3	4	5	6	7
(4) 投資案件の<u>承認段階の審議資料</u>として利用	1	2	3	4	5	6	7
(5) 投資案件の<u>事後評価の審議資料</u>として利用	1	2	3	4	5	6	7

問5 貴社の主要事業のCVP分析の利用について，以下の設問にお答えください。

(A) CVP分析を実施していますか。該当する数字1つに○をお付けください。

1．実施している（臨時的利用も含む）
2．実施していない（→問6にお進みください）

(B) どのような目的でCVP分析を実施していますか。該当する数字1つに○をお付けください。

	全く利用していない		時に利用している		常に利用している		
(1) 単・複数年度の<u>利益計画の立案</u>	1	2	3	4	5	6	7
(2) 単・複数年度の<u>利益計画の決定</u>	1	2	3	4	5	6	7
(3) 製品，案件ごとの<u>企画・計画段階での損益分析</u>	1	2	3	4	5	6	7

(4) 月次や週次の実績分析・評価 （予算の達成度合いなど）	1	2	3	4	5	6	7
(5) その他（具体的にお書きください） （　　　　　　　　　　）	1	2	3	4	5	6	7

(C) CVP分析はどの程度効果的でしたか。前問(B)で4点以上と回答した利用目的についてのみ，該当する数字1つに〇をお付けください。

	全く 効果がない		ある程度 効果がある			極めて 効果がある	
(1) 単・複数年度の利益計画の立案	1	2	3	4	5	6	7
(2) 単・複数年度の利益計画の決定	1	2	3	4	5	6	7
(3) 製品，案件ごとの 企画・計画段階での損益分析	1	2	3	4	5	6	7
(4) 月次や週次の実績分析・評価 （予算の達成度合いなど）	1	2	3	4	5	6	7
(5) その他	1	2	3	4	5	6	7

問6 貴社の主要事業の業績管理の特徴について，以下の設問にお答えください。

(A) 業績管理はどのように行われていますか。該当する数字1つに〇をお付けください。

	全く そうではない		ある程度 そのとおり			全く そのとおり	
(1) 事業業績の管理では 財務業績を重視している	1	2	3	4	5	6	7
(2) 事業業績の管理では 顧客に関する指標を重視している	1	2	3	4	5	6	7
(3) 事業業績の管理では業務プロセスに 関する指標を重視している	1	2	3	4	5	6	7
(4) 重視する業績目標は 事業戦略と整合性がとれている	1	2	3	4	5	6	7
(5) 財務目標と非財務目標の 関連を示す図を作成している	1	2	3	4	5	6	7
(6) 業績目標は容易には達成できない 挑戦的な水準である	1	2	3	4	5	6	7

(7) 状況変化にかかわらず, 　　当初の業績目標は変更しない	1	2	3	4	5	6	7
(8) 状況変化に対応すべく, 　　実行プランを継続的に見直す	1	2	3	4	5	6	7
(9) 当初の業績目標と実績が乖離した場合,事業単位の上層部とミドルマネジャー（課長レベル）の話し合いがもたれる	1	2	3	4	5	6	7
(10) 事業単位の上層部は業績経過の報告を定期的に受け,ミドルマネジャー（課長レベル）との話し合いが定期的にもたれる	1	2	3	4	5	6	7
(11) 期首に設定された 　　業績目標は常に達成される	1	2	3	4	5	6	7

(B) 事業業績は，次の職位の方の金銭的報酬とどの程度関連していますか。該当する数字1つに○をお付けください。

	全く 関係がない			ある程度 連動している			完全に 連動している
(1) 事業単位の長	1	2	3	4	5	6	7
(2) 事業単位のミドルマネジャー 　　（課長レベル）	1	2	3	4	5	6	7
(3) 事業単位のロワーマネジャー 　　（係長レベル）	1	2	3	4	5	6	7
(4) 事業単位の一般従業員	1	2	3	4	5	6	7

問7　貴社の主要事業の予算管理の特徴について，以下の設問にお答えください。

(A) 予算管理はどのように行われていますか。該当する数字1つに○をお付けください。

	全く そうではない			ある程度 そのとおり			全く そのとおり
(1) 状況変化にかかわらず, 　　当初の予算目標は変更しない	1	2	3	4	5	6	7
(2) 状況変化に対応すべく, 　　実行プランを継続的に見直す	1	2	3	4	5	6	7

(3) <u>当初の予算目標と実績が乖離した場合</u>，事業単位の上層部とミドルマネジャーの話し合いがもたれる	1	2	3	4	5	6	7
(4) 事業単位の上層部は予算実施経過の報告を<u>定期的</u>に受け，ミドルマネジャーとの話し合いが定期的にもたれる	1	2	3	4	5	6	7

(B) 予算編成はどのように行われていますか。該当する数字1つに○をお付けください。

前年度実績を前提に，新規事業分を積み上げる形で編成される	1	2	3	4	5	6	7	経営戦略の達成にむけて戦略的見地から重点的に資源配分が行われる

(C) 予算・業務計画はどのように立てられていますか。該当する数字1つに○をお付けください。

	全く そうではない		ある程度 そのとおり			全く そのとおり	
(1) 予算や業務に関する手順・手続きは明確である	1	2	3	4	5	6	7
(2) <u>予算（売上，利益，原価など）計画</u>はきめ細かく設定されている	1	2	3	4	5	6	7
(3) <u>業務（納期，スペック，品質など）計画</u>はきめ細かく設定されている	1	2	3	4	5	6	7
(4) <u>予算目標の設定プロセス</u>に，ミドルマネジャーは十分参加している	1	2	3	4	5	6	7
(5) <u>業務目標の設定プロセス</u>に，ミドルマネジャーは十分参加している	1	2	3	4	5	6	7
(6) 具体的な<u>予算目標</u>が個人に割り当てられている	1	2	3	4	5	6	7
(7) 具体的な<u>業務目標</u>が個人に割り当てられている	1	2	3	4	5	6	7

(D) 予算管理にはどのような問題点がありますか。該当する数字1つに○をお付けください。

	全く そうではない		ある程度 そのとおり			全く そのとおり	
(1) 予算編成に時間がかかりすぎる	1	2	3	4	5	6	7

(2) 環境変化が激しく，予算の予測機能が役に立たない	1	2	3	4	5	6	7
(3) 予算目標達成のため，ミドルマネジャーが数字合わせに走る	1	2	3	4	5	6	7
(4) ミドルマネジャーは達成容易な予算目標を設定しがちである	1	2	3	4	5	6	7
(5) その他（具体的にお書きください）							

問8 貴社の主要事業の標準原価計算の利用について，以下の設問にお答えください。

(A) 標準原価計算を利用していますか。該当する数字1つに○をお付けください。

1．利用している（臨時的利用も含む）
2．利用していない（→設問(E)にお進みください）

(B) どのような目的で標準原価計算を利用していますか。該当する数字1つに○をお付けください。

	全く利用していない		ある程度利用している			全般的に利用している	
(1) 製品原価算定のための利用	1	2	3	4	5	6	7
(2) 経営管理（原価管理など）のための利用	1	2	3	4	5	6	7

(C) 標準原価計算はどの程度効果的でしたか。<u>前問(B)で4点以上と回答した利用目的</u>についてのみ，該当する数字1つに○をお付けください。

	全く効果がない		ある程度効果がある			極めて効果がある	
(1) 製品原価算定のための利用	1	2	3	4	5	6	7
(2) 経営管理（原価管理など）のための利用	1	2	3	4	5	6	7

(D) 標準原価計算の利用に関する問題点はありますか。具体的にお書きください。

| |
| |

(E) 標準原価計算以外の原価低減の手段をどの程度利用していますか。該当する数字1つに○をお付けください。

	全く 利用していない		ある程度 利用している			全般的に 利用している	
(1) 実際原価情報による管理	1	2	3	4	5	6	7
(2) 物量情報（作業時間，品質など）による管理	1	2	3	4	5	6	7

(F) 標準原価計算以外の原価低減の手段はどの程度効果的でしたか。<u>前問(E)で4点以上と回答した原価低減の手段についてのみ</u>，該当する数字1つに○をお付けください。

	全く 効果がない		ある程度 効果がある			極めて 効果がある	
(1) 実際原価情報による管理	1	2	3	4	5	6	7
(2) 物量情報（作業時間，品質など）による管理	1	2	3	4	5	6	7

問9 貴社の主要事業の直接原価計算の利用について，以下の設問にお答えください。

(A) 直接原価計算を利用していますか。該当する数字1つに○をお付けください。

| 1．利用している（臨時的利用も含む） |
| 2．利用していない（→問10にお進みください） |

(B) どのような目的で直接原価計算を利用していますか。該当する数字1つに○をお付けください。

	全く 利用していない		ある程度 利用している			全般的に 利用している	
(1) 製品原価算定のための利用	1	2	3	4	5	6	7
(2) 経営管理のための利用	1	2	3	4	5	6	7

(C) 直接原価計算はどの程度効果的でしたか。前問(B)で4点以上と回答した利用目的についてのみ，該当する数字1つに○をお付けください。

	全く 効果がない			ある程度 効果がある			極めて 効果がある
(1) 製品原価算定のための利用	1	2	3	4	5	6	7
(2) 経営管理のための利用	1	2	3	4	5	6	7

(D) 直接原価計算の利用に関する問題点はありますか。具体的にお書きください。

問10　貴社の主要事業の製造間接費の配賦計算について，以下の設問にお答えください。

(A) どのような製造間接費の配賦計算を実施していますか。該当する数字すべてに○をお付けください。

| 1．製造間接費の配賦は行わない |
| 2．操業度（生産量，直接費，機械運転時間など）を基準とする |
| 3．製造間接費の内容により配賦基準は異なる |
| 4．ABC（活動基準原価計算）を利用している |
| 5．その他（具体的にお書きください）（　　　　　　　　　　　　　） |

問11　貴社の主要事業のその他の原価管理の特徴について，以下の設問にお答えください。

(A) 製品の企画・開発・設計段階において，目標原価の設定・管理活動を実施していますか。該当する数字1つに○をお付けください。

| 1．実施している（臨時的利用も含む） |
| 2．実施していない（→設問(E)にお進みください） |

(B) 前問(A)のような製品開発段階の原価管理活動はどのように行われていますか。該当する数字1つに○をお付けください。

	全く そうではない		ある程度 そのとおり			全く そのとおり	
(1) 製品開発開始時の目標原価の設定には<u>市場価格が反映される</u>	1	2	3	4	5	6	7
(2) 製品開発開始時の目標原価は<u>容易には達成できない挑戦的な水準である</u>	1	2	3	4	5	6	7
(3) <u>設計担当者自身が原価見積りを行う</u>	1	2	3	4	5	6	7
(4) 製品開発プロセスには，設計担当者だけでなく<u>多くの関連部署が参加する</u>	1	2	3	4	5	6	7
(5) 製造開始前に製造原価は 概ね予測できている	1	2	3	4	5	6	7
(6) 製品開発開始時に設定された 目標原価は常に達成される	1	2	3	4	5	6	7

(C) 製品開発段階の原価管理活動は，次の目的に対してどの程度効果的ですか。該当する数字1つに〇をお付けください。

	全く 効果がない		ある程度 効果がある			極めて 効果がある	
(1) 製品コンセプトの実現	1	2	3	4	5	6	7
(2) 要求品質・機能の実現	1	2	3	4	5	6	7
(3) 原価低減	1	2	3	4	5	6	7

(D) 製品開発段階の原価管理活動にはどのような副作用がありますか。該当する数字1つに〇をお付けください。

	全く 問題はない		ある程度 深刻である			極めて 深刻である	
(1) 厳しい原価低減要求による設計担当者の疲弊	1	2	3	4	5	6	7
(2) 厳しい原価低減要求によるサプライヤーの疲弊	1	2	3	4	5	6	7
(3) 原価目標優先による品質の低下	1	2	3	4	5	6	7
(4) その他（具体的にお書きください） （　　　　　　　　　　　　）	1	2	3	4	5	6	7

(E) 品質と費用のバランスを次の目的に対してどのように考えていますか。該当する数字1つに○をお付けください。

	費用対効果 を重視する		どちらとも いえない			費用は 惜しまない	
(1) 開発・設計段階における 　　顧客要求の実現	1	2	3	4	5	6	7
(2) 製造段階における 　　製品品質の向上・維持	1	2	3	4	5	6	7

(F) 開発・製造現場において，会計情報はどのように開示・利用されていますか。該当する数字1つに○をお付けください。

	全く そうではない		ある程度 そのとおり			全く のとおり	
(1) 開発・設計現場への会計情報の開示 には，タイミングとわかりやすさを重 視している	1	2	3	4	5	6	7
(2) 製造現場への会計情報の開示には， タイミングとわかりやすさを重視して いる	1	2	3	4	5	6	7
(3) 開発・設計現場に開示された会計情 報をアイデア創発や業務改善に利用し ている	1	2	3	4	5	6	7
(4) 製造現場に開示された会計情報をア イデア創発や業務改善に利用している	1	2	3	4	5	6	7

問12 貴社の主要事業の製造現場における小集団利益マネジメントについて，以下の設問にお答えください。

(A) 製造現場における少人数チームごとに利益目標がありますか。該当する数字1つに○をお付けください。

| 1．はい（部分的適用も含む） |
| 2．いいえ（→問13にお進みください） |

(B) 製造現場の少人数チームでは，会計情報はどのように計算・利用されていますか。該当する数字1つに○をお付けください。

	全く そうではない		ある程度 そのとおり			全く そのとおり	
(1) 各チームは利益額や原価額を 自ら計算している	1	2	3	4	5	6	7
(2) 各チームは会計情報を用いた 業務改善を行っている	1	2	3	4	5	6	7

(C) 製造現場の少人数チームごとの利益マネジメントはどのような目的で実施していますか。該当する数字1つに○をお付けください。

	全く 重視していない		ある程度 重視している			極めて 重視している	
(1) 利益・顧客志向の徹底	1	2	3	4	5	6	7
(2) 製造現場の自律的問題発見・解決	1	2	3	4	5	6	7
(3) 将来のリーダーの発掘・育成	1	2	3	4	5	6	7
(4) 従業員のモチベーションの向上	1	2	3	4	5	6	7

(D) 製造現場の少人数チームごとの利益マネジメントはどの程度効果的でしたか。前問(C)で4点以上と回答した利用目的についてのみ，該当する数字1つに○をお付けください。

	全く 効果がない		ある程度 効果がある			極めて 効果がある	
(1) 利益・顧客志向の徹底	1	2	3	4	5	6	7
(2) 製造現場の自律的問題発見・解決	1	2	3	4	5	6	7
(3) 将来のリーダーの発掘・育成	1	2	3	4	5	6	7
(4) 従業員のモチベーションの向上	1	2	3	4	5	6	7

問13 貴社の主要事業の組織の特徴について，以下の設問にお答えください。

(A) 貴社の主要事業の組織にはどのような特徴がありますか。該当する数字1つに○をお付けください。

	全く そうではない		ある程度 そのとおり			全く そのとおり	
(1) 新技術や新製品の開発に 優先的に資源配分される	1	2	3	4	5	6	7

(2) 従業員が革新的で 　　リスクを恐れないことを奨励している	1	2	3	4	5	6	7
(3) 異質なメンバーを組み合わせ， 　　問題解決に取り組むことが多い	1	2	3	4	5	6	7
(4) 新市場への参入や開拓を 　　重視している	1	2	3	4	5	6	7
(5) ミドルマネジャー(課長レベル)の 　　責任権限区分は明確である	1	2	3	4	5	6	7
(6) ミドルマネジャー(課長レベル)に 　　大幅な権限委譲がされている	1	2	3	4	5	6	7
(7) 一般従業員の評価では， 　　個人業績より部門やチームの業績が 　　重視される	1	2	3	4	5	6	7
(8) 個人・部門業績の評価は， 　　業務プロセスより結果が問われる	1	2	3	4	5	6	7
(9) 日常的・継続的に改善活動が 　　行われている	1	2	3	4	5	6	7
(10) 従業員は原価，品質，機能性など 　　の複数目標の同時達成を自発的に 　　志向している	1	2	3	4	5	6	7
(11) 新顧客ターゲット層ではなく， 　　既存の顧客ターゲット層の 　　満足度向上に重点を置いている	1	2	3	4	5	6	7

[参考文献]

(日本語文献)

青木章通（2012）「顧客関係性の構築要因に関する研究：顧客別利益と顧客関連の非財務尺度との関係」『会計学研究』（専修大学）第38号，79-94頁。
浅田孝幸（1997）『現代企業の戦略志向と予算管理システム：日米経営システム比較』同文舘出版。
飯島康道・坂口博・広原雄二・三木僚祐（2014）「わが国企業予算制度の実態（平成24年度・5）わが国企業の予算管理への新手法の導入実態：ABC，ABM，ABB，BSCの普及状況」『産業経理』第74巻第1号，129-147頁。
石川馨（1981）『日本的品質管理：TQCとは何か』日科技連出版社。
石川馨（1984）『日本的品質管理＜増補版＞』日科技連出版社。
石坂庸祐（2005）「「組織コンフィギュレーション・アプローチ」に関する一考察：その基本論理と実践的含意について」『九州共立大学経済学部紀要』（九州共立大学）第100号，1-17頁。
市野初芳・井上博文・大槻晴海・山田庫平（2013）「わが国企業予算制度の実態（平成24年度・2）企業予算制度の基礎的事項に関する分析」『産業経理』第73巻第2号，199-225頁。
入山章栄（2012）『世界の経営学者はいま何を考えているのか：知られざるビジネスの知のフロンティア』英治出版。
上埜進（1997）『日米企業の予算管理：比較文化論的アプローチ［増補版］』森山書店。
宇田川勝・佐藤博樹・中村圭介・野中いずみ（1995）『日本企業の品質管理：経営史的研究』有斐閣。
大久保街亜・岡田謙介（2012）『伝えるための心理統計：効果量・信頼区間・検定力』勁草書房。
大槻晴海・長屋信義・平井裕久・三木僚祐（2013）「わが国企業予算制度の実態（平成24年度・1）アンケート調査の集計結果とその鳥瞰的分析」『産業経理』第73巻第1号，154-176頁。
岡野浩（1995）『日本的管理会計の展開：「原価企画への歴史的視座」』中央経済社。
岡野浩（2002）『日本的管理会計の展開：「原価企画」への歴史的視座〔第2版〕』中央経済社。
梶原武久（2005）「日本企業における主観的業績評価の役割と特質」『管理会計学』第13巻第1・2号，83-94頁。
梶原武久（2008）『品質コストの管理会計』中央経済社。
加登豊（1993）『原価企画：戦略的コストマネジメント』日本経済新聞社。
加登豊（2000）「日本的管理会計の海外移転：手法主導型導入とコンセプト主導型導入の比較分析」『會計』第157巻第3号，59-76頁。
川野克典・髙田聖子（2008）「財務マネジメント・サーベイ：「戦略経理」を目指した経理・財務部門の変革」『CFO FORUM』第24号，6-10頁。
岸田隆行（2013）「日本企業における予算管理実務：質問票調査の結果報告」『駒大経営研究』

（駒澤大学）第44巻第1/2号，21-45頁。
経済産業省（2009）『平成20年度企業のIT統制に関するアンケート調査結果』経済産業省。
小林哲夫（1990）「事業部制組織における予算編成プロセス」『企業会計』第42巻第2号，4-10頁。
近藤恭正（1989）「原価管理の変貌：技術志向から市場志向へ」『同志社商學』（同志社大学）第40巻第6号，1-25頁。
﨑章浩（2014）「わが国企業予算制度の実態（平成24年度・6）バブル崩壊以降の企業予算制度の動向」『産業経理』第74巻第2号，169-189頁。
澤邉紀生・吉永茂・市原勇一（2015）「管理会計は財務業績を向上させるのか？：日本の中小企業における管理会計の経済的価値」『企業会計』第67巻第7号，97-111頁。
篠田朝也（2014）「洗練された資本予算実務と企業業績の関係性」『管理会計学』第22巻第1号，69-84頁。
清水孝（2013）『戦略実行のための業績管理：環境変化を乗り切る「予測型経営」のすすめ』中央経済社。
清水孝・庵谷治男（2010）「わが国宿泊業における管理会計の実態」『早稲田商学』（早稲田大学）第424号，1-30頁。
清水孝・小林啓孝・伊藤嘉博・山本浩二（2011a, b, c）「わが国原価計算実務に関する調査【第1回】～【第3回】」『企業会計』第63巻第8-10号，72-81頁，80-87頁，65-77頁。
清水信匡・大浦啓輔（2014）「事業戦略に適合する資本予算プロセスの研究」『原価計算研究』第38巻第1号，34-47頁。
清水信匡・田村晶子（2010a, b, c, d）「日本企業における設備投資マネジメント〔第1回〕～〔第4回〕」『企業会計』第62巻8-11号，97-103頁，117-124頁，95-103頁，97-105頁。
壽永欣三郎・野中いずみ（1995）「アメリカ経営管理技法の日本への導入と変容」（山﨑広明・橘川武郎編『日本経営史』第4巻『「日本的」経営の連続と断絶』岩波書店，159-190頁に所収）。
妹尾剛好（2017）「日本企業の予算管理の類型と探索・深化との関連の分析：探索的研究」『原価計算研究』第41巻第1号，38-50頁。
妹尾剛好・横田絵理（2013）「日本企業における予算に基づく業績評価に関する考察：主観的評価に焦点をあてて」『原価計算研究』第37巻第1号，96-106頁。
田中隆雄（2000）「日本的管理会計とグローバル・スタンダード」『會計』第157巻第3号，39-58頁。
田中雅康（1995）『原価企画の理論と実践』中央経済社。
田中雅康・田中潔・大槻晴海・井上義博（2010a, b, c, d, e, f）「日本の主要企業の原価企画（1）～（6）」『企業会計』第62巻2-7号，68-74頁，120-128頁，120-127頁，114-123頁，111-123頁，123-130頁。
田中雅康・田中潔・増田譲二・管康人・眞田崇（2014）「主要企業における原価企画の現状と課題：実態調査を踏まえて（10）原価見積とCADシステムの関連づけ」『企業会計』第66巻第12号，141-146頁。
谷武幸（1987）『事業部業績の測定と管理』税務経理協会。
谷武幸（1997a）「原価企画のエレメント」（谷武幸編著『製品開発のコストマネジメント：原

価企画からコンカレント・エンジニアリングへ』中央経済社，3-33頁に所収）．
谷武幸（1997b）「エンパワメントの管理会計：ミニプロフィットセンター」『Business Insight』（神戸大学）第5巻第4号，28-35頁．
谷武幸・三矢裕（1998）「NEC埼玉におけるラインカンパニー制：ミニ・プロフィットセンターの管理会計構築に向けて」『國民経済雑誌』（神戸大学）第177巻第3号，17-34頁．
仲村薫・長田洋（2009）「研究開発におけるコストマネジメント：製薬企業における実証研究」『品質』第39巻第2号，115-127頁．
西居豪（2006）「非財務指標の戦略的適合度に関する実証分析」『原価計算研究』第30巻第2号，53-62頁．
日本会計研究学会（1996）『原価企画研究の課題』森山書店．
南風原朝和（2014）『続・心理統計学の基礎：統合的理解を広げ深める』有斐閣アルマ．
挽文子（2007）『日本的管理会計の進化：日本企業にみる進化の過程』森山書店．
平井裕久・小田康治・﨑章浩・成松恭平（2013）「わが国企業予算制度の実態（平成24年度・3）予算編成に関する分析」『産業経理』第73巻第3号，192-206頁．
福島一矩（2011）「組織ライフサイクルとマネジメント・コントロールの変化」『原価計算研究』第35巻第1号，130-140頁．
福島一矩（2012）「組織成長とマネジメント・コントロールの変化：組織ライフサイクルに基づく考察」『企業会計』第64巻第2号，250-256頁．
福島一矩（2015a）「管理会計能力が組織業績に与える影響：吸収能力の視点からの考察」『原価計算研究』第39巻第1号，65-75頁．
福島一矩（2015b）「組織ライフサイクルと管理会計の利用の関係性：組織ライフサイクルに応じた管理会計の利用モデル」『産業経理』第75巻第2号，90-99頁．
福田淳児（2013）「マネジメント・コントロール・システムと探索ならびに活用」『経営志林』（法政大学）第49巻第4号，91-112頁．
福田淳児（2015）「組織学習とMCSとの関係：質問票調査の分析結果より」『経営志林』（法政大学）第52巻第1号，43-57頁．
堀井悟志（2015）『戦略経営における予算管理』中央経済社．
宮川雅巳（1997）『グラフィカルモデリング』朝倉書店．
安酸建二（2012）『日本企業のコスト変動分析：コストの下方硬直性と利益への影響』中央経済社．
山本浩二（1995）「商品コンセプトの創造とコンカレント・エンジニアリング」『企業会計』第47巻第6号，31-37頁．
山本浩二・西居豪・窪田祐一・簱本智之（2010）「原価企画におけるインターラクションと報酬システム：実態調査に基づく予備的考察」『メルコ管理会計研究』第3号，17-26頁．
横田絵理（1998）『フラット化組織の管理と心理：変化の時代のマネジメント・コントロール』慶應義塾大学出版会．
横田絵理（2005）「日本企業の業績評価システムに影響を与えるコンテクストについての一考察」『管理会計学』第13巻第1/2号，55-66頁．
横田絵理・妹尾剛好（2011）「日本企業におけるマネジメントコントロール・システムの実態：質問票調査の結果報告」『三田商学研究』（慶應義塾大学）第53巻第6号，55-79頁．

横田絵理・妹尾剛好・高田朝子・金子晋也（2013）「日本企業における予算管理の実態調査：予算編成に関する分析」『企業会計』第65巻第2号，78-83頁。
吉田栄介（2003）『持続的競争優位をもたらす原価企画能力』中央経済社。
吉田栄介（2007a）「高品質と低コストのジレンマ：自動車リコール原因分析による考察」『三田商学研究』（慶應義塾大学）第49巻7号，47-61頁。
吉田栄介（2007b）「管理会計の組織プロセスへの影響：ダイナミック・テンションの創造に向けて」『三田商学研究』（慶應義塾大学）第50巻第1号，19-32頁。
吉田栄介（2008）「日本的管理会計の理論と実務のギャップ」『商経学叢』（近畿大学）第55巻第1号，199-205頁。
吉田栄介・徐智銘（2016）「日本の製造大企業における高品質と低コストの両立：原価企画を中心とした探索的分析」『三田商学研究』（慶應義塾大学）第59巻第4号，13-26頁。
吉田栄介・徐智銘（2017）「管理会計成熟度と組織業績との関係性」『三田商学研究』（慶應義塾大学）第59巻第6号，73-89頁。
吉田栄介・徐智銘・桝谷奎太（2015）「わが国大企業における業績管理の実態調査」『産業経理』第75巻第2号，68-78頁。
吉田栄介・妹尾剛好・福島一矩（2010）「日本企業における管理会計〔第2部〕：非製造業の実態調査と製造業の比較(2)」『企業会計』第62巻5号，124-132頁。
吉田栄介・妹尾剛好・福島一矩（2011）「日本的管理会計の展開：日本企業（製造業）の利用実態に基づいて」『會計』第180巻第2号，120-133頁。
吉田栄介・妹尾剛好・福島一矩（2015）「探索と深化が日本企業の管理会計行動に与える影響：予備的研究」『メルコ管理会計研究』第8号-Ⅰ，53-64頁。
吉田栄介・福島一矩（2010）「日本企業におけるコストマネジメントに関する実証研究：原価企画とMPCを中心として」『原価計算研究』第34巻第1号，78-90頁。
吉田栄介・福島一矩・妹尾剛好（2012）『日本的管理会計の探究』中央経済社。
吉田栄介・福島一矩・妹尾剛好（2015）「わが国管理会計の実態調査〔第4回〕～〔第6回〕東証一部とその他上場企業との比較」『企業会計』第67巻第4-6号，120-125頁，107-111頁，119-127頁。
吉田栄介・福島一矩・妹尾剛好・徐智銘（2015）「わが国管理会計の実態調査〔第1回〕～〔第3回〕製造業と非製造業の比較」『企業会計』第67巻第1-3号，166-171頁，122-127頁，117-127頁。
吉村聡・建部宏明・長屋信義・山浦裕幸（2014）「わが国企業予算制度の実態（平成24年度・4）予算実績差異分析の実際と予算制度の問題点」『産業経理』第73巻第4号，135-152頁。
李建・松木智子・福田直樹（2010）「予算管理」（加登豊・松尾貴巳・梶原武久編『管理会計研究のフロンティア』中央経済社，109-152頁に所収）。
李建・松木智子・福田直樹（2012）「予算スラックと日本的予算管理」『京都学園大学経営学部論集』（京都学園大学）第21巻第2号，31-53頁。
渡辺岳夫（2010）「ミニ・プロフィット・センター・システムに関する実証分析（1）導入促進要因の探索的分析」『企業会計』第62巻第7号，88-96頁。

(外国語文献)

Abdel-Kader, M. and R. Luther (2008) The impact of firm characteristics on management accounting practices: a UK-based empirical analysis, *The British Accounting Review*, 40, pp.2-27.

Abernethy, M. A., Bouwens, J. and L. Van Lent (2013) The role of performance measures in the intertemporal decisions of business unit managers, *Contemporary Accounting Research*, 30 (3), pp. 925-961.

Al-Omiri, M. and C. Drury (2007) A survey of factors influencing the choice of product costing systems in UK organizations, *Management Accounting Research*, 18 (4), pp.399-424.

American Psychological Association (2010) *Publication Manual of the American Psychological Association 6th ed.*, Washington DC. (前田樹海・江藤裕之・田中建彦訳 (2011)『APA論文作成マニュアル第2版』医学書院)

Anderson, S. W. and K. Sedatole (1998) Designing quality into products: the use of accounting data in new product development, *Accounting Horizons*, 12 (3), pp.213-233.

Ansari, S. L., Bell, J. E. and H. Okano (2007) Target costing: uncharted research territory, in Chapman, C. S., Hopwood, A. G. and M. D. Shields (eds.) *Handbook of Management Accounting Research*, Vol. 2, Elsevier, Oxford, UK, pp.507-530.

Anthony, R. N. (1965) *Planning and Control Systems: A Framework for Analysis*, Division of Research, Graduate School of Business Administration, Harvard University, Boston, MA.

Armstrong, J. S. (1982) The value of formal planning for strategic decisions: review of empirical research, *Strategic Management Journal*, 3 (3), pp.197-211.

Atkinson, H., Hamburg, J. and C. Ittner (1994) *Linking Quality to Profits: Quality-Based Cost Management*, Institute of Management Accountants, NJ.

Australian Institute of Management (2012) *2012 Australian Management Capability Index*, Australian Institute of Management, Kingston.

Auzair, S. M. and K. Langfield-Smith (2005) The effect of service process type, business strategy and life cycle stage on bureaucratic MCS in service organizations, *Management Accounting Research*, 16 (4), pp.399-421.

Badem, C. A., Ergin, E. and C. Drury (2013) Is standard costing still used?: evidence from Turkish automotive industry, *International Business Research*, 6 (7), pp.80-90.

Baines, A. and K. Langfield-Smith (2003) Antecedents to management accounting change: a structural equation approach, *Accounting, Organizations and Society*, 28 (7/8), pp.675-698.

Balakrishnan, R., Hansen, S. and E. Labro (2011) Evaluating heuristics used when designing product costing systems, *Management Science*, 57 (3), pp.520-541.

Banker, R. D., Byzalov, D., Ciftci, M. and R. Mashruwala (2014) The moderating effect of prior sales changes on asymmetric cost behavior, *Journal of Management Accounting Research*, 26 (2), pp. 221-242.

Bedford, D. S. (2015) Management control systems across different modes of innovation: implications for firm performance, *Management Accounting Research*, 28, pp.12-30.

Bedford, D. S. and T. Malmi (2015) Configurations of control: an exploratory analysis, *Management

Accounting Research, 27, pp.2-26.

Birkinshaw, J. and K. Gupta (2013) Clarifying the distinctive contribution of ambidexterity to the field of organization studies, *The Academy of Management Perspectives*, 27 (4), pp.287-298.

Bisbe, J., Batista-Foguet, J. and R. Chenhall (2007) Defining management accounting constructs: a methodological note on the risks of conceptual misspecification, *Accounting, Organizations and Society*, 32 (7/8), pp.789-820.

Bisbe, J. and D. T. Otley (2004) The effects of the interactive use of management control systems on product innovation, *Accounting, Organizations and Society*, 29 (8), pp.709-737.

Boyer, K. K. and M. W. Lewis (2002) Competitive priorities: investigating the need for trade-offs in operations strategy, *Production and Operations Management*, 11 (1), pp.9-20.

Boyer, K. K., Swink, M. and E. D. Rosenzweig (2005) Operations strategy research in the POMS Journal, *Production and Operations Management*, 14 (4), pp.442-449.

Brierley, J. A. (2008) Toward an understanding of the sophistication of product costing systems, *Journal of Management Accounting Research*, 20 (1), pp.61-78.

Burns, W. J. Jr. and J. H. Waterhouse (1975) Budgetary control and organization structure, *Journal of Accounting Research*, 13 (2), pp.177-203.

Calinski, T. and J. Harabasz (1974) A dendrite method for cluster analysis, *Communications in Statistics* 3 (1), pp.1-27.

Capon, N., Farley, J. U. and J. M. Hulbert (1987) *Corporate Strategic Planning*, Columbia University, NY.

Carter, D. E. and B. S. Baker (1995) *Concurrent Engineering: The Product Development for the 1990s*, Addition-Wesley, MA.

Case, J. (1995) *Open-Book Management: The Coming Business Revolution*, HarperCollins, NY.

Chenhall, R. H. (1993) *Reliance on manufacturing performance measures, strategies of manufacturing flexibility, advanced manufacturing practices, and organizational performance an empirical investigation*, Paper presented at the Strategic Management Accounting Seminar, Macquarie University.

Chenhall, R. (2007) Theorizing contingency research in management accounting, in Chapman, C., Hopwood, A. and M. Shields (eds.) *Handbook in Management Accounting*, Vol. 1, Elsevier, Amsterdam, pp.163-205.

Chenhall, R. H. and D. Morris (1986) The impact of structure, environment and interdependence on the perceived usefulness of management accounting systems, *The Accounting Review*, 61 (1), pp.16-35.

Cho, E. and S. Kim (2015) Cronbach's coefficient alfa: well known but poorly understood, *Organizational Research Methods*, 18 (2), pp.207-230.

Cohen, J., Cohen, P., West, S. G. and L. S. Aiken (2002) *Applied Multiple Regression/Correlation Analysis for the Behavioral Sciences*, 3rd edition, Routledge, London.

Corbett, C. and L. Van Wassenhove (1993) Trade-offs? What trade-offs? Competence and competitiveness in manufacturing strategy, *California Management Review*, 35 (4), pp.107-122.

Crosby, B. P. (1979) *Quality Is Free: The Art of Making Quality Certain*, McGraw-Hill, NY.

Daniel, S. J. and W. D. Reitsperger (1991) Linking quality strategy with management control systems: empirical evidence from Japanese industry, *Accounting, Organizations and Society*, 16 (7), pp.601–618.

Daniel, S. J., Reitsperger, W. D. and T. Gregson (1995) Quality consciousness in Japanese and U.S. electronics manufacturers: an examination of the impact of quality strategy and management control systems on perceptions of the importance of quality to expected management rewards, *Management Accounting Research* 6 (4), pp.367–382.

Daniel, S. J., Reitsperger, W. D. and K. Morse (2009) A longitudinal study of Japanese manufacturing strategies for quality, JIT and flexibility, *Asian Business & Management*, 8 (3), pp.325–356.

Datar, S. and M. Gupta (1994) Aggregation, specification and measurement errors in product costing, *The Accounting Review*, 69 (4), pp.567–591.

Davila, T. (2005) An exploratory study on the emergence of management control systems: formalizing human resources in small growing firms, *Accounting, Organizations and Society*, 30(3), pp.395–413.

Drazin, R. and R. K. Kazanjian (1990) A reanalysis of Miller and Friesen's life cycle data, *Strategic Management Journal*, 11(4), pp.319–325.

Drury, C. (2012) *Management and Cost Accounting, 8th edition*, Cengage Learning EMEA, Hampshire, UK.

Ferdows, K. and A. De Meyer (1990) Lasting improvements in manufacturing performance: in search of a theory, *Journal of Operations Management*, 9 (2), pp.168–184.

Fine, C. H. (1986) Quality improvement and learning in productive systems, *Management Science*, 32 (10), pp.1301–1315.

Flynn, B. B. (1992) Managing for quality in the US and in Japan, *Interfaces*, 22 (2), pp.69–80.

Flynn, B. B. and E. J. Flynn (2004) An exploratory study of the nature of cumulative capabilities, *Journal of Operations Management*, 22, pp.439–457.

Frohlich, M. T. and J. R. Dixon (2001) A taxonomy of manufacturing strategies revisited, *Journal of Operations Management*, 19, pp.541–558.

Fullerton, R. R., Kennedy, F. A. and S. K. Widener (2013) Management accounting and control practices in a lean manufacturing environment, *Accounting, Organizations and Society*, 38 (1), pp.51–71.

Fullerton, R. R., Kennedy, F. A. and S. K. Widener (2014) Lean manufacturing and firm performance: the incremental contribution of lean management accounting practices, *Journal of Operations Management*, 32, pp.414–428.

Garvin, D. A. (1986) Quality problems, policies, and attitudes in the United States and Japan: an exploratory study, *Academy of Management Journal*, 29 (4), pp.653–673.

Garvin, D. A. (1988) *Managing Quality: The Strategic and Competitive Edge*, The Free, NY.

Govindarajan, V. and A. K. Gupta (1985) Linking control systems to business unit strategy: impact on performance, *Accounting, Organizations, and Society*, 10 (1), pp.51–66.

Grafton, J., Lillis, A. M. and S. Widener (2010) The role of performance measurement and evaluation in building organizational capabilities and performance, *Accounting, Organizations and Society*,

35 (7), pp.689-706.
Greiner, L. (1972) Evolution and revolution as organization grow, *Harvard Business Review*, 50 (4), pp, 51-66.
Grinyer, P. H. and D. Norburn (1975) Planning for existing markets: perceptions of executives and financial performance, *Journal of the Royal Statistical Society*, 138 (1), pp.70-97.
Hair, J. F. Jr., Anderson, R. E., Tatham, R. L. and W. C. Black (1998) *Multivariate Data Analysis*, 5th *edition*, Prentice Hall, Upper Saddle River, NJ.
Haka, S. F., Gordon, L. A. and G. E. Pinches (1985) Sophisticated capital budgeting selection techniques and firm performance, *The Accounting Review*, 60 (4), pp.651-669.
Hall, M. (2008) The effect of comprehensive performance measurement systems on role clarity, psychological empowerment and managerial performance, *Accounting, Organizations and Society*, 33 (2/3), pp.141-163.
Hansen, S. C., Otley, D. T. and W. A. Van der Stede (2003) Practice developments in budgeting: an overview and research perspective, *Journal of Management Accounting Research*, 15, pp.95-116.
Hansen, S. C. and W. A. Van der Stede (2004) Multiple facets of budgeting: an exploratory analysis, *Management Accounting Research*, 15 (4), pp.415-439.
He, Z. L. and P. K. Wong (2004) Exploration vs. exploitation: An empirical test of the ambidexterity hypothesis, *Organization Science*, 15 (4), pp.481-494.
Henri, J.-F. (2006) Management control systems and strategy: a resource-based perspective, *Accounting, Organizations and Society*, 31 (6), pp.529-558.
Hiromoto, T. (1988) Another hidden edge: Japanese management accounting, *Harvard Business Review*, 66 (4), pp.22-26.
Hoque, Z. (2003) Total quality management and the Balanced Scorecard approach: a critical analysis of their potential relationships and directions for research, *Critical Perspectives on Accounting*, 14, pp.553-566.
Imai, K., Nonaka, I. and H. Takeuchi (1985) Managing the new product development process: how Japanese companies learn and unlearn, in Clark, K. B., Hayes, R. H. and C. Lorenz (eds.) *The Uneasy Alliance: Managing The Productivity-Technology Dilemma*, Harvard Business School, Boston, MA, pp.337-375.
Innes, J., Mitchell, F. and D. Sinclair (2000) Activity-based costing in the U.K.'s largest companies: a comparison of 1994 and 1999 survey results, *Management Accounting Research*, 11 (3), pp. 349-362.
Ittner, C. D., Lanen, W. N. and D. F. Larcker (2002) The association between activity-based costing and manufacturing performance, *Journal of Accounting Research*, 40 (3), pp.711-726.
Ittner, C. D. and D. F. Larcker (1997) Quality strategy, strategic control systems, and organizational performance, *Accounting, Organizations and Society*, 22 (3/4), pp.293-314.
Ittner, C. D. and D. F. Larcker (2003) Coming up short on nonfinancial performance measurement, *Harvard Business Review*, 81 (11), pp.88-95.
Ittner, C. D., Larcker, D. F. and M. W. Meyer (2003) Subjectivity and the weighting of performance measures: evidence from a balanced scorecard, *The Accounting Review*, 78 (3), pp.725-758.

Janke, R., Mahlendorf, M. D. and J. Weber (2014) An exploratory study of the reciprocal relationship between interactive use of management control systems and perception of negative external crisis effects, *Management Accounting Research*, 25 (4), pp.251-270.

Johnson, H. T. (1992) *Relevance Regained: From Top-down Control to Bottom-up Empowerment*, The Free, NY.

Johnson, H. and R. S. Kaplan (1987) *Relevance Lost: The Rise and Fall of Management Accounting*, Harvard Business School, Boston, MA.

Kallunki, J.-P. and H. Silvola (2008) The effect of organizational life cycle stage on the use of activity-based costing, *Management Accounting Research*, 19 (1), pp.62-79.

Kaplan, R. S. (1983) Measuring manufacturing performance: a new challenge for managerial accounting research, *The Accounting Review*, 58 (4), pp.686-705.

Kaplan, R. S. (1990) Limitations of cost accounting in advanced manufacturing environments, in R. S. Kaplan (ed.) *Measures for Manufacturing Excellence*, Harvard Business School, Boston, MA, pp.15-38.

Kaplan, R. S. and R. Cooper (1998) *Cost and Effect: Using Integrated Cost System to Drive Profitability and Performance*, Harvard Business School, Boston, MA.（櫻井通晴監訳（1998）『コスト戦略と業績管理の統合システム』ダイヤモンド社）

Kaplan, R. S. and D. P. Norton (2004a) Measuring the strategic readiness of intangible assets, *Harvard Business Review*, 82 (2), pp.52-63.

Kaplan, R.S. and D. P. Norton (2004b) *Strategy Maps: Converting Intangible Assets into Tangible Outcomes*, Harvard Business School, Boston, MA.（櫻井通晴・伊藤和憲・長谷川惠一監訳（2005）『戦略マップ：バランスト・スコアカードの新・戦略実行フレームワーク』ランダムハウス講談社，同（2014）『【復刻版】戦略マップ：バランスト・スコアカードによる戦略策定・実行フレームワーク』東洋経済新報社）

Kazanjian, R. K. and R. Drazin (1990) A stage-contingent model of design and growth in technology-based new ventures, *Journal of Business Venturing*, 5, pp.137-150.

Kerzner, H. R. (2011) *Using the Project Management Maturity Model: Strategic Planning for Project Management*, 2nd edition, John Wiley & Sons, NJ.

Khandwalla, P. (1972) *Design of Organizations*, Harcourt Brace Jovanovich, NY.

Koga, K. and A. Davila (1999) What is the role of performance goals in product development?: a study of Japanese camera manufacturers, in Hitt, M. A., Clifford, P. G., Nixon, R. D. and K. P. Coyne (eds.) *Dynamic Strategic Resources: Development, Diffusion, and Integration*, John Wiley & Sons, London, pp.403-431.

Libby, T. and R. M. Lindsay (2010) Beyond budgeting or budgeting reconsidered?: a survey of North-American budgeting practice, *Management Accounting Research*, 21 (1), pp.56-75.

Lillis, A. M. (2002) Managing multiple dimensions of manufacturing performance: an exploratory study, *Accounting, Organizations and Society*, 27 (6), pp.497-529.

Liu, L. and X. Han (2015) Research on the construction of the enterprise comprehensive budget maturity model, *Finance Research*, 5, pp.15-25. (in Chinese)

Maiga, A. S. and F. A. Jacobs (2005) Antecedents and consequences of quality performance, *Behav-

ioral Research in Accounting, 17 (1), pp.111-131.

Maiga, A. S. and F. A. Jacobs (2006) Assessing the impact of benchmarking antecedents on quality improvement and its financial consequences, *Journal of Management Accounting Research*, 18, pp.97-123.

Maiga, A. S. and F. A. Jacobs (2008) Extent of ABC use and its consequences, *Contemporary Accounting Research*, 25 (2), pp.533-566.

Makido, T. (1989) Recent trends in Japan's cost management practices. in Monden, Y. and M. Sakurai (eds.) *Japanese Management Accounting: A World Class Approach to Profit Management*, Productivity, MA, pp.3-13.

Malmi, T. and D. A. Brown (2008) Management control systems as a package: opportunities, challenges and research directions, *Management Accounting Research*, 19 (4), pp.287-300.

March, J. G. (1991) Exploration and exploitation in organizational learning, *Organization Science*, 2 (1), pp.71-87.

Marie. A. and A. Rao (2010) Is standard costing still relevant?: evidence from Dubai, *Management Accounting Quarterly*, 11 (2), pp.1-10.

McKinnon, S. M. and W. J. Bruns (1992) *The Information Mosaic*, Harvard Business School, Boston, MA.

Melnyk, S. A., Bititci, U., Platts, K., Tobias, J. and B. Andersen (2014) Is performance measurement and management fit for the future?, *Management Accounting Research*, 25 (2), pp.173-186.

Merchant, K. A. (1981) The design of the corporate budgeting system: influences on managerial behavior and performance, *The Accounting Review*, 56 (4), pp.813-829.

Merchant, K. A. and W. A. Van der Stede (2012) *Management Control Systems: Performance Measurement, Evaluation and Incentives*, 3rd edition, Prentice-Hall, London.

Miller, C. C. (2008) Decisional comprehensiveness and firm performance: towards a more complete understanding, *Journal of Behavioral Decision Making*, 21, pp.598-620.

Miller, D. and P. H. Friesen (1984) A longitudinal study of the corporate life cycle, *Management Science*, 30 (10), pp.1161-1183.

Miller, J. G. and A. V. Roth (1994) A taxonomy of manufacturing strategies, *Management Science*, 40 (3), pp.285-304.

Monden. Y. and M. Sakurai (eds.) (1989) *Japanese Management Accounting: A World Class Approach to Profit Management*, Productivity, MA.

Moores, K. and S. Yuen (2001) Management accounting systems and organizational configuration: a life-cycle perspective, *Accounting, Organizations and Society*, 26 (4/5), pp.351-389.

New Zealand Institute of Management (2013) *2013 New Zealand Management Capability Index*, New Zealand Institute of Management, Wellington.

Nolan, R. L. (1979) Managing the crises in data processing, *Harvard Business Review*, 57 (2), pp.115-126.

Okano, H. and T. Suzuki (2007) A history of Japanese management accounting, in Chapman, C. S., Hopwood, A. G. and M. D. Shields (eds.) *Handbook of Management Accounting Research*, Vol. 2, Elsevier, Oxford, UK, pp.1119-1137.

O'Reilly, C. A. and M. L. Tushman (2013) Organizational ambidexterity: past, present and future, *Academy of Management Perspectives*, 27 (4), pp.324-338.

Otley, D. T. (1978) Budget use and managerial performance, *Journal of Accounting Research*, 16, pp. 122-149.

Pavlatos, O. and H. Kostakis (2015) Management accounting practices before and during economic crisis: evidence from Greece, *Advances in Accounting, Advances in International Accounting*, 31, pp.150-164.

Phan, T. N. Baird, K. and B. Blair (2014) The use and success of activity-based management practices at different organizational life cycle stages, *International Journal of Production Research*, 52 (3), pp.787-803.

Phillips, L. W., Chang, D. R. and R. D. Buzzell (1983) Cost position and business performance: a test of some key hypotheses, *Journal of Marketing*, 47 (2), pp.26-43.

Podsakoff, P. M., MacKenzie, S. B., Lee, J. Y. and N. P. Podsakoff (2003) Common method biases in behavioral research: a critical review of the literature and recommended remedies, *Journal of Applied Psychology*, 88 (5), pp.879-903.

Reitsperger, W. D. and S. J. Daniel (1990) Japan vs. Silicon Valley: quality-cost trade-off philosophies, *Journal of International Business Studies*, 21 (2), pp.289-300.

Reitsperger, W. D. and S. J. Daniel (1991) A comparison of quality attitudes in the USA and Japan: empirical evidence, *Journal of Management Studies*, 28 (6), pp.585-599.

Rhyne, L. C. (1985) The relationship of information usage characteristics to planning system sophistication: an empirical examination, *Strategic Management Journal*, 6, pp.319-337.

Rhyne, L. C. (1986) The relationship of strategic planning to financial performance, *Strategic Management Journal*, 7, pp.423-436.

Rhyne, L. C. (1987) Contrasting planning systems in high, medium and low performance companies, *Journal of Management Studies*, 24 (4), pp.363-385.

Rosenzweig, E. D. and A. V. Roth (2004) Towards a theory of competitive progression: evidence from high-tech manufacturing, *Production and Operations Management*, 13, pp.354-368.

Rust, R. T., Moorman, C. and P. R. Dickson (2002) Getting return on quality: revenue, expansion, cost reduction, or both?, *Journal of Marketing*, 66, pp.7-24.

Said, A. A., HassabElnaby, H. R. and B. Wier (2003) An empirical investigation of the performance consequences of nonfinancial measures, *Journal of Management Accounting Research*, 15, pp. 193-223.

Sandelin, M. (2008) Operation of management control practices as a package: a case study on control systems variety in a growth firm context, *Management Accounting Research*, 19 (4), pp.324-343.

Schonberger, R. J. (1982) *Japanese Manufacturing Techniques: Nine Hidden Lessons in Simplicity*, The Free, NY.

Sethi, R. (2000) New product quality and product development teams, *Journal of Marketing*, 64, pp.1-14.

Silvola, H. (2008) Do organizational life-cycle and venture capital investors affect the management control systems used by the firm?, *Advances in Accounting*, 24, pp.128-138.

Simons, R. (1995) *Levers of Control: How Managers Use Innovative Control Systems to Drive Strategic Renewal*, Harvard Business School, Boston, MA.（中村元一・浦島史恵・黒田哲彦訳（1998）『ハーバード流「21世紀経営」4つのコントロール・レバー』産能大学出版部）

Sleihat, N., Al-Nimer, M. and S. Almahamid (2012) An exploratory study of the level of sophistication of management accounting practices in Jordan, *International Business Research*, 5 (9), pp.217-234.

Sponem, S. and C. Lambert (2016) Exploring differences in budget characteristics, roles and satisfaction: a configurational approach, *Management Accounting Research*, 30, pp.47-61.

Su, S., Baird, K. and H. Schoch (2015) The moderating effect of organizational life cycle stages on the association between the interactive and diagnostic approaches to using controls with organizational performance, *Management Accounting Research*, 26, pp.40-53.

Takeuchi, H. (1981) Productivity: learning from the Japanese, *California Management Review*, 23 (4), pp.5-18.

The Hong Kong Management Association (2013) *2013 Hong Kong Management Capability Index*, The Hong Kong Management Association, Hong Kong.

Tillema, S. (2005) Towards an integrated contingency framework for MAS sophistication: case studies on the scope of accounting instruments in Dutch power and gas companies, *Management Accounting Research*, 16 (1), pp.101-129.

Turner, N., Swart J. and H. Maylor (2013) Mechanisms for managing ambidexterity: a review and research agenda, *International Journal of Management Review*, 15 (3), pp.317-332.

Van der Stede, W. A. (2000) The relationship between two consequences of budgetary controls: budgetary slack creation and managerial short-term orientation, *Accounting, Organizations and Society*, 25 (6), pp.609-622.

Van der Stede, W. A., Chow, C. W. and T. W. Lin (2006) Strategy, choice of performance measures, and performance, *Behavioral Research in Accounting*, 18, pp.185-205.

Van der Stede, W. A. and R. Malone (2010) *Accounting Trends in a Borderless World*, Chartered Institute of Management Accountants, London.

Womack, J. P., Jones D. T. and D. Roos (1990) *The Machine That Changed the World*, Rawson Associates, NY.

Ylinen, M. and B. Gullkvist (2012) The effects of tolerance for ambiguity and task uncertainty on the balanced and combined use of project controls, *European Accounting Review*, 21 (2), pp.395-415.

Ylinen, M. and B. Gullkvist (2014) The effects of organic and mechanistic control in exploratory and exploitative innovations, *Management Accounting Research*, 25 (1), pp.93-112.

（質問票作成の際に参照したその他の文献）

青木章通（2013）「ホテル業におけるレビューマネジメントの実証分析」『會計』第184巻第4号，42-56頁。

新井康平（2008）「日本企業のマネジメント・コントロールにおける心理的契約の役割：経験的研究」『管理会計学』第16巻第2号，23-37頁。

新井康平・大浦啓輔・北田皓嗣 (2010)「生産管理のための利益情報:日本企業の事務所・工場からの知見」『原価計算研究』第34巻第1号,139-150頁。
新井康平・大浦啓輔・岡崎路易 (2011)「経理シェアードサービスの導入成果:経験的な検証」『管理会計学』第19巻第2号,3-20頁。
新井康平・梶原武久・槙下伸一郎 (2012)「スタートアップ企業における予算管理システムの有用性」『原価計算研究』第36巻第1号,58-67頁。
新井康平・加登豊・坂口順也・田中政旭 (2009)「製品原価計算の設計原理:探索的研究」『管理会計学』第18巻第1号,49-69頁。
伊藤和憲 (2008)「原価企画の実態調査」『会計学研究』(専修大学) 第34巻,19-37頁。
内山哲彦 (2008)「日本企業における成果主義と会計情報との係わり:人事管理指向と業績管理指向を視点にしたマネジメント・コントロールの検討」『原価計算研究』第32巻第2号,68-83頁。
梅田浩二 (2012)「日系多国籍企業の国際振替価格管理に関する実態調査」『管理会計学』第20巻第2号,63-77頁。
梅田浩二 (2013)「移転価格税制が海外子会社の文献化に及ぼす影響」『原価計算研究』第37巻第2号,170-181頁。
岡崎路易・三矢裕 (2011)「シェアードサービスの実態調査:経理・財務部門におけるシェアードサービスの導入状況」『原価計算研究』第35巻第2号,85-98頁。
岡田幸彦 (2010)「わが国サービス産業における原価情報の利用に関する現状と課題:わが国全上場サービス企業へのアンケート調査 (2008) をもとに」『原価計算研究』第34巻第1号,44-55頁。
小倉昇・丹生谷晋 (2012)「予算制度に対する日本企業の期待変化と問題意識」『會計』第182巻第6号,821-835頁。
乙政佐吉・梶原武久 (2009)「バランス・スコアカード実践の決定要因に関する研究」『原価計算研究』第35巻第2号,38-50頁。
乙政佐吉・梶原武久 (2011)「わが国製造業企業におけるバランス・スコアカードの効果に関する実証的研究」『原価計算研究』第33巻第2号,1-13頁。
梶原武久 (2009)「環境パフォーマンス指標の内部利用の現状と研究課題」『會計』第176巻第4号,575-586頁。
梶原武久・新井康平・福嶋誠宣・米満洋己 (2011)「日本企業の経営計画の実態(上)(下)」『企業会計』第63巻第11-12号,72-79頁,110-120頁。
梶原武久・國部克彦 (2012)「低炭素型サプライチェーンマネジメントの規定要因:バイヤー・サプライヤー関係を中心にして」『國民経済雑誌』(神戸大学) 第206巻第4号,95-113頁。
梶原武久・朴鏡杓・加登豊 (2009)「環境配慮型設計と原価企画:サーベイ調査に基づく予備的考察」『國民経済雑誌』(神戸大学) 第199巻第6号,11-28頁。
岸田隆行 (2009)「参加型予算と予算管理の双方向的利用が垂直的情報共有に与える影響についての実証分析」『企業研究』(中央大学) 第16巻,3-22頁。
岸田隆行 (2010)「予算管理の運用方法とその効果に関する実証分析:垂直的情報共有を媒介として」『原価計算研究』第34巻第2号,24-34頁。
岸田隆行 (2011)「予算管理の運用方法が業績に与える影響に関する実証研究」『駒大経営研究』

（駒沢大学）第42巻第3・4号，115-138頁。
岸田隆行（2013）「予算管理の運用方法と情報共有およびその効果に関する実証研究」『原価計算研究』第37巻第2号，11-20頁。
北尾信夫（2013）「わが国企業の投資意思決定におけるステークホルダーの影響」『原価計算研究』第37巻第2号，46-54頁。
窪田祐一（2008）「組織間マネジメントと管理会計の役割：合併事業の組織間マネジメントコントロール」『企業会計』第60巻第10号，89-94頁。
窪田祐一（2012）「戦略的提携における組織間マネジメント・コントロール：共同開発を中心に」『原価計算研究』第36巻第1号，95-106頁。
國部克彦（2011）『環境経営意思決定を支援する会計システム』中央経済社。
國部克彦・篠原阿紀（2012）「環境配慮型サプライチェーンの先端ケース研究：パナソニックのECO-VC活動」『國民経済雑誌』（神戸大学）第205巻第5号，17-38頁。
近藤隆史・福田直樹・相原基大・窪田祐一（2009）「業績管理システムの設計と利用の関係に関する実証研究」『經營と經濟』（長崎大学）第89巻第1号，35-56頁。
坂口順也（2009）「組織間協働と部品・資材の特性」『原価計算研究』第33巻第1号，41-53頁。
坂口順也・富田知嗣・柴健次（2009）「顧客企業関係のマネジメントと管理会計：日本製造業企業の実態分析」『メルコ管理会計研究』第2号，3-11頁。
澤邉紀生・飛田努（2008）「経営理念・社会関係・管理会計と企業業績に関する実態調査」『企業会計』第60巻第12号，133-141頁。
澤邉紀生・飛田努（2009）「組織文化に応じたマネジメントコントロールシステムの役割：管理会計と企業業績に関する実証分析」『メルコ管理会計研究』第2号，53-67頁。
澤邉紀生・飛田努（2009）「中小企業における組織文化とマネジメントコントロールの関係についての実証研究」『日本政策金融公庫論集』第3号，73-93頁。
澤邉紀生・平田宏文・市原勇一・曽根勝周平・坂東健太・山村太紀（2008）「日本企業のマネジメント・コントロール実態調査：東証一部上場企業と関西非上場企業の比較」『メルコ管理会計研究』第1号，81-93頁。
篠田朝也（2008）「わが国企業の資本予算評価技法の利用実態：時間価値重視の評価技法へのシフトと技法併用の状況」『原価計算研究』第32巻第2号，24-35頁。
篠田朝也（2010）「わが国企業の投資経済性評価の多様性と柔軟性」『原価計算研究』第34巻第2号，90-102頁。
篠田朝也（2011）「日本企業における資本予算実務：上場企業を対象とした調査データの報告」『経済学研究』（北海道大学）第61巻第1・2号，61-84頁。
清水孝（2012）「企業の原価計算実務に見る現代原価計算の特性」『原価計算研究』第36巻第1号，10-18頁。
清水信匡（2012）「事業環境・事業戦略と経済性評価技法との整合性：経済性評価技法多様性の説明理論構築に向けて」『原価計算研究』第36巻第1号，68-83頁。
清水信匡・加登豊・坂口順也・河合隆治（2008）「マネジメント・プロセスとしての設備投資の実態：質問票調査からの発見事項」『原価計算研究』第37巻第2号，1-14頁。
妹尾剛好・福島一矩（2012）「日本企業における原価企画の探索的研究：製造業と比較したサービス業の実態」『原価計算研究』第36巻第1号，45-57頁。

飛田努 (2010)「日本企業の組織文化・経営理念と財務業績に関する実証分析：2000年代における日本的経営を考察する手掛かりとして」『立命館経営学』(立命館大学) 第48巻第5号, 61-78頁.
飛田努 (2011)「熊本県内中小企業の経営管理・管理会計実践に関する実態調査」『産業経営研究』(熊本学園大学) 第30号, 29-42頁.
飛田努 (2012)「中小企業のマネジメントコントロールシステムと組織成員の動機付けに関する実証研究：熊本県・福岡市内の中小企業を対象として」『産業経営研究』(熊本学園大学) 第31号, 113-130頁.
飛田努 (2012)「中小企業における経営管理・管理会計実践に関する実態調査：福岡市内の中小企業を調査対象として」『会計専門職紀要』(熊本学園大学) 第3巻, 57-69頁.
中川優 (2012)「在タイ日系企業における管理会計システム」『同志社商学』(同志社大学) 第63巻第4号, 17-43頁.
中川優・近藤隆史・西居豪 (2013)「海外子会社マネジメントの分析フレームワーク：イネーブリング・コントロールの適用可能性」『會計』第184巻第1号, 110-124頁.
丹生谷晋 (2009)「分権型組織における業績評価システムに関する実証研究」『管理会計学』第17巻第1号, 39-55頁.
丹生谷晋 (2011)「グループ本社の役割・機能とマネジメント能力」『管理会計学』第19巻第1号, 17-34頁.
丹生谷晋・小倉昇 (2009)「わが国企業における業績評価指標活用の実態分析」『メルコ管理会計研究』第2号, 23-37頁.
日本経営システム協会 (2009)『日本の主要企業における原価企画の現状と課題(第7回)2008・2009年（平成20・21年）調査版』日本経営システム協会.
朴鏡杓 (2009)「環境配慮型製品開発の実態分析」『香川大学経済学部 研究年報』(香川大学) 第49巻, 73-93頁.
福島一矩 (2010)「日本企業における原価管理手法の実証研究：標準原価管理と物量管理を中心として」『西南学院大学商学論集』(西南学院大学) 第57巻第1号, 59-75頁.
福島一矩 (2011)「組織成長のマネジメント・コントロールへの影響に関する実証研究：組織規模の視点からの考察」『メルコ管理会計研究』第4号-Ⅱ, 17-27頁.
福島一矩 (2012)「マネジメント・コントロールによるイノベーションの創出：質問票調査に基づく探索的研究」『管理会計学』第20巻第1号, 37-51頁.
福嶋誠宣・加登豊・新井康平 (2010)「日本企業のグループ経営における管理会計実践：クラスター分析にもとづく経験的研究」『原価計算研究』第34巻第1号, 127-138頁.
福嶋誠宣・米満洋己・新井康平・梶原武久 (2013)「経営計画が企業業績に与える影響」『管理会計学』第21巻第2号, 3-21頁.
堀井悟志 (2012)「日本企業における予算管理システムの運用方法およびその心理的状態への影響」『企業会計』第64巻第11号, 115-121頁.
前田貞芳・金承子 (2010)「日本・中国・韓国における管理会計技法の実態：管理会計技法の国際移転を視野において」『武蔵大学論集』(武蔵大学) 第57巻第3・4号, 511-529頁.
松村勝弘・飛田努・篠田朝也・田中伸 (2011)「日本的経営の現状に関する実態調査：上場企業対象をとしたアンケート調査を中心に」『熊本学園会計専門職紀要』(熊本学園大学) 第

2 巻，65-81頁．

真部典久（2007，2008，2010）「製造間接費測定システムの設計特性と運用方法が内発的・外発的に動機づけられた製造間接費情報の活用に与える影響（1）（2）（3・完）」『富大経済論集』（富山大学）第53巻第2号，第54巻第2号，第55巻第3号，89-129頁，1-26頁，115-144頁．

真部典久（2009）「自律的・制御的に動機づけられた製造間接費情報の活用のメカニズムと組織風土の関係：多母集団同時分析による探索的研究」『企業研究』（中央大学）第16号，51-90頁．

森口毅彦（2010）「わが国企業におけるバランスト・スコアカードの導入目的と役割期待：バランスト・スコアカードの導入実態に関する調査研究」『経理研究』（中央大学）第53巻，126-141頁．

矢澤秀雄・島津誠・竹本達広・秋川卓也（2009）『サプライチェーンマネジメントと目標管理：企業調査からの考察』税務経理協会．

安酸建二（2012）「経営者業績予想におけるコスト予想に関する実証研究：管理会計からのアプローチ」『会計プログレス』第13号，29-42頁．

安酸建二・梶原武久（2009）「売上高変動に対する経営者の適応行動：原価データによる実証分析」『原価計算研究』第33巻第1号，64-75頁．

山根里香・浅田孝幸（2009）「環境配慮型SCMを促進する戦略的マネジメント・コントロールシステムの機能：質問紙調査の結果から」『企業会計』第60巻第8号，112-125頁．

山根里香・小倉昇・國部克彦（2013）「マネジメント・プロセスの側面からみた環境配慮型設備投資の現状と課題」『原価計算研究』第37巻第2号，33-45頁．

横田絵理，妹尾剛好（2011）「予算管理への影響要因：予算編成・目標の困難化と戦略リンクの強化への影響分析」『原価計算研究』第35巻第1号，107-119頁．

横田絵理・妹尾剛好・髙橋真吾・後藤裕介（2013）「日本企業における業績管理システムの実態調査」『三田商学研究』（慶應義塾大学）第55巻第6号，67-81頁．

横田絵理・高田朝子・妹尾剛好・金子晋也（2012）「日本企業におけるマネジメント・コントロール・システムとマネジャーの行動に関する実態調査」『三田商学研究』（慶應義塾大学）第55巻第4号，93-117頁．

吉田栄介（2012）「テンション・マネジメントとしての管理会計：原価企画と業績管理の実証分析」『三田商学研究』（慶應義塾大学）第54巻第6号，75-86頁．

李璟娜（2010）「海外現地法人における業績評価と国際振替価格：アンケート調査の分析結果」『メルコ管理会計研究』第3号，39-54頁．

李璟娜・上總康行（2009）「日本企業の国際移転価格の設定に関する実態調査：海外現地法人の業績評価と移転価格税制の側面から」『メルコ管理会計研究』第2号，111-126頁．

渡辺岳夫（2010）「ミニ・プロフィットセンター・システムに関する実証分析（2）：導入効果に対する影響要因の探索的分析」『企業会計』第62巻第8号，120-128頁．

Dekker, H. C., Sakaguchi, J., and T. Kawai (2013) Beyond the contract: managing risk in supply chain relations, *Management Accounting Research*, 24 (2), pp.122-139.

索　引

【欧文】

ABC ……………………………… 21,57,151
BSC ……………………………………… 35,103
CVP分析 ………………………… 31,33,65,67,177
JIT ………………………………………… 102
ROE ………………………………………… 92
ROI ………………………………………… 92
SWOT分析 ……………………………… 31,65,177
TQC ………………………………………… 102
TQM ………………………………………… 103

【あ行】

イノベーション ………………………… 116
オープンブックマネジメント ……… 117

【か行】

会計的利益率法 ……………………… 41,74
回収期間法 …………………………… 41,74
管理会計成熟度 ……………………… 148
客観的業績評価 ……………………… 88
業績管理 ……………………………… 34,68,178
業績指標 ……………………………… 35,68,178
継続的改善 …………………………… 102
原価企画 ……………………… 23,31,59,65,102
コンカレント・エンジニアリング
　………………………………………… 25,60,102

【さ行】

財務指標 ……………………………… 92
三現主義 ……………………………… 2,102
実際原価 ……………………………… 22,58,102
主観的業績評価 ……………………… 88

正味現在価値法 ……………………… 41,74
深化 …………………………………… 115,131
製品・商品ポートフォリオ ………… 31,65
設計品質 ……………………………… 27,62
設備投資予算 ………………………… 41,74
先進的管理会計 ……………………… 147
戦略マップ …………………………… 35,69
組織学習 ……………………………… 116,131
組織ライフサイクル ………………… 167

【た行】

探索 …………………………………… 115,131
直接原価計算 ………………………… 19,56
適合品質 ……………………………… 27,62
投資利益率法 ………………………… 41,74

【な行】

日本的管理会計 ……………………… 2,117

【は行】

配賦計算 ……………………………… 21,57
バランスト・スコアカード ………… 35,103
非財務指標 …………………………… 92
標準原価計算 ………………………… 18,54
品質コストマネジメント …………… 27,62
物量情報 ……………………………… 22,58,102
報酬 …………………………………… 37,71,178

【ま行】

マネジメントコントロール ……… 132,169
見積財務諸表 ………………………… 31,65
ミニ・プロフィットセンター
　………………………………………… 28,63,118

【や行】

予算管理……………………… 38,71,132
予算スラック………………………… 85,134
予算の厳格さ………………………… 81
予算の厳格度………………………… 85

【ら行】

利益計画……………………… 31,65,177
両利きの経営………………………… 115

《編著者紹介》

吉田　栄介（よしだ　えいすけ）

2000年	神戸大学大学院経営学研究科博士後期課程修了，博士（経営学）取得 近畿大学商経学部講師（常勤）
2002年	慶應義塾大学商学部専任講師，助教授，准教授を経て
現　在	慶應義塾大学商学部教授，平成29・30年度公認会計士試験試験委員。

〔主要著書・分担執筆〕

『日本的管理会計の探究』中央経済社，2012年（共著）。
『原価企画能力のダイナミズム』中央経済社，2012年。
『会計専門家からのメッセージ―大震災からの復興と発展に向けて―』同文舘出版，2011年（共著）。
『管理会計研究のフロンティア』中央経済社，2010年（共著）。
『管理会計の基礎（第4版）』税務経理協会，2010年（共著）。
『経済・経営のための統計学』有斐閣，2005年（共著）。
『成功する管理会計システム：その導入と進化』中央経済社，2004年（共著）。
『持続的競争優位をもたらす原価企画能力』中央経済社，2003年。

《著者紹介》

福島　一矩（ふくしま　かづのり）

2009年	慶應義塾大学大学院商学研究科後期博士課程単位取得退学 西南学院大学商学部専任講師，准教授を経て
2017年	中央大学商学部准教授，現在に至る。

〔主要著書・論文・分担執筆〕

「管理会計によるイノベーションの促進：管理会計能力に基づく考察」『管理会計学』第25巻第1号，2017年。
"Management of Innovation Strategy in Japanese Companies", World Scientific Publishing, 2016年（共著）。
「管理会計能力が管理会計と組織業績の関係に及ぼす影響：吸収能力と経験学習能力に基づく考察」『会計プログレス』第17号，2016年。
「管理会計能力が組織業績に与える影響：吸収能力の視点からの考察」『原価計算研究』第39巻第1号，2015年。
『新版　ベーシック管理会計』中央経済社，2014年（共著）。
『日本的管理会計の探究』中央経済社，2012年（共著）。
『管理会計研究のフロンティア』中央経済社，2010年（共著）。

妹尾　剛好（せのお　たけよし）

2010年　慶應義塾大学大学院商学研究科後期博士課程単位取得退学
2011年　和歌山大学経済学部講師
2013年　和歌山大学経済学部准教授，現在に至る。

〔主要著書・論文・分担執筆〕

「変革型リーダーシップが水平的インタラクティブ・ネットワークに与える影響についての予備的研究」『メルコ管理会計研究』第8巻第1号，2015年（共著）。
「管理会計システムがトランザクティブ・メモリー・システムに与える影響：文献レビューに基づく考察」『原価計算研究』第38巻第1号，2014年（共著）。
「公会計・行政評価情報の活用の効果と課題：混合研究法による分析」『企業会計』第65巻第5号，2013年（共著）。
『日本的管理会計の探究』中央経済社，2012年（共著）。
『管理会計研究のフロンティア』中央経済社，2010年（共著）。

徐　智銘（じょ　ちめい）

2017年　慶應義塾大学大学院商学研究科後期博士課程単位取得
　　　　秋田県立大学システム科学技術学部経営システム工学科助手（常勤），現在に至る。

〔主要論文〕

「間接費配賦計算の洗練度と品質管理の志向性が原価情報による改善効果におよぼす影響：製造企業における探索的分析」『原価計算研究』第41巻第2号（近刊），2017年。
「在中国製造企業の品質・生産管理と関連する管理会計の実践：質問票調査に基づく考察」『慶應商学論集』第29巻第1号，2016年。
「日本自動車製造業企業における品質コストマネジメントの実態調査：管理会計の視点からみる自動車製造業企業17社の品質管理の現状」『横浜市立大学学生論集』第53巻第1分冊，2013年。